若い先生のための理科教育概論

四訂

畑中 忠雄
【著】

東洋館出版社

は じ め に

　理科離れが取り沙汰されるようになって，かなり経ちます。小学校のとき好きだった理科が，中学校では学年が進むにつれて嫌いになるという調査結果も示されていますが，その中には受験のための理科の勉強が嫌なのだという分析もありました。つまり，必ずしも本当の理科が嫌われているわけではないようです。

　私が教えていた大学生（小・中学校の先生志望）に聞いてみると，高等学校までの理科では「感動した経験がなかった」，こんど大学に入って，「はじめて実験や観察の面白さ，楽しさ，生命の不思議さがわかった」という学生がたくさんいます。つまり中学校や高等学校では，楽しくて感動するような理科の授業を経験する機会がなかったというわけです。もちろん，そのような機会をつくるのは私たち理科の教師ですから，残念なことに，そういう理科の先生が少なかったということになります。

　理想とする理科教育を願っていても，日々の生徒指導や雑事に追われ，観察や実験に十分力が入れられないのも現状です。しかし，こうした中にあって，何か授業に工夫をしたい，もういちど理科教育を見直し理想に向かって頑張りたいという先生方が大勢いることも事実です。本書は，こういう先生方に何か役立てばと思い，理科教育のごく基本的なこと，理科の指導の手掛かりになることを実践的にまとめたものです。

　また，理科の先生を目指す学生の皆さんにも，理科教育概論や理科教育法の資料として本書を利用するとともに，教育実習の場で生かしていただければと期待しています。ベテランの理科の先生方にはもの足りない面が多いと思いますが，今いちど理科教育とは何かを問い直し，これまでの経験を生かして，ご自分の理科教育を確立する手掛かりにしていただければ幸いです。

　本書は理科教育の目標と歴史，指導案の作成，観察・実験などを広く扱ったため内容が浅く，理科教育の入門書といった感じになりました。指導技術などについては，何も理科に限ったことではありませんが，理科という教科の視点から取り上げることにいたしました。

はじめに　　*1*

また，小・中一貫や中・高一貫のカリキュラムが導入される時代に対応するためにも，中学校の先生には小学校と高校を，高校の先生には小学校と中学校の理科教育を理解していただけるように配慮したつもりです。しかし，私自身が30年以上も中学校で教えていましたので，やや中学校の理科が中心となってしまったという反省もございます。

　なお本書は，幸いに好評をいただいた『若い先生のための理科教育概論』の初版（1996年），同新訂版（2004年），同三訂版（2009年）に続く四訂版にあたります。小・中学校については昨年3月，高校については本年3月に告示された新しい学習指導要領や理科教育界の動向に対応すべく改訂をしましたが，教科書や指導書等は現行の学習指導要領に準じているため，本書には新旧の混在している箇所がございます。また，不備な点も多々あるかと存じますが，ご叱正とご指導をいただければ幸いです。

　執筆に当たっては筑波大学附属中学校の金子丈夫先生と荘司隆一，新井直志，井上和香，和田亜矢子，齋藤正義の各先生，山梨大学，都留文科大学の先生方には，大変お世話になりました。改めて感謝申し上げます。

　また，新興出版社啓林館には，教科書や指導書から多くの引用・転載をお許しいただきました。東洋館出版社の上野絵美様にも，何かとお世話になりました。併せて御礼申し上げます。

　2018年7月20日　人類が初めて月面に立った日（1969年）

　　　　　　　　　　　　　　　　　　　　　　　畑 中 忠 雄

四訂　若い先生のための理科教育概論
目　次

はじめに

第1章　理科教育の目標 …………………………………………… 7
　　1．理科の目標――7
　　2．学校における理科教育――9

第2章　日本の理科教育の歴史 ………………………………… 12
　　1．戦前から戦時下の理科教育――12
　　2．戦後の理科教育――17

第3章　現在の日本の理科教育 ………………………………… 34
　　1．理科の学習指導要領はどのように変わってきたか――34
　　2．2017（平成29）年の学習指導要領改訂――34
　　3．小学校学習指導要領――36
　　4．中学校学習指導要領――37
　　5．高等学校学習指導要領――39
　　学習指導要領　要約――47

第4章　世界の理科教育 …………………………………………… 59
　　1．アメリカ――59
　　2．イギリス――64
　　3．ドイツ――67
　　4．理科の授業と健康教育――68
　　5．ナショナル・カリキュラムと理科教育――71

第5章　理科の授業と指導計画 ･･････････････････････････ 74

1．指導計画作成のための基本的な考え方——74

2．指導計画作成の手順——77

3．指導計画作成までの具体例——94

第6章　理科の授業と教材研究 ･････････････････････････････ 102

1．教材研究の進め方——102

2．指導案の作成——109

3．指導の結果の検討と記録の作成－学習指導の評価——113

第7章　理科の授業と観察・実験 ･･･････････････････････････ 127

1．観察と実験——127

2．観察・実験の意義——132

3．生徒実験と演示実験——134

4．望ましい観察・実験とは——137

5．観察・実験の計画と準備——138

6．観察・実験の実施——140

7．観察・実験に関するその他の事項——143

第8章　理科の授業とICT ･･････････････････････････････････ 151

1．初期の情報機器——152

2．現在のICT機器——153

3．ICT機器や教材の利用上の留意点——155

4．ICT機器や教材に関するその他の問題——157

第9章　理科の授業と指導技術 ･･･････････････････････････････ 159

1．導入——159

2．発問——164

3．板書——173

4．その他の指導技術——176

第10章　理科の授業の実践 ……………………………………………185
1．授業の計画と実際の授業の進め方——185
2．授業を進める上での問題点とその対策——191

第11章　理科の授業と安全指導 ……………………………………196
1．観察・実験と事故防止——196
2．危険を伴う実験と安全対策——201

第12章　理科の授業と野外学習 ……………………………………205
1．野外学習の意義——205
2．野外学習の進め方——208
3．野外学習の問題点と対策——215

第13章　理科の授業と環境・防災教育 …………………………218
1．環境教育の目標——218
2．学習指導要領での環境問題の取扱い——219
3．いろいろな場での環境教育——221
4．理科の授業と防災教育——225

第14章　理科の授業と評価 …………………………………………228
1．評価とは——228
2．評価の機能——231
3．評価の観点——231
4．評価の手順——234
5．指導目標の分析と評価規準の作成——234
6．評価の場面——239
7．評価の方法——240
8．これまでの評価を踏まえて——244
9．観点別評価の具体例——246

第15章　理科の教育実習 ……………………………………………257

　　１．教育実習の意義とねらい──257

　　２．理科の教育実習──258

　　３．教育実習生の態度，心構え──266

　　４．教科としての教育実習指導計画──269

若い理科の先生へのメッセージ－理科を教えて半世紀－　278

おわりに──　283

第1章
理科教育の目標

　理科教育の目標は何か，理科の授業は何を目指すのかなど，ひと言で表すのは大変むずかしい。また，理科教育に対して科学教育という言葉もあるが，これは一般の人たちも含む自然科学に関する教育活動全般を指すものであろう。一方，大学での一般教養の理科や専門教育の理科も，小学校や中学校，高等学校での理科とは異なる点が多い。本書では，小学校から高等学校までの「授業を中心とした計画的な自然科学に関する学習指導」として話を進めることにしたい。

　p.11の資料1は，理科の先生を志望している大学生に，理科という教科の特徴について書かせた回答の一部である。表現は様々だが，それなりに理科という教科の本質がとらえられているようだ。この他に「現在の理科教育の問題は，文部科学省の方針より教師の質に関わっている」という鋭い指摘もあった。また，「理科は無味乾燥，ロマンチシズムに欠ける」という回答にも驚かされた。この学生は何と不幸な理科教育を受けてきたものかと思う反面，これも現在の理科教育の実態なのではないかと胸が痛む思いである。

　この学生たちの回答に見られるように，理科教育は様々な側面をもつが，本章では学校における理科教育とは何か，理科という教科は何を担う教科なのかなどについて考えてみることにしたい。

❶ 理科の目標

　2016（平成28）年12月，中央教育審議会から「幼稚園，小学校，中学校，高等学校及び特別支援学校の学習指導要領等の改善及び必

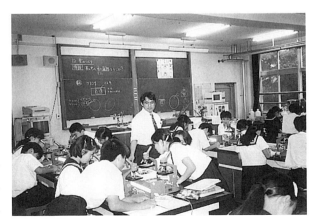

要な方策等について（答申）」（以下，答申）が示された。その基本方針は次の通りである。

■答申補足資料 p.6「学習指導要領改訂の方向性」

　この答申をもとに2017（平成29）年に告示された新しい学習指導要領（高校は2018年3月）には，小・中・高校のそれぞれについて理科の目標が書かれている。表現には違いがあるものの，その意図することは小・中・高ともほぼ同じである。

　以下に示すのは中学校理科の目標であるが，柱書と呼ばれる前書き部分と「知識及び技能」「思考力，判断力，表現力等」「学びに向かう力，人間性等」の3つの柱に沿った目標が示されている。

　小学校の「自然に親しみ」や「自然を愛する心情」は，中学校では「自然の事物・現象に関わり」や「自然の事物・現象に進んで関わり」という表現になっている。また，高等学校は，中学校の「進んで関わり」という箇所が「主体的に関わり」となっている以外は，中学校と同じである。

自然の事物・現象に関わり，理科の見方・考え方を働かせ，見通しをもって観察，実験を行うことなどを通して，自然の事物・現象を科学的に探究するために必要な資質・能力を次のとおり育成することを目指す。
（1）　自然の事物・現象についての理解を深め，科学的に探究するために必要な観察，実験などに関する基本的な技能を身に付けるようにする。
（2）　観察，実験などを行い，科学的に探究する力を養う。
（3）　自然の事物・現象に進んで関わり，科学的に探究しようとする態度を養う。

　では，これらの目標を一般市民の日常生活の面から考えてみると，（1），（2）で得られる科学に関する基礎知識や技能，探究の能力は，文明の利器に囲まれた生活の中では，これらの機器を使いこなす上で不可欠な素養となる。

　また（3）は，小学校の「自然を愛する心情や主体的に問題解決しようとする態度」から続くもので，環境保全や持続可能な社会の実現などに向けた課題をかかえる現在，特に重視される目標である。

　（1）から（3）のように，理科の学力が3つの面をもつとすると，戦前の理科教育は知識・理解の面が重視されたということができる。そして戦後の生活単元学習や探究学習の時代には，日常生活とのつながりや観察・実験の技能，科学的な思考力の育成に重点がおかれ，調和のとれた理科の学力に目が向けられるようになった。やや行き過ぎた時期もあったが，理科教育としては望ましい方向に向かっていたのではないかと思われる。

　しかし現在は，受験戦争などの社会の変化に巻き込まれ，再び知識偏重の理科，探究の結果だけを記憶させるような理科に戻ってしまったように感じられる。このような社会の動きに流されることなく，観察や実験に基づく自然の探究という教科の本質を再認識して，調和のとれた理科の学力を身につけさせるよう努力したいものである。

② 学校における理科教育

　高等学校を卒業した生徒にとって，小学校から高等学校までの授業で身につけた理科の学力は，卒業後，どのように生かされるのだろうか。やや乱暴な分

け方だが，進路によって次の３つになるのではないかと思う。

一般市民として　実生活の中で理科の知識や技能を生かし，科学の成果の上に成り立つ文明の恩恵を受ける。

技術者として　卒業後，大学や専門学校で専門的な知識・技能を習得し，科学文明の維持・管理に当たる。

研究者として　卒業後，大学や研究機関でより高度な科学的知識・技能を習得し，科学の発展のための研究に当たる。

　高等学校を卒業した生徒は，これらのうちのどれかを選ぶわけであるから，一般の小・中・高における理科教育は，このような分かれ道までの理科教育を担うことになる。したがって，子どもたちが将来どの道を選んでもいいように，できるだけ物理・化学・生物・地学のすべての領域について，また，知識・技能・思考・表現や関心のどの面についても，偏りのない力を身につけさせることが必要になる。

　先に挙げたように，学習指導要領に述べられている理科の目標は小学校から高等学校までほとんど同じ趣旨である。しかし，実際の理科の指導において力を入れるべき部分や役割は，それぞれの学校の段階で少しずつ異なるのではないだろうか。

　小学校の理科は，直接自然に触れる体験的な理科，五感に訴える理科を中心に，これに知識や思考力につながる学習を少しずつ加えるような指導になる。これに対して高等学校では，小学校・中学校での学習経験を生かして，総合的な科学的概念の確立を目指す。そして，この間をつなぐ中学校では，豊かな直接経験にやや高度な知識を加えるとともに，思考力の伸長に重点をおくなど，それぞれの学校が担うべき役割を十分認識して指導に当たらねばならない。

　また，こうした理科教育の目標として議論されることは少ないが，理科を教える次世代の先生を育てることも，大切な目標の一つではないだろうか。理科離れの原因として，技術系は危険を伴う割に待遇が悪いといった社会構造も挙げられるが，科学の本当の面白さ，自然を探究する楽しさを子どもたちに実感させられる理科の先生が少ないことにも問題があると思われる。このことは，大学に入って，はじめて観察や実験の面白さや意義がわかったという学生からも想像できる。

子どもたちに科学の世界のすばらしさを教え，理科の先生になりたいという
若者を育てることも，学校における理科教育の重要な役割であると考える。

[資料1]

[理科の特徴－他の教科とどう違うか]　　　　　　　　筑波大・山梨大学生86名

・日常起こっていることを，理論づけて理解するための教科である。
・いちばん身近な教科，生活とのつながりが強く，日常生活に役立つ。
・生活をよりよくするための科学技術を身につけさせる教科。
・観察・実験があり，いちばん興味がもてる。予習をする教科ではない。
・森羅万象を解析するための学問，自然に関する哲学である。
・なぜを追究する学問，疑問から始まり，楽しく勉強できそう。
・自然現象を実験や観察によってとらえ，より身近にしようとする学問
・自然と触れ合う学問，頭と体で納得できる教科だ。
・理論から入るのではなく，実際に起こる現象に疑問をもつことから始まる。
・身の回りの自然と触れ合う時間がもてる数少ない教科。
・身の回りにありながら気づかないことを，再認識する学問だ。
・健康的な生活を営むのに十分な能力を身につけるためのものだ。
・理科でいちばん大事なことは，目で見たり手で触ったりすることである。
・観察，実験を通して自然に親しみ，その法則を考えていくのが理科だ。
・野外での学習がある。自然に興味をもってもらうための教科である。
・五感のすべてを使い，五感をとおして学べる学問である。
・子どもたちの視野を広げ，人間本位なものの考え方を捨て連帯感をもたせること
　ができる。
・日常生活に関する知識を体系づけていく大切な学問だ。
・自然の美しさや生物の躍動を感じてもらうのが理科。
・学習が受身でなく，探究心が養われ，手品を見るような楽しさがある。
・いつも外に出て，花や星を見ながらいろいろ教えてくれるのが理科の先生。
・子どもの好奇心や探究心をかき立てるもの。どの教科よりも感動が大きい。
・地球が滅びるようなことをしない，心の優しい子どもが育つ。
・人間も自然界の一部に組み込まれていることが認識できる。
・「どうして」とか「何で」などの疑問をもって考える習慣が自然と身につく。
・観察・実験ははじめての経験なので，発見や驚きがあって新鮮な気持ちで授業が
　受けられる。
・発見する楽しさがあって，生活に応用できる。
・いろいろな観察・実験を通して，体験で理解できるのは理科の特権。
・協力して観察・実験することを通して，新しい人間関係ができる。
・感動がある。理科はロマンだ。

2．学校における理科教育

第2章
日本の理科教育の歴史

　我が国の理科教育は，明治以後の近代的な学校制度の整備とともに始まったが，その歴史は，西欧の文明を取り入れることに腐心した戦前から，軍国主義に翻弄された戦時下の理科教育，そしてアメリカをはじめとする西欧諸国の教育思潮に大きな影響を受けた戦後の理科教育の，大きく2つの時期に分けることができる。ここでは，その変遷のあとを中等学校（現在の中学校，高等学校）の理科教育を中心に概観してみたい。

 戦前から戦時下の理科教育

（1）　明治時代の理科教育　1868〜1912年

　我が国の学校教育は，ようやく門戸を開いた日本が，華やかな西欧の文明に圧倒され，それを輸入・模倣して，できるだけ早く我がものにしたいという風潮の中に始まった。科学の分野もこれと変わるところはなく，発足したばかりの大学においても，招請した外国人学者による講義と洋書の購読が科学教育の中心であった。

　学制が公布されたのは1872（明治5）年であるが，数少ない当時の小学校高学年や中学校では，すでに科学に関する内容が取り上げられており，「求理」と呼ばれて重視されていたといってもいい。教科書には文部省発行の「物理階梯」「小学化学書」，民間発行の人体生理学書である「初学人身窮理」などが使われた。

　1886（明治19）年に公布された小学校令によって，これまで博物，化学，物理，生理などの名でばらばらに教えられていたものが一括して「理科」と名づけられた。さらに，1891（明治24）年には，文部省から理科の目的や教授内容も示された。また，「小学理科新書」や「高等小学理科書」などの文部省検定の教科書も多数発行された。

　小学校に理科がおかれたのと同じ頃，中学校令によって中等学校・高等女学校にも「理科」が設けられた。理科の中の科目は博物，物理，化学の3つで，

博物は生物と地学を合わせた内容である。

　発足当時の中学校理科も講義・教授が中心で，生徒による観察や実験は重視されなかった。というより，そのような設備もゆとりもなかったということである。こうして設けられた中等学校の理科は，昭和6年（1931）以降の一般理科，博物，物理・化学，応用理科へと発展することになる。

　やがて明治も半ばを過ぎると，輸入の理科教育から自立の理科教育へと少しずつ成長していく。師範学校や高等師範学校の充実とともに，多数の優秀な理科の専任教員が送り出され，小・中学校での理科教育に当たるようになったが，小学校の理科は依然として5，6年だけであった。1919（大正8）年になって，ようやく4年から理科が教えられるようになったが，小学校低学年に理科が設けられたのは戦後になってからである。

　残念ながら，現在は小学校1，2年の理科が生活科に統合され，本来の「理科」は3年からになったが，これは明治・大正時代に逆戻りしてしまったことになる。

　ところで，当時の教科書は国定ではなく，民間の出版社が文部省の検定を受けて発行している。また，現在のような学年別ではなく，小学校用理科・物理編，同・動物編のように領域別の単行本の形であった。また，外国の教科書や科学書を翻訳した「理科読本」や「理科入門」といったものも使われていた。

　1904（明治37）年になると，小学校の国定教科書制度が発足し，明治43年には「尋常小学理科書」5，6年用が発行されて翌年から使用された。この国定教科書の制度は戦後の昭和24年（1949）まで続くことになるが，はじめは民間会社から発行される検定教科書が，文部省の国定教科書と同列に採否の対象とされていたことは興味深い。

　次は当時の教科書の内容（一部）であるが，農業や産業に関するものがかなり含まれている。

[**尋常小学理科書の内容**]

　5年1学期：油菜　もんしろ蝶　蛙　麦　夏至　馬　池中の小動物
　　　2学期：こおろぎ　稲の収穫　ずいむし　土　岩石　空気の性質
　　　3学期：水の性質　熱による膨張　空気の成分　炭酸ガス　春分

1．戦前から戦時下の理科教育

6年1学期：種子の発芽　二枚貝　蚕の発生　火山　火成岩　海藻
　　2学期：硫黄　鉄　石油　酸　アルカリ　重力　光の屈折　音
　　3学期：磁石　電気　血液循環　食物　呼吸　神経系　衛生

　明治時代というと，とかく古めかしい理科教育が行われていたように思われるが，身近な自然に触れる体験を妨げないようにするため，小学校では理科の教科書の使用を禁じていた時期もあり，理科の原点が忘れられがちな現在では学ぶべき点も多い。

（2）　大正時代の理科教育　1912～1926年

　理科に限らず，明治時代の教師中心の教育，知識伝達の教育は，大正に入ると少しずつ変化していく。いわゆる大正デモクラシーの中で，子どもが教育の中心であるとする新教育運動が起こり，我が国の教育もドイツの労作教育や郷土科，アメリカの自然科，イギリスの発見的教授法などの影響を受けることになる。子どもの自発的な活動や低学年理科の必要性が叫ばれ，我が国の理科教育も少しずつ変わっていった。

　実験や観察の重視が提唱され，1919（大正8）年，中学校には物理・化学の生徒実験要目が制定されて，補助金の交付が行われるようになった。しかし，一般教員の認識不足もあって，十分な成果を挙げるまでには至らなかった。

　一方，第1次世界大戦を通して，強大な軍事力を支える科学の重要性が認識されるようになり，これが昭和の理科教育につながることになる。

　また，1919（大正8）年には，小学校の4年に理科が設けられた。新しく「熱と気体のあつりょく」や「熱の伝わり方」などの教材が加わるとともに，5年の油菜や蛙，もんしろ蝶などが新しい4年の教科書に移され，全体として再編成されている。これらの小学校の教科書は国定であるが，中等学校では民間の検定教科書が使われた。

　この頃，低学年にも理科設置の声が高まり，理科の研究団体から文部省に強い要望も出されたが，実現したのは1941（昭和16）年，小学校の理数科が設けられてからである。

（3） 昭和20年までの理科教育　1926〜1945年

　富国強兵の風潮に伴い，科学の重要性がますます叫ばれる中で，国策に沿った理科教育が行われた時代である。次第に理科における実験の必要性が認識され，とくに生徒実験が重視されるようになった。補助金の交付もあって，この時期には中等学校の理科の設備がかなり整備されていった。

　1931（昭和6）年には，理科の教授要目が公布され，科学的な国民生活，科学の方法といったことも重視されるようになる。つまり，理科の学習の生活とのつながりや探究学習にあたる動きが，すでにこの時代からあったわけである。中等学校では「博物」と「物理及化学」が「理科」に統合されるとともに，1，2年に「一般理科」が設けられた。一般理科は平成元年度の学習指導要領改訂で廃止された高校の理科Ⅰに当たるものであったが，教育現場での評価を得られないまま終わることになった。

　昭和10年代に入ると，軍事力を支える科学教育がますます重視され，やがて不幸な戦争に突入する。

　日米開戦の年である1941（昭和16）年には国民学校令が出され，小学校に算

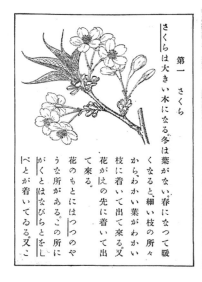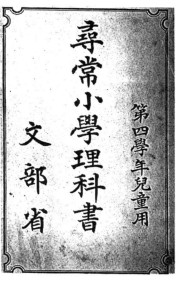

■昭和10年代の尋常小学校理科教科書

1．戦前から戦時下の理科教育

数・理科をあわせた理数科が生まれた。国民学校と改称された小学校では，1〜3年の理数科の中に「自然の観察」として，はじめて低学年の理科が設けられた。これには児童用の教科書がなく，教師用の手引きによって授業が進められるようになっていた。自然の観察を通して科学の方法を学ばせ，理科の知識を身につけさせようというねらいがあり，現在の探究学習に当たる。飼育・栽培によって生物愛護の精神を養い，簡単な玩具の製作によって子どもの創意工夫の伸長を図ることなども提唱されている。

　高学年の「自然の観察」の教師用手引きにも，次のような指導上の注意事項が示されているが，実験の重視や個性・能力の尊重に当たる記述も見られて興味深い。

　・実験・実習・作業を重んじ，実践指導に努めること。
　・児童生活に即応し，児童心身の発達に伴い，個性に適応した指導をすること。

[自然の観察]　5年指導書の参考指導事例

第1課　めだかすくい	第9課　学校園の虫
第2課　春の種まき	第10課　石ひろい
第3課　水栽培	第11課　砂車と風車
第4課　植えつけ	第12課　秋の種まき
第5課　さし木	第13課　めがね遊び
第6課　うめとあんず	第14課　すいせん
第7課　色ぞめ	第15課　寒さと暖かさ
第8課　帆かけ舟	第16課　私たちの研究

　また，1943（昭和18）年には，中等学校の理科が「物象」と「生物」の2本立てに改められた。物象は物理と化学に当たり，事物・現象を扱うことから名づけられた。当時の中等学校の教科書は，小学校とは違って民間会社が文部省の検定を受けて発行していた。しかし，戦時中は中等学校教科書株式会社に統合され，教科書も準国定の1種類だけになっている。

　その内容を見ると，実験・操作・考察などの課題が多数含まれていて，小学

校の「自然の観察」においても，子どもの自発的な活動を重視する意図が強く感じられる。ただし，結果についての説明も記載され，実験や操作ができなくても，ひと通りの理解が得られるようになっていた。

戦時中というと，とかく教育の沈滞した面が強調されるが，理科教育では自然の観察や実験を重視する，子どもの発想や自発的な活動，創意工夫を尊重するという理科の本質を踏まえた理科教育が，ここから始まったといってもよいくらいである。しかし，1944（昭和19）年になると「軍事に関する科学」が週2時間義務づけられ，航空，火器，化学兵器などの軍事色が強い内容も扱われるようになった。

戦時中，理数系の学生は兵役を免除され，1945（昭和20）年初頭には東京高等師範学校の附属中学校などに，優秀な学生に科学の英才教育を行うための科学組が設けられた（特別科学教育研究実施要綱）。しかし，その成果が発揮されるに至らないまま，同年8月には敗戦を迎えることになる。

戦後の理科教育

かつてない敗戦の中に投げ出された日本の教育制度は，直接の占領軍であるアメリカの政策によって，大きく変革されていった。男女共学で9年間の義務教育を基本とする6・3・3・4制への移行に伴い，1947（昭和22）年には小学校と新制中学校が，翌年には新制高等学校が発足した。

こうした学校制度の改革とともに，理科教育も戦時中の理科から民主的理科へと大きく変わることになる。戦後の理科教育の流れをどのように区分したらよいか，様々な意見があるが，ここでは次のような6つの時期に分け，それぞれの時代における理科教育の姿を概観することにしたい。

（1） 1945〜1950年代（昭和20〜30年代前半）－生活単元学習の時代

終戦からしばらくの間は，理科教育にとっても混乱の時代であった。明確な指針がないまま，軍事色の強い部分を墨で消した，いわゆる"墨塗り教科書"を使った理科の授業が行われていた。しかし，新しい学校制度への移行に伴い，1947（昭和22）年には小・中学校の「学習指導要領・理科編（試案）」

が，翌1948（昭和23）年には「高等学校の学習指導要領（試案）（物理・化学・生物・地学）」が発表されて，新しい理科教育の方向が示された。これらの中に述べられている理科の目標は，次の3点である。

① 物事を科学的に見たり，考えたり，扱ったりする能力
② 科学の原理と応用に関する知識
③ 真理を見いだし，進んで新しいものを作り出そうとする態度

　いずれも理科教育の本質をよく表しており，その後の理科教育の方向を明確に示唆するものになっている。これを学習指導要領の3つの柱に置き換えてみると，①は思考力，判断力，表現力等，②は知識及び技能，③は学びに向かう力，人間性等ということになろう。物事を科学的に扱ったりする能力，応用に関する知識，新しいものを作り出そうとする態度などは，学習の生活とのつながりや生涯学習を示唆していて興味深い。

　こうした1945（昭和20）年から1960（昭和35）年において，日本の理科教育のもとになったのはアメリカの進歩主義教育運動で，個人生活，家庭・社会生活，経済・職業生活の3つを踏まえた実践的カリキュラムである。文部省が発表した学習指導要領（試案）も，まさに「生活経験カリキュラム」であり，これを具体化した「生活単元学習」「問題解決学習」であった。そして，このような理科教育は，抑圧的な軍国主義教育が崩壊し，子ども主体の教育が叫ばれた時流にも乗って歓迎され，当時の貧しい日常生活の改善につながる実用的な理科としても受け入れられたのである。

　小学校用の教科書は，最初は初等科理科の教科書を手直しした暫定教科書「理科の本」が使われたが，1948（昭和23）年に学習指導要領に沿った4〜6年用の単元別「小学生の科学」が国定（文部省著作）教科書として発行された。しかし，低学年用の教科書は作られなかったので，各地で独自に編集されたワークブック形式のものや学習帳などが使われた。1949（昭和24）年には教科書検定制度が発足し，翌年から現在のように多様な教科書が発行されるようになった。

　中学校の学習指導要領（試案）には，学年別の主題のもとに，それぞれ6つの単元（合計18単元）が設けられていた。1947（昭和22）年，新制中学校の発

■**生活単元学習時代の小学校教科書 [1952(昭和27)年]**

足とともに，単元ごとの分冊として計18冊が国定（文部省著作）教科書として発行された。次に示すのは目次の一部であるが，当時の生活単元学習，問題解決学習の様子がよくわかる。

中学校1年	主題「自然のすがた」
単元1	空気はどんなはたらきをするか
単元3	火をどのように使ったらよいか
単元6	動物は人の生活にどのように役にたっているか
中学校2年	主題「日常の科学」
単元7	着物は何から作るか
単元8	からだはどのように働いているか
単元12	家はどのようにしてできるか
中学校3年	主題「科学の恩恵」
単元13	空の星と私たち

2．戦後の理科教育

単元15　電気はどのように役にたつか
単元18　生活はどう改めたらよいか

■生活単元学習時代の中学校教科書　[1950(昭和25)年]

　新制度の高等学校については，1948（昭和23）年の学習指導要領（試案）の発表と前後して，高校用の「生物の科学」等が文部省から出され，新しい制度への移行が徐々に進められていった。内容は中学校と同じ生活単元学習によるもので，次の「化学」の目次（一部抜粋）からも推察できる。

単元「燃料の科学」
　・家庭で燃料を使うのに，どんな科学的知識が必要か。
　・工業用の燃料には，どんなものがあるか。
単元「衣料の科学」
　・どんな天然繊維を利用しているか。
　・人造繊維は，どのようにして発明され，発達したか。
単元「化学の発達と私たちの生活」
　・化学の理論は，どのようにして発達したか。
　・化学的知識や科学的態度・方法が，日常生活にどんなに役立つか。

1952（昭和27）年には，それまでの学習指導要領（試案）の改訂版が発行され，日本では，次第に生活単元学習が定着していった。しかし，本家のアメリカでは，生活単元学習についての様々な問題点が指摘され，より系統だった知識の伝達を求める声が高まっていたのである。

教師による学習の方向づけを廃し，子どもの自己・自発活動を尊重した生活単元学習は，学習に系統性やまとまりがない，断片的で基礎知識が身につかない，基礎学力が低下するなどといった指摘である。やがて我が国でも，這い回る経験主義，道具主義の教育であるという批判を受けるようになり，アメリカが系統学習の時代へと変わっていくのに伴い，日本の理科教育も，生活単元学習から系統学習へと移行していくのである。

このような学校制度やカリキュラムの変革の中で，1954（昭和29）年から，理科教育振興法（通称理振法）に基づく国庫補助が開始された。これは国力の回復と国民生活の向上に果たす科学の重要性が認められたことを示すもので，戦災で大きな被害を受けた理科の設備や機器類が，この補助金によって急速に整備されることになった。

（2）　1960年代（昭和35年頃〜）−系統学習の時代

生活単元学習の反省に立って提唱されたのが，系統的な知識の伝達を中心とした系統学習の考えである。生活とのつながりを重視し過ぎたために，散漫になってしまった生活単元学習に代わって，科学（学問）の体系を重視し，系統的な知識の注入により確かな学力を身につけようとするものである。これまでの子どもの活動を中心にした生活単元学習とは，反対の方向に転換したわけである。

我が国でも生活単元学習に対する批判はかなり強く，教師は何をどう教えていいかわからない，子どもも，何をどうまとめて覚えたらいいのか戸惑うといった声が多かった。そこに登場した系統学習はすぐに受け入れられ，学習指導要領もこれに沿って大幅に改められることになった（小・中は1958年公示）。

当時の理科の週あたり授業時間数は，小学校の1，2年が2時間，3，4年が3時間，5，6年が4時間である。中学校の理科は各学年とも4時間という，うらやましいような充実したものであった。

小学校の学習内容も大きく変わって，かなり現在の項目に近いものになり，中学校の理科では，物理・化学を主とする第１分野，生物・地学を主とする第２分野の２分野制が取り入れられた。

　次は，中学校各分野の内容の一部であるが，現在のものと比べてみると，かなりレベルの高いものが含まれている。

第１分野　毛管現象　パスカルの原理　アルキメデスの原理　比熱
　　　　　弾性変形　屈折率　スペクトル　変圧器　振り子の等時性　熱機関
　　　　　真空管の整流作用
第２分野　寄生と共生　鉱物の開管・閉管分析　カエルの解剖　内分泌
　　　　　腐敗と発酵　変成岩　遺伝　進化

　ときあたかも，ソビエトの人工衛星スプートニク１号が地球を回る軌道に乗り（1957年），人工衛星一番乗りをねらっていたアメリカは，官民ともども苦杯を喫した。このこともあって，科学振興のための系統学習による学力向上が叫ばれたともいわれている。さらに有人宇宙飛行でも遅れをとったアメリカは，これまでの生ぬるい生活単元学習を捨て，科学の体系に沿った系統的な知識を注入しよう，これこそがソビエトを追い越し，アメリカを再び科学の最先端国に引き上げるもとになると考えていた。

　この時代の理科の教科書を見ると，現在のものに比べてカラーのページや図が少なく地味ではあるが，厚みがあって内容豊富という印象である。必要なことはすべて書かれており，一字一句をしっかり読めば，生徒が自ら学習することができるような内容であった。ところが現在の教科書は，多彩な

カエルの内部構造　　動物のからだの内部は，どのような構造になっているのだろうか。カエルを解剖して調べてみよう。

観察　2．カエルのからだの構造を観察する
〔準備〕　　カエル，解剖器（はさみ・メス，またはかみそりの刃，柄つき針・ピンセット・とめ針（20本ぐらい・解剖ざら・虫めがね），スケッチ用具，先の細いガラス管，集気びん，ガラス板，クロロホルムまたはエーテル
（1）クロロホルム，またはエーテルで，カエルをますいする。
（2）カエルの口をよく開き，舌，食道の入口，気管の入口などを調べる。
（3）解剖して内部のようすを観察する。
（イ）心臓の動き，構造を観察する。
（ロ）肺の構造，肺とのどとのつながりを観察する。
（ハ）消化器（かん臓・たんのう・胃・小腸・大腸・すい臓・前胸腺）のつきかたと特徴とを観察し，さらに，消化管を切り開いて，内面のようすを観察する。
（ニ）卵そう・脂肪体・じん臓・ぼうこうを観察する。
（ホ）筋肉のつきかた，とくに骨とのつながりかたを調べる。

カエルのからだを腹側から切り開いてみると，まず，心臓の動いているのが目につく。

■カエルの解剖実験（中学校２年）

イラストが並んでいる割に説明の記述が少なく，先生の解説を聞かないと，生徒だけでは勉強ができにくくなってしまったように感じられる。

次の表は，中学校3年の最後の単元［資源の利用］の項目であるが，なかなか内容豊富で実践的である。

これに相当するのが現在の第1分野［科学技術と人間］であるが，こちらはやや観念的で具体性に欠ける。

［資源の利用］	［科学技術と人間］
1　土と砂の利用 2　精錬 3　酸・アルカリ工業 4　石油と石炭 5　木材資源の利用 6　油脂とでんぷんの利用 7　合成工業	（ア）　エネルギーと物質 　㋐　エネルギーとエネルギー資源 　㋑　様々な物質とその利用 　㋒　科学技術の発展 （イ）　自然環境の保全と科学技術の利用 　㋐　自然環境の保全と科学技術の利用

しかし，このような系統学習が定着した頃，我が国では高度成長の時代に入り，科学の発展にも目覚ましいものがあった。理科教育で扱う科学の情報量は飛躍的に増大し，限られた時間，限られたカリキュラムの中ではとても対応できないということが問題視されるようになった。

こうした時期に登場したのが，アメリカの教育現代化運動の中で主張された探究学習の考え方である。このブルーナーの考えを踏まえた教育理論は，系統学習に続く1970年代の我が国の理科教育においても，その主流となるのである。

アメリカでは，このような現代化運動の中で，高校のPSSC物理，CHEMS化学，BSCS生物，中学校のIPS物理，ESCP地学，小学校のESSなどが開発された。イギリスでもナフィールド生物などの開発が進められ，我が国の理科教育にも少なからぬ影響を与えることになる。

2．戦後の理科教育　　23

（3） 1970年代（昭和45年頃～）－探究学習の時代

　系統学習の後を受けた理科の探究学習は，膨大な知識の注入よりも科学の方法の習得が理科の学習の基本だというものである。探究学習によって身につけた科学の方法を適用すれば，すべてにわたる知識がなくても，科学的な問題を応用的に解決ができるため，科学の方法習得こそが理科の学力そのものであるとする主張である。こうした探究学習は，次の2つに要約することができる。

①　探究の過程を通して，探究の技法・科学の方法を身につけさせる。
②　探究の過程を通して科学の基本概念が習得できるよう，教材を系統的・
　　構造的に配列・構成する。

　①の探究の技法としては，問題の発見とか予測，観察，グラフ化などが挙げられるが，これを一般的な探究の順に並べると次のようになる。

　問題の発見・予測－観察・実験・測定－記録－分類・グラフ化－推論－モデル化－仮説の設定－検証

　そして，これらの探究の技法，あるいは手順にしたがって，自主的に学習が進められるような教科書や学習指導法を整えようというのが②に当たる。

　このような探究学習を支えたのはブルーナーの教育理論で，原理の転換という考え方に基づいている。教科の構造をマスターすれば新しい問題への応用が可能であり，この原理はいかなる場面でも，いかなる年齢においても適用が可能である，そして基本的なものほど応用の幅が広がるとされている。

　我が国では，このようなアメリカなどでの運動がそのまま取り入れられたわけではないが，中学校と高校のカリキュラムにはかなりの影響があった。1968～1970（昭和43～45）年に告示された学習指導要領においても，探究の過程の重視とこれに伴う教材の精選が行われている。改訂の方針となったのは次の3点であるが，授業時間については小・中・高とも変更はなかった。

①　現代の自然科学の発展を取り入れた学習内容の構造化
③　情報爆発時代に応じた科学の基本概念による教材の精選と構造化
④　探究学習による科学の方法の習得重視

このような探究学習中心の理科教育が進められる一方で，この指導に対する反省も出されるようになった。探究学習は，そのために選ばれた素材をいじくり回すだけの理科ではないか，豊かな枝葉を落とした幹と枝だけの理科になってしまったのではないか，そして子どもたちの日常生活とかけ離れ，学校でしかできない理科教育は，理科嫌い・理科離れの子どもをつくる結果になったのではないかというものである。

一方では，高度成長の影が公害等の社会問題となり，人間の心の歪み，荒廃といった問題を引き起こすことにもなった。そして，人間性の尊重，ゆとりの学習が教育課程審議会から打ち出され，これが学校の教科指導にも影響して，探究中心の教育からゆとりの教育の時代に入るのである。

しかし，探究学習は科学の方法とは何か，観察や実験を計画し実施するポイントは何かを明確にし，理科の教師を啓蒙する功績も少なくなかったのである。

（4）　1980年代（昭和55年頃〜）−ゆとりの学習の時代

1976（昭和51）年の教育課程審議会の答申では，はじめて人間性豊かなゆとりの教育が打ち出され，教育課程編成のねらいとして，次の4点が挙げられた。

① 　国民として必要な基礎的・基本的内容を重視する。
② 　人間性豊かな児童生徒を育てる。
③ 　ゆとりのある充実した学校生活を実現する。
⑤ 　個性・能力に応じた教育を進める。

具体的には教科の授業時数が週34時間から30時間になり，小・中学校にゆとりの時間が新設された。これに伴って，教科の内容も25〜30％削減され，高校には物理・化学・生物・地学の他に，新しく理科Ⅰと理科Ⅱが設けられた。"薄い教科書，楽しい学校"というのが，当時のうたい文句で，理科の週時間数も，1980（昭和55）年から小学校では5，6年とも3時間に，翌年から中学校でも1，2年が3時間に削減された。

新しく高校に設けられた理科Ⅰは必修で，中学校で削減された教材を補い，

高校理科の学習の基礎を身につけさせること，エネルギーや環境問題など科学的な一般教養を総合的に身につけさせることをねらいとした科目である。教科書は，出版社によって4つの領域を1冊にまとめたものと，化学・生物編，物理・地学編のように2分冊にしたものとが作られた。

　しかし理科Ⅰを，はじめから4つの領域に分けて，それぞれを専門の先生が指導したり，4単位の物理や化学の前半にくっつけて指導したりするなど，"総合的に"という趣旨が十分生かされないまま，次の改訂では総合理科と各科目のⅠAに移行されることになった。

　また，理科Ⅱは課題研究を中心とした新しい試みであったが，具体的な展開が難しいなどの理由から科目として設ける学校は少なかった。

（5）　1990年代（平成2年頃〜）－ゆとりと選択学習の時代

　これからの日本の教育の在り方を検討していた教育課程審議会は，1983（昭和58）年の報告で自己教育力の育成，基礎・基本の徹底，個性と創造性の伸長，文化と伝統の尊重という4つの基本方針を示した。これを受けた臨時教育審議会は，1987（昭和62）年に教育課程の改訂のねらいを次のように答申した。

① 　豊かな心をもち，たくましく生きる人間の育成を図ること
② 　自ら学ぶ意欲と，社会の変化に主体的に対応できる能力の育成を重視すること
③ 　国民として必要とされる基礎的・基本的な内容を重視し，個性を生かす教育の充実を図ること
④ 　国際理解を深め，我が国の文化と伝統を尊重する態度の育成を重視すること

　この答申に基づいて告示されたのが平成元年版の学習指導要領で，特に強調されたのが個性・能力の尊重と，これを生かした教育の充実であり，教科の選択制が中学校から大幅に取り入れられたのもこの表れである。1995（平成7）年から始まった隔週5日制も含めて，この時期の学校教育は多様な学習，ゆとりの学習の時代といってもいい。こうした中での理科に関する変革をまとめて

26　　第2章　日本の理科教育の歴史

みると，次の３つになる。

　　・小学校の低学年理科の廃止と生活科の新設
　　・中学校の選択教科の拡充
　　・高校理科Ⅰの廃止を含む科目の再編成

　小学校では１，２年の理科が社会科とともに廃止され，新しい生活科という教科が設けられた。生活科の中でも理科の教材が取り上げられ，一部の教材については，３年以上の理科や中学校の理科に吸収されているとはいっても，かなりの削減になったことは間違いない。

　中学校では教科の選択制が拡充され，３年には選択教科としての理科が設けられた。教科が選択できるということは，確かに生徒の個性・能力に応じた教育になるのだろうが，逆に全員が学ぶ理科の授業が少なくなってしまったのも事実である。これに伴う教材の削減とゆとりのない授業展開，理解できないまま授業に遅れる生徒の増加などは，理科に限らず難しい問題である。教材の削減は必然的に骨格だけの理科になり，科学史上のエピソードや日常生活の問題を取り入れるような豊かな学習指導は望めなくなる。

　また，中学校では指導時間数が70〜105というように，幅をもたせたものになっている。理科でも３年が105〜140時間というように示され，下限を採用した場合は，理科の時間が週３時間になって，こうして浮いた時間が選択教科に充てられたわけである。

　一方，高等学校でも理科Ⅰの廃止と選択性の徹底によって，科学の全領域の基礎を全員に学習させる機会がなくなってしまった。特に地学を選択する生徒が減少し，地学の科目を１つも設けない学校も珍しくなくなった。

（6）　2000年代（平成12年頃〜）－生きる力と総合学習の時代

　隔週であった学校５日制が，2002（平成14）年から完全５日制になり，これに対応する教育課程の検討が行われて，1998（平成10）年には教育課程審議会の答申が出された。この中で，教育課程改善の基本方針として次の４つが挙げられた。

2．戦後の理科教育　　*27*

① 豊かな人間性や社会性，国際社会に生きる日本人としての自覚を育成すること。

② 自ら学び，自ら考える力を育成すること。

③ ゆとりのある教育活動を展開する中で，基礎・基本の確実な定着を図り，個性を生かす教育を充実すること。

④ 各学校が創意工夫を生かし特色ある教育，特色ある学校づくりを進めること。

②は"生きる力の育成"に，③は教材の精選と削減につながり，④は小・中・高のすべてに総合学習の新設を提案するもので，さらなる教科の基本的な時間数の減少をもたらす原因にもなった。

■平成10年版学習指導要領における小学校各教科の年間授業時数
（　）は平成元年版学習指導要領

	1 年	2 年	3 年	4 年	5 年	6 年
国 語	272 (306)	280 (315)	235 (280)	235 (280)	180 (210)	175 (210)
社 会	－	－	70 (105)	85 (105)	90 (105)	100 (105)
算 数	114 (136)	155 (175)	150 (175)	150 (175)	150 (175)	150 (175)
理 科	－	－	70 (105)	90 (105)	95 (105)	95 (105)
生 活	102 (102)	105 (105)	－	－	－	－
音 楽	68 (70)	70 (70)	60 (70)	60 (70)	50 (70)	50 (70)
図画工作	68 (70)	70 (70)	60 (70)	60 (70)	50 (70)	50 (70)
家 庭	－	－	－	－	60 (70)	55 (70)
体 育	90 (105)	90 (105)	90 (105)	90 (105)	90 (105)	90 (105)
道 徳	34 (34)	35 (35)	35 (35)	35 (35)	35 (35)	35 (35)
特別活動	34 (34)	35 (35)	35 (35)	35 (70)	35 (70)	35 (70)
総 合	－	－	105 (－)	105 (－)	110 (－)	110 (－)
合 計	782 (850)	840 (910)	910 (850)	945 (1015)	945 (1015)	945 (1015)

■平成10年版学習指導要領における中学校理科の年間授業時数
（　）は平成元年版学習指導要領

	1 年	2 年	3 年
理 科	105 (105)	105 (105)	80 (105〜140)

28　第2章　日本の理科教育の歴史

以上のような答申をもとに編成された学習指導要領は，小・中学校が1998（平成10）年，高等学校が1999（平成11）年に告示され，小・中学校が2002年（平成14年）から全学年で完全実施，高校が2003（平成15）年から学年進行で実施されることになった。

　小・中学校の授業時数は p.28の表の通りであるが，授業時数の削減は一目瞭然で，これでは学力の低下も当然である。そして，年間の授業日数の基本とされる35週で割り切れない半端な時間を割り当てられた教科がたくさんある。理科でいえば，小学校4年の90時間や中学校3年の80時間は，どんな時間割を組んだらよいのだろうか。こうした時間のつじつま合わせは，現場にとって大変な迷惑である。

　高等学校では，いわゆる選択必修の理科として4～5単位の履修が義務づけられているが，これまでの4～6単位に比べると，やはり少なくなっている。

　また，授業の1単位時間については，小学校は45分，中・高等学校は50分を標準とするが，総時間数の確保を前提に弾力的に運用することが認められた。例えば，20分にして週の時間数を多くするとか，ゆとりをもって観察や実験が行えるよう80分の授業を取り入れることなども可能とされている。

（7）　2008（平成20）年～　－充実した理科教育への回帰の時代

　極端に削減された学習指導要領による授業が展開されている中で，国際的な学力調査である OECD（経済協力開発機構）の PISA2006の調査結果などにより，日本の子どもたちの学力低下と次のような問題点が明らかになった。

① 読解力の低下や知識・技能を活用する能力の不足
② 読解力の成績分布が分散・拡大した背景にある家庭学習の不足や学習意欲の低下，学習習慣・生活習慣の欠如
③ 自信の喪失や将来への不安，体力の低下

　特に，読解力の低下につながった思考力・判断力・表現力の不足，知識・技能を活用する能力の低さが問題となった。また，地球温暖化や大気汚染のインパクトが強いためか，科学によってもたらされる恩恵への理解や科学者志向が諸外国と比べると格段に低いこともわかった。

2．戦後の理科教育

このような事実への対応を色濃く反映した2008（平成20）年の中央教育審議会の答申を受け，同年の３月に小・中学校，翌年３月には高等学校の学習指導要領が告示された。

　小・中学校では総合学習の１時間減と週授業時数の１時間増などもあって，理科の年間授業時数は小学校が350時間から405時間に，中学校が290時間から385時間にと，大幅に増えることになった。これに伴って指導内容も増え，中学校ではイオンや遺伝・進化が復活するなど，極端な教材の削減・統合が行われる以前の学習指導要領に戻ったともいえる。

■平成10年版と平成20年版の小・中学校の年間授業時数
小学校の標準授業時数

平成10年版

学年 教科等	1	2	3	4	5	6	計
国語	272 (8)	280 (8)	235 (6.7)	235 (6.7)	180 (5.1)	175 (5)	1377
社会	−	−	70 (2)	85 (2.4)	90 (2.6)	100 (2.9)	345
算数	114 (3.4)	155 (4.4)	150 (4.3)	150 (4.3)	150 (4.3)	150 (4.3)	869
理科	−	−	70 (2)	90 (2.6)	95 (2.7)	95 (2.7)	350
生活	102 (3)	105 (3)	−	−	−	−	207
音楽	68 (2)	70 (2)	60 (1.7)	60 (1.7)	50 (1.4)	50 (1.4)	358
図画 工作	68 (2)	70 (2)	60 (1.7)	60 (1.7)	50 (1.4)	50 (1.4)	358
家庭	−	−	−	−	60 (1.7)	55 (1.6)	115
体育	90 (2.6)	90 (2.6)	90 (2.6)	90 (2.6)	90 (2.6)	90 (2.6)	540
道徳	34 (1)	35 (1)	35 (1)	35 (1)	35 (1)	35 (1)	209
特別 活動	34 (1)	35 (1)	35 (1)	35 (1)	35 (1)	35 (1)	209
総合的な 学習の時間	−	−	105 (3)	105 (3)	110 (3.1)	110 (3.1)	430
合計	782 (23)	840 (24)	910 (26)	945 (27)	945 (27)	945 (27)	5367

平成20年版

学年 教科等	1	2	3	4	5	6	計
国語	306 (9)	315 (9)	245 (7)	245 (7)	175 (5)	175 (5)	1461
社会	−	−	70 (2)	90 (2.6)	100 (2.9)	105 (3)	365
算数	136 (4)	175 (5)	175 (5)	175 (5)	175 (5)	175 (5)	1011
理科	−	−	90 (2.6)	105 (3)	105 (3)	105 (3)	405
生活	102 (3)	105 (3)	−	−	−	−	207
音楽	68 (2)	70 (2)	60 (1.7)	60 (1.7)	50 (1.4)	50 (1.4)	358
図画 工作	68 (2)	70 (2)	60 (1.7)	60 (1.7)	50 (1.4)	50 (1.4)	358
家庭	−	−	−	−	60 (1.7)	55 (1.6)	115
体育	102 (3)	105 (3)	105 (3)	105 (3)	90 (2.6)	90 (2.6)	597
道徳	34 (1)	35 (1)	35 (1)	35 (1)	35 (1)	35 (1)	209
特別 活動	34 (1)	35 (1)	35 (1)	35 (1)	35 (1)	35 (1)	209
総合的な 学習の時間	−	−	70 (2)	70 (2)	70 (2)	70 (2)	280
外国語 活動	−	−	−	−	35 (1)	35 (1)	70
合計	850 (25)	910 (26)	945 (27)	980 (28)	980 (28)	980 (28)	5645

30　　第２章　日本の理科教育の歴史

中学校の標準授業時数

平成10年度

教科等＼学年	1	2	3	計
国　　　語	140 (4)	105 (3)	105 (3)	350
社　　　会	105 (3)	105 (3)	85 (2.4)	295
数　　　学	105 (3)	105 (3)	105 (3)	315
理　　　科	105 (3)	105 (3)	80 (2.3)	290
音　　　楽	45 (1.3)	35 (1)	35 (1)	115
美　　　術	45 (1.3)	35 (1)	35 (1)	115
保 健 体 育	90 (2.6)	90 (2.6)	90 (2.6)	270
技術・家庭	70 (2)	70 (2)	35 (1)	175
外　国　語	105 (3)	105 (3)	105 (3)	315
道　　　徳	35 (1)	35 (1)	35 (1)	105
特 別 活 動	35 (1)	35 (1)	35 (1)	105
選択教科等	0～30 (0～0.9)	50～85 (1.4～2.4)	105～165 (3～4.7)	155～280
総 合 的 な 学習の時間	70～100 (2～2.9)	70～105 (2～3)	70～130 (2～3.7)	210～335
合　　　計	980 (28)	980 (28)	980 (28)	2940

平成20年度

教科等＼学年	1	2	3	計
国　　　語	140 (4)	140 (4)	105 (3)	385
社　　　会	105 (3)	105 (3)	140 (4)	350
数　　　学	140 (4)	105 (3)	140 (4)	385
理　　　科	105 (3)	140 (4)	140 (4)	385
音　　　楽	45 (1.3)	35 (1)	35 (1)	115
美　　　術	45 (1.3)	35 (1)	35 (1)	115
保 健 体 育	105 (3)	105 (3)	105 (3)	315
技術・家庭	70 (2)	70 (2)	35 (1)	175
外　国　語	140 (4)	140 (4)	140 (4)	420
道　　　徳	35 (1)	35 (1)	35 (1)	105
特 別 活 動	35 (1)	35 (1)	35 (1)	105
総 合 的 な 学習の時間	50 (1.4)	70 (2)	70 (2)	190
合　　　計	1015 (29)	1015 (29)	1015 (29)	3045

注：（　）内は週当たりのコマ数。

（8）　2017（平成29）年～　－理科の資質・能力を改めて問い直す時代

2017（平成29）年３月には小・中学校，2018（平成30）年３月には高等学校の新しい学習指導要領が告示された。この改訂では，児童生徒に身に付けさせたい資質・能力を「知識及び技能」「思考力，判断力，表現力等」「学びに向かう力，人間性等」の３つの柱で整理し，全ての教科を通してこれらの育成を図ることを目指している。理科においても，新たな枠組みで学力をとらえ直すことが求められているといえるだろう。この内容については第３章で詳述する。

また，2015年に実施された国際数学・理科教育動向調査（TIMSS）による

と，算数・数学，理科は良好な結果を示しており，確かな学力を育成するという平成20年版学習指導要領の取り組みが成果を上げたととらえられている。引き続き学力の維持・向上を図るために，学習内容の削減はせず，資質・能力の育成に力を入れるという方向性が今回の改訂に反映されたと考えられる。以下に，TIMSS における日本の成績の推移を示す。

■TIMSS における平均得点の推移
（文部科学省「国際数学・理科教育動向調査（TIMSS2015）のポイント」より）

		1995	1999	2003	2007	2011	2015
小学校4年生	算数	567 点 (3位/26か国)	（調査実施せず）	565 点 (3位/25か国)	568 点 (4位/36か国)	585 点 (5位/50か国)	593 点 (5位/49か国)
	理科	553 点 (2位/26か国)	（調査実施せず）	543 点 (3位/25か国)	548 点 (4位/36か国)	559 点 (4位/50か国)	569 点 (3位/47か国)
中学校2年生	数学	581 点 (3位/41か国)	579 点 (5位/38か国)	570 点 (5位/45か国)	570 点 (5位/48か国)	570 点 (5位/42か国)	586 点 (5位/39か国)
	理科	554 点 (3位/41か国)	550 点 (4位/38か国)	552 点 (6位/45か国)	554 点 (3位/48か国)	558 点 (4位/42か国)	571 点 (2位/39か国)

■国際数学・理科教育動向調査（TIMSS）における理科の成績（小学校）

第1回 1995年(平成7年)		第3回 2003年(平成15年)		第4回 2007年(平成19年)		第5回 2011年(平成23年)	
国／地域(26)	平均得点	国／地域(25)	平均得点	国／地域(36)	平均得点	国／地域(50)	平均得点
韓国	597 点	シンガポール	565 点	シンガポール	587 点	韓国	587 点
日本	574	台湾	551	台湾	557	シンガポール	583
アメリカ	565	日本	543	香港	554	フィンランド	570
オーストリア	565	香港	542	日本	548	日本	559
オーストラリア	562	イングランド	540	ロシア	546	ロシア	552
オランダ	557	アメリカ	536	ラトビア	542	台湾	552
チェコ	557	ラトビア	532	イングランド	542	アメリカ	544
イングランド	551	ハンガリー	530	アメリカ	539	チェコ	536
カナダ	549	ロシア	526	ハンガリー	536	香港	535
シンガポール	547	オランダ	525	イタリア	535	ハンガリー	534

■国際数学・理科教育動向調査（TIMSS）における理科の成績（中学校）

第1回 1995年(平成7年)		第2回 1999年(平成11年)		第3回 2003年(平成15年)		第4回 2007年(平成19年)		第5回 2011年(平成23年)	
国／地域(41)	平均得点	国／地域(38)	平均得点	国／地域(45)	平均得点	国／地域(48)	平均得点	国／地域(42)	平均得点
シンガポール	607 点	台湾	569 点	シンガポール	578 点	シンガポール	567 点	シンガポール	590 点
チェコ	574	シンガポール	568	台湾	571	台湾	561	台湾	564
日本	571	ハンガリー	552	韓国	558	日本	554	韓国	560
韓国	565	日本	550	香港	556	韓国	553	日本	558
ブルガリア	565	オランダ	549	エストニア	552	イングランド	542	フィンランド	552
オランダ	560	オーストラリア	540	日本	552	ハンガリー	539	スロベニア	543
スロベニア	560	チェコ	539	ハンガリー	543	チェコ	539	ロシア	542
オーストリア	558	イングランド	538	オランダ	536	スロベニア	538	香港	535
ハンガリー	554	フィンランド	535	アメリカ	527	香港	530	イングランド	533
イングランド	552			オーストラリア	527	ロシア	530	アメリカ	525

デジタル教科書の導入など，学校教育へのICT普及が進んでいることを考えると，学習指導要領の次期改訂にあたっては，ICTの利用を促す文言や具体的な方法などが明記されることも予想される。理科に限らず，日本の学校教育全体が多くの課題を抱える難しい時代に入ったように思われる。

しかし，どのような時代であろうと，日頃から教材研究や観察・実験の充実，指導の改善などに取り組み，それぞれが理想とする理科教育の実現に努力したいものである。

第3章
現在の日本の理科教育

 理科の学習指導要領はどのように変わってきたか

　我が国では小学校から高等学校まで，各教科で扱う教材は文部省の学習指導要領で規定される，いわゆる統一カリキュラムである。学校教育の基準となる学習指導要領は，戦後の学制改革以来，何回も改訂されてきた。

　現行の学習指導要領は，小・中学校は2008（平成20）年に，高校については翌年の2009（平成21）年に告示された。小学校は2011（平成23）年度から，中学校は2012（平成24年）度から全面実施，高校は2013（平成25）年度入学生（数学及び理科は平成24年度入学生）から学年進行で実施されることになった。

　この改訂では，理数教育の充実という政府の方針を受けて，小・中学校とも理科の内容と授業時数が大幅に増えた。さらに，一部の内容については2009年（平成21）年度から先行実施という異例の移行措置がとられたことから，理科教育の充実に本腰を入れた表れともとらえることができるだろう。

　このように小・中学校の学習指導要領に関しては内容の大幅な追加や移動があったが，高等学校ではさほどの変更はなかった。しかし前回と同じく科目の改変が行われ，「理科基礎」「理科総合A・B」「物理Ⅰ・Ⅱ」などが「科学と人間生活」「物理基礎」「物理」「理科課題研究」のように再編成された。

　この改訂には，OECD（経済協力開発機構）のPISA調査などから明らかになった日本の子どもたちの総合的な学力低下，特に思考力・判断力・表現力や知識・技能を活用する能力の低さへの対応が色濃く反映されていた。

 2017（平成29）年の学習指導要領改訂

　2008（平成20）年告示の学習指導要領においては，知識・技能の習得と思考力・判断力・表現力等の育成のバランスが重視された。さらに資質・能力の育

成を推し進めるべく，新しい学習指導要領の小・中学校が2017（平成29）年3月，高等学校が2018（平成30）年3月に告示された。

　現行の学習指導要領から新学習指導要領への移行スケジュールは次の通りである。

■今後の学習指導要領改訂に関するスケジュール

　また，「幼稚園教育要領，小・中学校学習指導要領等の改訂のポイント」の中には次のような記述があり，前回の改訂に引き続き，理科教育の充実に向けた意識の高さが感じられる。

> **理数教育の充実**
>
> ・前回改訂において2～3割程度授業時数を増加し充実させた内容を今回も維持した上で，日常生活等から問題を見いだす活動（小：算数、中：数学）や見通しをもった観察・実験（小中：理科）などの充実によりさらに学習の質を向上
>
> ・必要なデータを収集・分析し、その傾向を踏まえて課題を解決するための統計教育の充実（小：算数、中：数学）、自然災害に関する内容の充実（小中：理科）

2．2017（平成29）年の学習指導要領

なお，同時に告示された幼稚園教育要領には理科という項目はないが，「環境」の中には次のような内容がある。これは小・中学校の理科教育に発展する原点に当たるものと考えられるので，その一部を以下に示す。

（1）　自然に触れて生活し，その大きさ，美しさ，不思議さなどに気付く。
（2）　生活の中で，様々な物に触れ，その性質や仕組みに興味や関心をもつ。
（3）　季節により自然や人間の生活に変化のあることに気付く。
（4）　自然などの身近な事象に関心をもち，取り入れて遊ぶ。
（5）　身近な動植物に親しみをもって接し，生命の尊さに気付き，いたわったり，
　　　大切にしたりする。
　　（以下省略）

---

③ 小学校学習指導要領

（1）　目標

　以下に示すのは，平成29年版学習指導要領に示された小学校理科の目標である。

　柱書に続き，資質・能力の3つの柱「知識及び技能」「思考力，判断力，表現力等」「学びに向かう力，人間性等」に対応した（1）から（3）の目標が示されている。

　自然に親しみ，理科の見方・考え方を働かせ，見通しをもって観察，実験を行うことなどを通して，自然の事物・現象についての問題を科学的に解決するために必要な資質・能力を次のとおり育成することを目指す。
（1）　自然の事物・現象についての理解を図り，観察，実験などに関する基本的な
　　　技能を身に付けるようにする。
（2）　観察，実験などを行い，問題解決の力を養う。
（3）　自然を愛する心情や主体的に問題解決しようとする態度を養う。

　今回の改訂のねらいとして，思考力・判断力・表現力の育成や「主体的・対

36　｜　第3章　現在の日本の理科教育

話的で深い学び」の実現，教材や教育環境の充実などが挙げられている。これらのねらいに基づいて，内容が編成されている。

（2） 改善の具体的事項

　以下は今回の改訂で追加・移行された主な内容であるが，中学校に比べると最小限の手直しにとどめたようである。これらの追加・移行は，内容の系統性や資質・能力のつながりに配慮したためであるが，4年から6年，6年から中学2年など後ろに移行したことから，ややレベルダウンしたかのような印象を受ける部分もある。

○追加した内容
　　・第3学年　音の伝わり方と大小
　　・第4学年　雨水の行方と地面の様子
　　・第6学年　人と環境
○移行した内容
　　・第4学年→第6学年　　　　光電池の働き
　　・第5学年→第6学年　　　　水中の小さな生物
　　・第6学年→中学校第2学年　電気による発熱

④ 中学校学習指導要領

（1）　目標

　以下に示すのは，平成29年版学習指導要領に示された中学校理科の目標である。

　自然の事物・現象に関わり，理科の見方・考え方を働かせ，見通しをもって観察，実験を行うことなどを通して，自然の事物・現象を科学的に探究するために必要な資質・能力を次のとおり育成することを目指す。
（1）　自然の事物・現象についての理解を深め，科学的に探究するために必要な観察，実験などに関する基本的な技能を身に付けるようにする。
（2）　観察，実験などを行い，科学的に探究する力を養う。

（3）　自然の事物・現象に進んで関わり，科学的に探究しようとする態度を養う。

　　小学校と同様，柱書に続いて，資質・能力の３つの柱に対応した（1）から（3）の目標が示されている。また，中学校の目標にある「科学的に探究する力」は，小学校の「問題解決の力」に該当する。

　　昭和30年代から始まった中学校の２分野制は，それぞれの分野の先生が専門的な知識を生かして指導することが趣旨であったが，持ち時間や理科の時間の削減などから公立校ではあまり取り入れられなかった。しかし平成20年版学習指導要領から２，３年の理科が週４時間になっているため，分野を分けた指導には引き続き追い風となりそうである。

　　また，今回の改訂では１分野，２分野という序列があるかのような表現を，小学校と同じく「物質・エネルギー」と「生命・地球」という名称に変えることも検討されたようだが実現しなかった。１分野，２分野では内容が表されていないので，他教科の先生にはわかりにくいかもしれない。

（2）　改善の具体的事項

　　以下は今回の改訂で改善・充実，移行された主な内容であるが，小学校に比べるとかなり多く，このように教材の順序をいじくりまわすような改編が果たして必要なのだろうかという疑問が残る。

○改善・充実した内容

［第１分野］

　・第３学年に加えて，第２学年においても，放射線に関する内容を扱うこと

［第２分野］

　・全学年で自然災害に関する内容を扱うこと

　・第１学年において，生物の分類の仕方に関する内容を扱うこと

○移行した内容

［第１分野］

　・小学校第６学年→第２学年　　電気による発熱

　・第１学年→第３学年　　　　　　水圧，浮力

　・第１学年→第２学年第２分野　気圧

38　　第３章　現在の日本の理科教育

・第1学年→小学校第5学年　　溶けている物の均一性

・第3学年→第1学年　　　　　　2力のつり合い

［第2分野］

・第1学年→第2学年　植物の体のつくりと働き

・第2学年→第1学年　動物の体の共通点と相違点

・第3学年→第1学年　自然の恵みと火山災害・地震災害

・第3学年→第2学年　自然の恵みと気象災害

　なお，次の枠の中に示された教材は，2008（平成20）年の改訂によって学習指導要領に復活した内容であるが，これだけ多くの大切な事項を教えないまま10年も20年も過ごしてきたのかと愕然とする。生徒には，申し訳ない思いでいっぱいである。

［第1分野］

力とばねの伸び　重さと質量の違い　水圧　プラスチック　電力量　熱量　電子　直流と交流の違い　力の合成と分解　仕事　仕事率　水溶液の電気伝導性　原子の成り立ちとイオン　化学変化と電池　熱の伝わり方　エネルギー変換の効率　放射線　自然環境の保全と科学技術の利用（1・2分野総合）

［第2分野］

種子をつくらない植物の仲間　無脊椎動物の仲間　生物の変遷と進化　日本の天気の特徴　大気の動きと海洋の影響　遺伝の規則性と遺伝子　ＤＮＡ　月の運動と見え方　日食　月食　銀河系の存在　地球温暖化　外来種　自然環境の保全と科学技術の利用（1・2分野総合）

5　高等学校学習指導要領

（1）　教科・科目の構成

　高等学校では，資質・能力の育成を踏まえて，教科・科目構成の大きな変更があった。

　特に，国語科や社会科では科目の名称が変わってしまった。社会科では新しく「公共」という科目を設けるなど，選挙権年齢を18歳に引き下げた法改正が

5．高等学校学習指導要領　　*39*

太字は新設

教科	現行				2022年後～実施		
	科目	必修の選び方	単位		科目	単位	必修の選び方
国語	国語総合	●	4		現代の国語	2	●
	国語表現		3		言語文化	2	●
	現代文A	2単位にまで減らせる	2		論理国語	4	
	現代文B		4		文学国語	4	
	古典A		2		国語表現	4	
	古典B		4		古典探究	4	
地理歴史	地理A		2		地理総合	2	●
	地理B		4		地理探究	3	
	世界史A	「世界史A」と「世界史B」から一つとその他の科目から一つ	2		歴史総合	2	●
	日本史A		2		世界史探究	3	
	世界史B		4		日本史探究	3	
	日本史B		4				
公民	現代社会	「現代社会」または「倫理」・「政治・経済」	2		公共	2	●
	倫理		2		倫理	2	
	政治・経済		2		政治・経済	2	
数学	数学I	●	3		数学I	3	
	数学II		4		数学II	4	
	数学III	2単位にまで減らせる	5		数学III	3	2単位にまで減らせる
	数学A		2		数学A	2	
	数学B		2		数学B	2	
	数学活用		2		数学C	2	
理科	科学と人間生活	●	2		科学と人間生活	2	●
	物理基礎	●	2		物理基礎	2	●
	物理		4		物理	4	
	化学基礎	●	2		化学基礎	2	●
	化学	●のうち三つ。ただし、「科学と人間生活」を含む場合は二つ	4		化学	4	●のうち三つ。ただし、「科学と人間生活」を含む場合は二つ
	生物基礎	●	2		生物基礎	2	●
	生物		4		生物	4	
	地学基礎	●	2		地学基礎	2	●
	地学		4		地学	4	
	理科課題研究		1				
保健体育	体育	●	7~8		体育	7~8	●
	保健	●	2		保健	2	●
芸術	音楽I	●	2		音楽I	2	●
	音楽II		2		音楽II	2	
	音楽III		2		音楽III	2	
	美術I	●	2		美術I	2	●
	美術II		2		美術II	2	
	美術III		2		美術III	2	
	工芸I	●のうち一つ	2		工芸I	2	●のうち一つ
	工芸II		2		工芸II	2	
	工芸III		2		工芸III	2	
	書道I	●	2		書道I	2	
	書道II		2		書道II	2	
	書道III		2		書道III	2	
外国語	コミュニケーション英語基礎		2		英語コミュニケーションI	3	●
	コミュニケーション英語I	●	3		英語コミュニケーションII	4	
	コミュニケーション英語II		4		英語コミュニケーションIII	4	
	コミュニケーション英語III		4		論理・表現I	2	2単位にまで減らせる
	英語表現I		2		論理・表現II	2	
	英語表現II	2単位にまで減らせる	4		論理・表現III	2	
	英語会話		2				
家庭	家庭基礎	3科目のうち一つ	2		家庭基礎	2	2科目のうち一つ
	家庭総合		4		家庭総合	4	
	生活デザイン		4				
情報	社会と情報	2科目のうち一つ	2		情報I	2	●
	情報の科学		2		情報II	2	
理数					理数探究基礎	1	
					理数探究	2~5	

40　第3章　現在の日本の理科教育

意識されているようである。

　また理科にも関わる変更として，［理数］という教科が新設された。これには「理数探究基礎」と「理数探究」の2科目が設けられている。

（2）　目標
　以下に示すのは，高等学校理科の目標である。

　自然の事物・現象に関わり，理科の見方・考え方を働かせ，見通しをもって観察，実験を行うことなどを通して，自然の事物・現象を科学的に探究するために必要な資質・能力を次のとおり育成することを目指す。
（1）　自然の事物・現象についての理解を深め，科学的に探究するために必要な観察，実験などに関する技能を身に付けるようにする。
（2）　観察，実験などを行い，科学的に探究する力を養う。
（3）　自然の事物・現象に主体的に関わり，科学的に探究しようとする態度を養う。

　小・中学校と同様に，柱書の後に3つの具体的な目標が示されている。
　（3）の「主体的に」以外は中学校の目標と全く同じなのはどうしてだろう。中学校よりレベルが上の高等学校であるから，それなりの目標設定があってよいのではないか。このままなら，いっそのこと小・中・高とも同一にした方がすっきりするのではないだろうか。

（3）　改善の具体的事項
　以下に示すのは，この趣旨に沿って改訂された新しい学習指導要領，2010（平成21）年告示の現行学習指導要領，1999年告示の学習指導要領，それぞれの科目を比較したものである。

高等学校理科の科目の変遷

2018(平成30)年	2010(平成21)年	1999(平成11)年
科学と人間生活　　　（2）	科学と人間生活　　　（2）	理科基礎　　　　　　（2）
物理基礎　化学基礎	物理基礎　化学基礎	理科総合A　　　　　（2）
生物基礎　地学基礎（各2）	生物基礎　地学基礎（各2）	理科総合B　　　　　（2）
物理　化学　生物　地学	物理　化学　生物　地学	物・化・生・地Ⅰ　（各3）
（各4）	（各4）	物・化・生・地Ⅱ　（各3）
	理科課題研究　　　　（1）	（　）内は単位数

　新設教科の「理数」に，「理数探究基礎」および「理数探究」が設定されたことから，理科の「理科課題研究」は廃止された。

　必履修科目については次の通りで，変更はない。

　・「科学と人間生活」「物理基礎」「化学基礎」「生物基礎」「地学基礎」から
　　3科目を選択（ただし「科学と人間生活」を含む場合は2科目）

　理科に限らず高校における科目の再編成や内容の変更は，ほぼ10年ごとに行われてきたが，一国の教育の根本が，このように無造作に変えられていいものか，また変える必要があるのか，はなはだ疑問に思われてならない。

　改訂は文書による通達に過ぎないが，生徒にはもちろん，教師にも大学入試にも，また教科書編集にも与える影響は計り知れない。今回の改訂についても，現場は複雑な移行措置に大きな負担を強いられそうである。

（4）　各科目の概要

　理科の科目数は9科目と多いため，ここでは「科学と人間生活」「化学基礎」「生物」の3科目について，それぞれの目標と内容項目にとどめておく。

「科学と人間生活」　2単位

1　目標

　自然の事物・現象に関わり，理科の見方・考え方を働かせ，見通しをもって

42 第3章　現在の日本の理科教育

観察，実験など行うことなどを通して，自然の事物・現象を科学的に探究するために必要な資質・能力を次のとおり育成することを目指す。

（1） 自然と人間生活との関わり及び科学技術と人間生活との関わりについての理解を深め，科学的に探究するために必要な観察，実験などに関する技能を身に付けるようにする。

（2） 観察，実験などを行い，人間生活と関連付けて科学的に探究する力を養う。

（3） 自然の事物・現象に進んで関わり，科学的に探究しようとする態度を養うとともに，科学に対する興味・関心を高める。

2　内容

（1）　科学技術の発展

（2）　人間生活の中の科学

　（ア）　光や熱の科学　　（イ）　物質の科学　　　（ウ）　生命の科学

　（エ）　宇宙や地球の科学

（3）　これからの科学と人間生活

「化学基礎」　2単位

1　目標

　物質とその変化に関わり，理科の見方・考え方を働かせ，見通しをもって観察，実験など行うことなどを通して，物質とその変化を科学的に探究するために必要な資質・能力を次のとおり育成することを目指す。

（1） 日常生活や社会との関連を図りながら，物質とその変化について理解するとともに，科学的に探究するために必要な観察，実験などに関する技能を身に付けるようにする。

（2） 観察，実験などを行い，科学的に探究する力を養う。

（3） 物質とその変化に主体的に関わり，科学的に探究しようとする態度を養う。

2　内容

（1）　化学と人間生活

　（ア）　化学と物質

（2）　物質の構成

　　（ア）　物質の構成粒子　　　（イ）　物質と化学結合

（3）　物質の変化とその利用

　　（ア）　物質量と化学反応式　　　（イ）　化学反応　　　（ウ）　化学が拓く世界

「生物」　4単位

1　目標

　生物や生物現象に関わり，理科の見方・考え方を働かせ，見通しをもって観察，実験を行うことなどを通して，生物や生物現象を科学的に探究するために必要な資質・能力を次のとおり育成することを目指す。

（1）　生物学の基本的な概念や原理・法則の理解を深め，科学的に探究するために必要な観察，実験などに関する基本的な技能を身に付けるようにする。

（2）　観察，実験などを行い，科学的に探究する力を養う。

（3）　生物や生物現象に主体的に関わり，科学的に探究しようとする態度と，生命を尊重し，自然環境の保全に寄与する態度を養う。

2　内容

（1）　生物の進化

　　（ア）　生命の起源と細胞の進化　　　（イ）　遺伝子の変化と進化の仕組み

　　（ウ）　生物の系統と進化

（2）　生命現象と物質

　　（ア）　細胞と分子　　　（イ）　代謝

（3）　遺伝情報の発現と発生

　　（ア）　遺伝情報とその発現　　　（イ）　発生と遺伝子発現

　　（ウ）　遺伝子を扱う技術

（4）　生物の環境応答

　　（ア）　動物の反応と行動　　　（イ）　植物の環境応答

（5）　生態と環境

　　（ア）　個体群と生物群集　　　（イ）　生態系

「化学基礎」には，「化学が拓く世界」という項目が加えられることになった。「物理基礎」の現行版にはすでに「物理学が拓く世界」があり，今回の改訂によって，「化学基礎」にも加えられる形となった。科学の未来を展望するという発展性のある内容だけに，「生物基礎」「地学基礎」にもそれぞれ加えてもよいのではないかと思う。

（5）　新設された「理数」

「理数」は "教科の枠を超えて探究を" を謳い文句に，想像力豊かな研究者の育成を目指して新設された教科である。目標は次の通りで，「理数探究基礎」と「理数探究」の二つの科目がおかれている。

様々な事象に関わり，数学的な見方・考え方や理科の見方・考え方を組み合わせるなどして働かせ，探究の過程を通して，課題を解決するために必要な資質・能力を次のとおり育成することを目指す。
（1）　対象とする事象について探究するために必要な知識及び技能を身に付けるようにする。
（2）　多角的，複合的に事象を捉え，数学や理科などに関する課題を設定して探究し，課題を解決する力を養うとともに創造的な力を高める。
（3）　様々な事象や課題に向き合い，粘り強く考え行動し，課題の解決や新たな価値の創造に向けて積極的に挑戦しようとする態度，探究の課程を振り返って評価・改善しようとする態度及び倫理的な態度を養う。

「理数探究基礎」「理数探究」それぞれの目標は，教科目標とあまり変わらないが，具体的に何を目指す科目なのかがわかりにくい印象である。

（6）　高等学校理科の課題

高校では理科も希望によって選択履修されるが，科目による選択率の差が大きく，特に地学は極端に低くなっている。以下に示すのは，東京都がまとめた2016年度の教科書採択状況であるが，この結果からも選択の差が大きい実態がよくわかる。また，文部科学省の調査でも，地学の授業を全く設けていない学校が30％もあることが報告されている。

5．高等学校学習指導要領 | *45*

科目別教科書採択学校数（2016年度東京都）

物理基礎	220	物理	155
化学基礎	234	化学	160
生物基礎	233	生物	165
地学基礎	88	地学	18

　高等学校への進学率が95％を越えているにもかかわらず，高校生の多くが理科の4領域の一部しか履修しない。つまり，日本国民の大部分が，科学の一部を学んだだけで大人になってしまうわけである。

　科学技術の進歩と人間，自然と人間との関わりが問い直されている現在，一部の領域に偏った知識のままでよいのだろうか。そして，科学全体にわたる基礎的な知識が，中学校終了レベルのままでよいのかという疑問が残る。

　平成元年の指導要領改訂から，それまでは必修だった「理科Ⅰ」が廃止され，科学全般を学習する科目が選択履修になった。ぜひ「科学と人間生活」を選択して，自分たちの生活と科学とのかかわりについて学んでほしいと思う。将来，「自然科学入門」や「科学の歴史」のような「市民としての科学」を学習する科目が設定されることを切に望む。

小学校学習指導要領 理科 要約

第3学年　[A物質・エネルギー]

（1）物と重さ
　　（ア）形と重さ
　　（イ）体積と重さ
（2）風とゴムの力の働き
　　（ア）風の力の働き
　　（イ）ゴムの力の働き
（3）光と音の性質
　　（ア）光の反射・集光
　　（イ）光の当て方と明るさや暖かさ
　　（ウ）音の伝わり方と大小
（4）磁石の性質
　　（ア）磁石に引き付けられる物
　　（イ）異極と同極
（5）電気の通り道
　　（ア）電気を通すつなぎ方
　　（イ）電気を通す物

[B生命・地球]

（1）身の回りの生物
　　（ア）身の回りの生物と環境との関わり
　　（イ）昆虫の成長と体のつくり
　　（ウ）植物の成長と体のつくり
（2）太陽と地面の様子
　　（ア）日陰の位置と太陽の位置の変化
　　（イ）地面の暖かさや湿り気の違い

第4学年　[A物質・エネルギー]

（1）空気と水の性質
　　（ア）空気の圧縮
　　（イ）水の圧縮
（2）金属，水，空気と温度
　　（ア）温度と体積の変化
　　（イ）温まり方の違い
　　（ウ）水の三態変化
（3）電流の働き

[B生命・地球]

（1）人の体のつくりと運動
　　（ア）骨と筋肉
　　（イ）骨と筋肉の働き
（2）季節と生物
　　（ア）動物の活動と季節
　　（イ）植物の成長と季節
（3）雨水の行方と地面の様子
　　（ア）地面の傾きによる水の流れ

（ア）乾電池の数とつなぎ方

（イ）土の粒の大きさと水のしみこみ方

（4）天気の様子

　（ア）天気による1日の気温の変化

　（イ）水の自然蒸発と結露

（5）月と星

　（ア）月の形と位置の変化

　（イ）星の明るさ，色

　（ウ）星の位置の変化

第5学年　［A物質・エネルギー］

（1）物の溶け方

　（ア）重さの保存

　（イ）物が水に溶ける量の限度

　（ウ）物が水に溶ける量の変化

（2）振り子の運動

　（ア）振り子の運動

（3）電流がつくる磁力

　（ア）鉄心の磁化，極の変化

　（イ）電磁石の強さ

［B生命・地球］

（1）植物の発芽，成長，結実

　（ア）種子の中の養分

　（イ）発芽の条件

　（ウ）成長の条件

　（エ）植物の受粉，結実

（2）動物の誕生

　（ア）卵の中の成長

　（イ）母体内の成長

（3）流れる水の働きと土地の変化

　（ア）流れる水の働き

　（イ）川の上流・下流と川原の石

　（ウ）雨の降り方と増水

（4）天気の変化

　（ア）雲と天気の変化

　（イ）天気の変化の予想

第6学年　［A物質・エネルギー］

（1）燃焼の仕組み
　（ア）燃焼の仕組み
（2）水溶液の性質
　（イ）酸性，アルカリ性，中性
　（ウ）気体が溶けている水溶液
　（エ）金属を変化させる水溶液
（3）てこの規則性
　（ア）てこのつり合いの規則性
　（イ）てこの利用
（4）電気の利用
　（ア）発電，蓄電
　（イ）電気の変換
　（ウ）電気の利用

［B生命・地球］

（1）人の体のつくりと働き
　（ア）呼吸
　（イ）消化・吸収
　（ウ）血液循環
　（エ）主な臓器の存在
（2）植物の養分と水の通り道
　（ア）でんぷんのでき方
　（イ）水の通り道
（3）生物と環境
　（ア）生物と水，空気との関わり
　（イ）食べ物による生物の関係
　（ウ）人と環境
（4）土地のつくりと変化
　（ア）土地の構成物と地層の広がり
　（イ）地層のでき方
　（ウ）火山の噴火や地震による土地
　　　　の変化
（5）月と太陽
　（ア）月の位置や形と太陽の位置

小学校学習指導要領 理科 要約　│　*49*

中学校学習指導要領 理科 要約

[第1分野]

（1）身近な物理現象
　（ア）光と音
　　　㋐　光の反射・屈折
　　　㋑　凸レンズの働き
　　　㋒　音の性質
　（イ）力の働き
　　　㋐　力の働き

（2）身の回りの物質
　（ア）物質のすがた
　　　㋐　身の回りの物質とその性質
　　　㋑　気体の発生と性質
　（イ）水溶液
　　　㋐　水溶液
　（ウ）状態変化
　　　㋐　状態変化と熱
　　　㋑　物質の融点と沸点

（3）電流とその利用
　（ア）電流
　　　㋐　回路と電流・電圧

[第2分野]

（1）いろいろな生物とその共通点
　（ア）生物の観察と分類の仕方
　　　㋐　生物の観察
　　　㋑　生物の特徴と分類の仕方
　（イ）生物の体の共通点と相違点
　　　㋐　植物の体の共通点と相違点
　　　㋑　動物の体の共通点と相違点

（2）大地の成り立ちと変化
　（ア）身近な地形や地層，岩石の観
　　　　察
　　　㋐　身近な地形や地層，岩石の
　　　　　観察
　（イ）地層の重なりと過去の様子
　　　㋐　地層の重なりと過去の様子
　（ウ）火山と地震
　　　㋑　火山活動と火成岩
　　　㋒　地震の伝わり方と地球内部
　　　　　の働き
　（エ）自然の恵みと火山災害・地震
　　　　災害
　　　㋐　自然の恵みと火山災害・地
　　　　　震災害

（3）生物の体のつくりと働き
　（ア）生物と細胞
　　　㋐　生物と細胞

50　　第3章　現在の日本の理科教育

⑦　電流・電圧と抵抗
　　　⑦　電気とそのエネルギー
　　　⑤　静電気と電流
　（イ）電流と磁界
　　　⑦　電流がつくる磁界
　　　⑦　磁界中の電流が受ける力
　　　⑦　電磁誘導と発電

（４）化学変化と原子・分子
　（ア）物質の成り立ち
　　　⑦　物質の分解
　　　⑦　原子・分子
　（イ）化学変化
　　　⑦　化学変化
　　　⑦　化学変化における酸化と還
　　　　　元
　　　⑤　化学変化と熱
　（ウ）化学変化と物質の質量
　　　⑦　化学変化と質量の保存
　　　⑦　質量変化の規則性

（５）運動とエネルギー
　（ア）力のつり合いと合成・分解
　　　⑦　水中の物体に働く力
　　　⑦　力の合成・分解
　（イ）運動の規則性
　　　⑦　運動の速さと向き
　　　⑦　力と運動
　（ウ）力学的エネルギー
　　　⑦　仕事とエネルギー

　（イ）植物の体のつくりと働き
　　　⑦　葉・茎・根のつくりと働き
　（ウ）動物の体のつくりと働き
　　　⑦　生命を維持する働き
　　　⑦　刺激と反応

（４）気象とその変化
　（ア）気象観測
　　　⑦　気象要素
　　　⑦　気象観測
　（イ）天気の変化
　　　⑦　霧や雲の発生
　　　⑦　前線の通過と天気の変化
　（ウ）日本の気象
　　　⑦　日本の天気の特徴
　　　⑦　大気の動きと海洋の影響
　（エ）自然の恵みと気象災害
　　　⑦　自然の恵みと気象災害

（５）生命の連続性
　（ア）生物の成長と殖え方
　　　⑦　細胞分裂と生物の成長
　　　⑦　生物の殖え方
　（イ）遺伝の規則性と遺伝子
　　　⑦　遺伝の規則性と遺伝子
　（ウ）生物の種類の多様性と進化
　　　⑦　生物の種類の多様性と進化

中学校学習指導要領 理科 要約 ｜ *51*

④　力学的エネルギーの保存

（6）化学変化とイオン
　　（ア）水溶液とイオン
　　　　⑦　原子の成り立ちとイオン
　　　　④　酸・アルカリ
　　　　⑦　中和と塩
　　（イ）化学変化と電池
　　　　⑦　金属イオン
　　　　④　化学変化と電池

（7）科学技術と人間
　　（ア）エネルギーと物質
　　　　⑦　エネルギーとエネルギー資
　　　　　　源
　　　　④　様々な物質とその利用
　　　　⑦　科学技術の発展
　　（イ）自然環境の保全と科学技術の
　　　　　利用
　　　　⑦　自然環境の保全と科学技術
　　　　　　の利用

（6）地球と宇宙
　　（ア）天体の動きと地球の自転・公
　　　　　転
　　　　⑦　日周運動と自転
　　　　④　年周運動と公転
　　（イ）太陽系と恒星
　　　　⑦　太陽の様子
　　　　④　惑星と恒星
　　　　⑦　月や金星の運動と見え方

（7）　自然と人間
　　（ア）生物と環境
　　　　⑦　自然界のつり合い
　　　　④　自然環境の調査と環境保全
　　　　⑦　地域の自然災害
　　（イ）自然環境の保全と科学技術の
　　　　　利用
　　　　⑦　自然環境の保全と科学技術
　　　　　　の利用

52　　第3章　現在の日本の理科教育

高等学校学習指導要領 理科 要約

「科学と人間生活」 2単位

（1） 科学技術の発展

（2） 人間生活の中の科学

　（ア）光や熱の科学　㋐光の性質とその利用　㋑熱の性質とその利用

　（イ）物質の科学　㋐材料とその再利用　㋑衣料と食品

　（ウ）生命の科学　㋐ヒトの生命現象　㋑微生物とその利用

　（エ）宇宙や地球の科学　㋐太陽と地球　㋑自然景観と自然災害

（3） これからの科学と人間生活

「物理基礎」 2単位

（1） 物体の運動とエネルギー

　（ア）運動の表し方　㋐物理量の測定と扱い方　㋑運動の表し方　㋒直線運動の加速度

　（イ）様々な力とその働き　㋐様々な力　㋑力のつり合い　㋒運動の法則　㋓物体の落下運動

　（ウ）力学的エネルギー　㋐運動エネルギーと位置エネルギー　㋑力学的エネルギーの保存

（2） 様々な物理現象とエネルギーの利用

　（ア）波　㋐波の性質　㋑音と振動

　（イ）熱　㋐熱と温度　㋑熱の利用

　（ウ）電気　㋐物質と電気抵抗　㋑電気の利用

　（エ）エネルギーとその利用　㋐エネルギーとその利用

　（オ）物理学が拓く世界　㋐物理学が拓く世界

「物理」　4単位

（1）様々な運動

　　（ア）平面内の運動と剛体のつり合い　㋐曲線運動の速度と加速度　㋑放物
　　　　　運動　㋒剛体のつり合い

　　（イ）運動量　㋐運動量と力積　㋑運動量の保存　㋒衝突と力学的エネルギ
　　　　　ー

　　（ウ）円運動と単振動　㋐円運動　㋑単振動

　　（エ）万有引力　㋐惑星の運動　㋑万有引力

　　（オ）気体分子の運動　㋐気体分子の運動と圧力　㋑気体の内部エネルギー
　　　　　㋒気体の状態変化

（2）波

　　（ア）波の伝わり方　㋐波の伝わり方とその表し方　㋑波の干渉と回折

　　（イ）音　㋐音の干渉と回折　㋑音のドップラー効果

　　（ウ）光　㋐光の伝わり方　㋑光の回折と干渉

（3）電気と磁気

　　（ア）電気と電流　㋐電荷と電界　㋑電界と電位　㋒電気容量　㋓電気回路

　　（イ）電流と磁界　㋐電流による磁界　㋑電流が磁界から受ける力　㋒電磁
　　　　　誘導　㋓電磁波

（4）原子

　　（ア）電子と光　㋐電子　㋑粒子性と波動性

　　（イ）原子と原子核　㋐原子とスペクトル　㋑原子核　㋒素粒子

　　（ウ）物理学が築く未来　㋐物理学が築く未来

「化学基礎」　2単位

（1）化学と人間生活

　　（ア）化学と物質　㋐化学の特徴　㋑物質の分離・精製　㋒単体と化合物
　　　　　㋓熱運動と物質の三態

（2）物質の構成

　　（ア）物質の構成粒子　㋐原子の構造　㋑電子配置と周期表

　　（イ）物質と化学結合　㋐イオンとイオン結合　㋑分子と共有結合　㋒金属

と金属結合

（3）物質の変化とその利用

　（ア）物質量と化学反応式　㋐物質量　㋑化学反応式

　（イ）化学反応　㋐酸・塩基と中和　㋑酸化と還元

　（ウ）化学が拓く世界　㋐化学が拓く世界

「化学」　4単位

（1）物質の状態と平衡

　（ア）物質の状態とその変化　㋐状態変化　㋑気体の性質　㋒固体の構造

　（イ）溶液と平衡　㋐溶解平衡　㋑溶液とその性質

（2）物質の変化と平衡

　（ア）化学変化とエネルギー　㋐化学反応と熱・光　㋑電池　㋒電気分解

　（イ）化学反応と化学平衡　㋐反応速度　㋑化学平衡とその移動　㋒電離平衡

（3）無機物質の性質

　（ア）無機物質　㋐典型元素　㋑遷移元素

（4）有機化合物の性質

　（ア）有機化合物　㋐炭化水素　㋑官能基をもつ化合物　㋒芳香族化合物

　（イ）高分子化合物　㋐合成高分子化合物　㋑天然高分子化合物

「生物基礎」　2単位

（1）生物の特徴

　（ア）生物の特徴　㋐生物の共通性と多様性　㋑生物とエネルギー

　（イ）遺伝子とその働き　㋐遺伝情報とDNA　㋑遺伝情報とタンパク質の合成

（2）ヒトの体の調節

　（ア）神経系と内分泌系による調節　㋐情報の伝達　㋑体内環境の維持の仕組み

　（イ）免疫　㋐免疫の働き

（3）生物の多様性と生態系

高等学校学習指導要領 理科 要約 ｜ 55

（ア）植生と遷移　㋐植生と遷移

（イ）生態系とその保全　㋐生態系と生物の多様性　㋑生態系のバランスと
保全

「生物」　4単位

（1）生物の進化

（ア）生命の起源と細胞の進化　㋐生命の起源と細胞の進化

（イ）遺伝子の変化と進化の仕組み　㋐遺伝子の変化　㋑遺伝子の組合せの
変化　㋒進化の仕組み

（ウ）生物の系統と進化　㋐生物の系統と進化　㋑人類の系統と進化

（2）生命現象と物質

（ア）細胞と分子　㋐生体物質と細胞　㋑生命現象とタンパク質

（イ）代謝　㋐呼吸　㋑光合成

（3）遺伝情報の発現と発生

（ア）遺伝情報とその発現　㋐遺伝情報とその発現

（イ）発生と遺伝子発現　㋐遺伝子の発現調節　㋑発生と遺伝子発現

（ウ）遺伝子を扱う技術　㋐遺伝子を扱う技術

（4）生物の環境応答

（ア）動物の反応と行動　㋐刺激の受容と反応　㋑動物の行動

（イ）植物の環境応答　㋐植物の環境応答

（5）生態と環境

（ア）個体群と生物群集　㋐個体群　㋑生物群集

（イ）生態系　㋐生態系の物質生産と物質循環　㋑生態系と人間生活

「地学基礎」　2単位

（1）地球のすがた

（ア）惑星としての地球　㋐地球の形と大きさ　㋑地球内部の層構造

（イ）活動する地球　㋐プレートの運動　㋑火山活動と地震

（ウ）大気と海洋　㋐地球の熱収支　㋑大気と海水の運動

（2）変動する地球

56　　第3章　現在の日本の理科教育

（ア）地球の変遷　㋐宇宙，太陽系と地球の誕生　㋑古生物の変遷と地球環境

（イ）地球の環境　㋐地球環境の科学　㋑日本の自然環境

「地学」　4単位

（1）地球の概観

（ア）地球の形状　㋐地球の形と重力　㋑地球の磁気

（イ）地球の内部　㋐地球の内部構造　㋑地球内部の状態と物質

（2）地球の活動と歴史

（ア）地球の活動　㋐プレートテクトニクス　㋑地震と地殻変動　㋒火成活動　㋓変成作用と変成岩

（イ）地球の歴史　㋐地表の変化　㋑地層の観察　㋒地球環境の変遷　㋓日本列島の成り立ち

（3）地球の大気と海洋

（ア）大気の構造と運動　㋐大気の構造　㋑大気の運動と気象

（イ）海洋と海水の運動　㋐海洋の構造　㋑海水の運動

（4）宇宙の構造

（ア）太陽系　㋐地球の自転と公転　㋑太陽系天体とその運動　㋒太陽の活動

（イ）恒星と銀河系　㋐恒星の性質と進化　㋑銀河系の構造

（ウ）銀河と宇宙　㋐様々な銀河　㋑膨張する宇宙

高等学校学習指導要領 理科 要約　│　*57*

高等学校学習指導要領 理数 要約

「理数探究基礎」 1単位

ア　知識及び技能

　（ア）探究の意義についての理解

　（イ）探究の過程についての理解

　（ウ）研究倫理についての理解

　（エ）観察，実験，調査等についての基本的な技能

　（オ）事象を分析するための基本的な技能

イ　思考力，判断力，表現力等

　（ア）課題を設定するための基礎的な力

　（イ）数学的な手法や科学的な手法などを用いて，探究の過程を遂行する力

　（ウ）探究した結果をまとめ，適切に表現する力

「理数探究」 2～5単位　内容は探究基礎の発展

ア　知識及び技能

　（ア）探究の意義についての理解

　（イ）探究の過程についての理解

　（ウ）研究倫理についての理解

　（エ）観察，実験，調査等についての技能

　（オ）事象を分析するための技能

　（カ）探究の成果などをまとめ，発表するための技能

イ　思考力，判断力，表現力等

　（ア）多角的，複合的に事象を捉え，課題を設定する力

　（イ）数学的な手法や科学的な手法などを用いて，探究の過程を遂行する力

　（ウ）探究の過程を整理し，成果などを適切に表現する力

第4章
世界の理科教育

　国連に加盟している国は2017年時点で193か国にのぼり，それぞれの国の学校制度も多様である。義務教育から高等教育まで整備されている国もあれば，まだ識字教育の段階にあって，とても理科という科目の設定にまで至っていない国も少なくない。

　ここでは，我が国の理科教育への影響が強かったアメリカ，イギリス，ドイツの学校制度と理科教育について簡単に眺めておきたい。

1　アメリカ

　学校制度は州によって様々で，義務教育の年限も9～12年と幅がある。しかし，初等・中等教育はいずれも12年間で終了となっていて，大学進学段階ではそろうことになる。

　小学校の理科は，週1.5～4時間，中学校の理科はいわゆるゼネラルサイエンスで，高等学校から科目選択になる。高校理科の科目は我が国よりはるかに多様で，環境，生態について系統的に履修するコースもある。

　アメリカの理科教育の特徴といえば，新しいカリキュラムを開発し，それを積極的に取り入れてきたことといえるだろう。第2次大戦後のアメリカの理科教育を特徴づけたものは，生活経験カリキュラムによる問題解決学習で，我が国では，昭和20年代の生活単元学習として取り入れられた。

　しかし，いわゆるスプートニクショックの1950年代から大規模なカリキュラム改革運動が起こり，いろいろな新しいカリキュラムが開発された。次は，その主なものである。

　PSSC（Physical Science Study Committee　団体の略称　高校物理）

■小学校の気体の圧力の授業
　　　　　（コロラド州デンバー）

IPS（Introductory Physical Science　中学校物理）
CBA（Chemical Bond Approach　高校化学）
CHEMS（Chemical Education Material Study　高校化学）
BSCS（Biological Science Curriculum Study　高校生物）
ESCP（Earth Science Curriculum Project　中学校地学）
ESS（Elementary Science Study　小学校理科）
SAPA（Science – A Process Approach　小学校理科）

■小・中学校で使われる透明半球

これらのカリキュラム開発の基礎となったのは，ブルーナー，ピアジェ，ブルームなどによる心理学や行動科学に関する研究である。こうした改革運動が我が国では探究学習としてとらえられ，昭和40年代の理科教育に大きな影響を与えることになった。小学校や中学校でなじみが深い透明半球による太陽の動きの観測は，ESCPのカリキュラムからとられたものである。

　アメリカの理科教育は，戦後の単元学習から探究を中心とした学習を経て，現在は科学と社会との関連を重視する方向に向かいつつある。1960年代から環境汚染やエネルギー危機などの社会問題が表面化し，科学技術の発達が，その責任を問われるようになったが，これらの問題の解決も，科学技術に負うほかないことも事実である。

　このような事態を踏まえて，従来の理科にとどまらない科学技術とのつながりを重視する理科教育，科学の発達がもたらす問題にも，科学としてどう責任をとるかを考えさせるような理科教育が重視されるようになった。現在開発されつつある，あるいは，実施の段階にある次のような新しいプログラムは，こうした社会の動向，要請に応じたものである。

SS＆C（Scope Sequenceand Coordination of Secondary School Science）
STS（Science, Technology and Society）
DASH（Development Approaches in Science and Health）

■日米の理科教科書における各学年配当単元の比較

米国の初等理科教科書「マグローヒル・サイエンス」		日本の文部科学省検定済理科教科書	
トピック名及び内容	学年等	学年等	小単元名及び内容
似ているところと違うところ （色、形、大きさ、感じによる比較と対照、天秤を使って重さを比べる） <単元1,トピック5>	幼稚園	小5	**ものの重さをくらべよう** （天秤を用いて重さを比べる） <単元7の3>
いろんな石や岩 （岩石の特性（色、手触り、形）と大きさ、重さ・硬さの検証・量の変化） <単元4,トピック2>	幼稚園	中学校 第2分野	**火成岩はなにからできているか** **地層を調べよう** （岩石の特徴） <単元2,1章の2> <単元2,2章の2>
星 （輝いているのか、反射しているのか・恒星とは何か・星座・北半球の星と方角） <単元2,第4章,トピック6>	小1	小4	**星は動いているか** （星座） <単元4の2>
		中学校 第2分野	**夜空をながめてみよう** （星座、恒星とは何か） <単元6>
池の中の食べ物 （食物連鎖） <単元5,第10章,トピック5>	小1	中学校 第2分野	**生物どうしのつながりはどうなっているか** （食物連鎖） <単元7,1章の1>
大昔の生き物 （地層の相対年代・地球の歴史・古生代と中生代・絶滅） <単元2,第4章,トピック5>	小2	中学校 第2分野	**地層を調べよう** （地球の歴史） <単元2,2章の2>
		高等学校 地学IB	**地層と化石** （地層の相対年代、地球の歴史） <第2章,1の1> **古生代** （古生代） **中生代** （中生代） <第2章,3の2・3>
てこ （てこを使って持ち上げる・てこの例） <単元4,第7章,トピック3>	小2	小5	**ぼうで重いものを持ち上げよう** （てこを使って持ち上げる、てこの例） <単元7の1>
体の細かなつくりを見てみよう （動物と植物の細胞・細胞、組織、器官、系） <単元1,第2章,トピック6>	小3	中学校 第2分野	**生物のからだをつくる細胞とはどのようなものか** （動物と植物の細胞） <単元5,1章の1>
		高等学校 生物IB	**細胞の構造** （動物と植物の細胞） <第I章,1のA> **組織と器官** （細胞、組織、器官、系） <第I章,2のB>

1. アメリカ

小学校		校種・分野	中学校・高等学校
運動と力 （つり合っている力とつり合っていない力の効果・摩擦） <単元2, 第3章, トピック3>	小3	第1分野 中学校	2つの力がはたらくとどうなるか （2力のつり合い、摩擦） <単元1, 3章の3>
分類しよう （6つの界への分類・学名） <単元1, 第2章, トピック3>	小4	生物 高等学校 II	分類の方法 生物界の多様性と分類 （6つの界への分類・学名） <V章, Aの1> <V章, Aの2>
モノは何でできているのか （原子と周期表・混合物と化合物の比較・混合物の分離（磁石を使用して）） <単元2, 第3章, トピック3>	小4	第1分野 中学校	物質が水にとけるとはどういうことか 水にとけている物質をとり出すには （混合物の分離） <単元2, 2章の1・2> 物質はなにからできているか （原子） <単元4, 1章の3> 物質どうしは結びつくか （混合物と化合物の比較） <単元4, 2章の1>
		化学 高等学校 IA	地球のなりたちを考える 原子の構造と周期表 （原子と周期表） <第1編, 1章>
アルコールとたばこ （アルコールとたばこの影響・なぜ人々は使うのか・禁煙、禁酒すること） <単元7, 第14章, トピック3>	小4		該当なし
気団と前線 （空気の質量・前線の種類と天気予報） <単元2, 第4章, トピック5>	小5	第2分野 中学校	気団と前線 前線と天気の変化 天気の変化を予想しよう （前線の種類と天気予報） <単元4, 3章の1・2・3>
見えない光 （各電磁波の波長と電磁スペクトル） <単元3, 第6章, トピック7>	小5	物理 高等学校 IB	光のスペクトル・回折・干渉 （各電磁波の波長と電磁スペクトル） <第3章, 3の②>
恒星 （恒星の特徴と生活環） <単元4, 第8章, トピック6>	小6	地学 高等学校 IB	HR図と星の進化 星の誕生と死 （恒星の特徴と生活環） <第5章, 3の1・2>
遺伝の働き （染色体、遺伝子、DNA・遺伝子の役割） <単元6, 第11章, トピック3>	小6	第2分野 中学校	生物はどのようにして大きくなるのか （遺伝子の役割） <単元5, 1章の2>
		生物 高等学校 II	核酸の構造 DNAとその複製 DNAの遺伝情報 （染色体、遺伝子、DNA） <III章, Aの2・3> <III章, Bの1>

2004年度第54回日本理科教育学会全国大会　山梨大学　松森靖夫・望月聡報告より

2061（Twenty Six One　ハレーすい星の次の回帰年にちなむ）

　これらの中でもSTSには大きく2つの流れがあり，1つはイギリスとオランダの新しい科学哲学による科学教育改革に基づくもの，もう1つはアメリカの科学教育危機打開を目指すものである。ともに科学の発展と社会現象を融合的に扱おうとするもので，一時は日本でも盛んに喧伝されたが，現在は学会でもSTS関係の報告が少なくなってしまった。

《教科書にみる日米の格差》

　PISAの結果などから学力低下が問題視され，2008（平成20）年の学習指導要領改訂では，理科を含めて大幅な授業時数の増加が実施された。しかし，次ページの表のように，アメリカの初等理科教科書（マグローヒル・サイエンス）の一部と日本の平成10年版学習指導要領とを比較すると，そのレベルの差には愕然とさせられる。

　もちろん，すべての子どもたちが内容を完全に理解して次に進んでいるとは思えないが，このように内容豊富な教科書で学ぶアメリカの子どもたちは何と幸せなことかと思ってしまう。

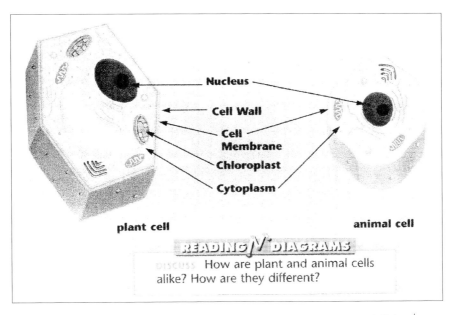

1．アメリカ　63

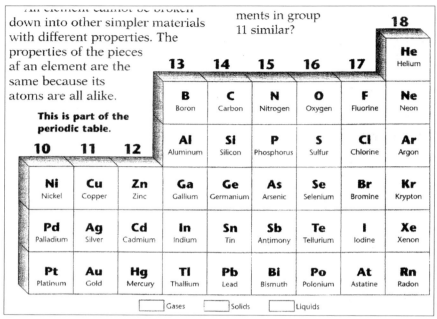

■マグローヒル・サイエンス小学校３年の教科書より

2 イギリス

　義務教育は５歳から16歳までの11年間で，11歳までの初等学校を終えると中等学校（コンプリヘンシブ・スクール）へ進む。現在は，いわゆるイレブンテストは姿を消しているが，中等学校の５年終了時に中等教育修了証書（GCSE）試験があり，成績優良者は中等学校に設置されている２年制シックス・フォームか独立したシックス・フォームを経て大学を目指す。その他，すぐ実業につく者，継続教育カレッジや高等教育カレッジに進み職業資格に挑戦する者などに分かれる。

　この他，イートンやラグビーなどの私立の有名なパブリック・スクールがあるのも，この国の教育制度の特徴である。

　自主的な教育がイギリスの伝統で，以前は日本の文部科学省が定めるような

カリキュラムはなく，教育計画が市町村の裁量に任されていた。しかし，内容も構成もばらばらな自治体のカリキュラムでは，諸外国に勝る学力を身につけることはできないという課題を抱えていた。1979年に就任したサッチャー首相によって，1988年に教育改革法が制定され，1989年から順次全国統一カリキュラムに移行することになった。

理科教育に関しては，19世紀までのイギリスの理科は物理・化学が中心であった。20世紀になると，APSSM（理科教師協会）が出した「Science for All」などを通してバランスのとれた総合理科教育が主張され，物理・化学に生物と地学が加わったゼネラルサイエンスに移行していった。そして第2次大戦後は急速な科学や科学技術の発展の中で，これに対応できる市民の育成を目指すナフィールド財団による探究的な理科教授計画，いわゆるナフィールド理科が誕生した。

分科理科から開発が進められたナフィールド理科では，順次新しいカリキュラムが開発され，全国の学校で，これらの中から適切なものを選択して理科の教育が進められてきた。しかし，選択の偏りや理科の履修者の増加などから，1985年，教育科学省は今後の理科教育の方向として，すべての子どもに幅広い理科教育をという政策声明を出し，これを受けて1988年には，全国統一理科の省令公布となった。

この間，Balanced Science for All, Coordinated Sciencefor All といった考え方が次第に受け入れられるようになり，これも，省令の背景になっている。ナフィールドでも，このような動きを受けて「ナフィールド総合理科」の全国版を出している。

理科の全国統一カリキュラムは，「1．科学の探究」から「17．科学の性質」までの17の学習到達目標からなり，それぞれの目標には，レベル1から10までの学習すべき教材が，やさしいものから順に，より具体的に示されている。次に示すのは，省令によって示された理科の全国統一カリキュラムの内容の一部である。

学習到達目標2　生物の多様性と生活
　　レベル1　生物には，人類を含めて多様性があること
　　　　3　生物の間の類似点と相違点

2．イギリス　　**65**

　　　　6　生物界のバランスと物質循環
学習到達目標8　物質の種類と利用
　　レベル1　身近な物質の色や形，手触り
　　　　4　物質の分類（固体，液体，気体），加熱・冷却と状態変化
　　　　8　気体の体積と圧力・温度の定量的変化
　　　　10　原子構造と周期律表

　義務教育年限は4つのキーステージに分けられているが，キーステージごとに，この17の学習到達目標とその中の10のレベルから指定された教材について学習するようになっている。

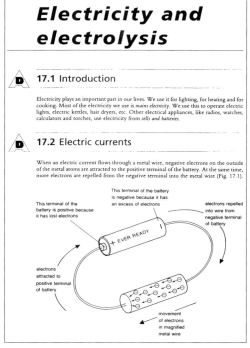

■キーステージ4の GCSE 受験用参考書の一部

　例えば，我が国の小学校低学年にあたる5〜7歳までの児童（キーステージ1）には，学習到達目標1〜6の中からレベル1〜3を，中学生にあたる12〜14歳までの生徒（キーステージ3）には，学習到達目標1〜17のすべてにわたって，それぞれのレベル3〜7を学習させるというように指示されている。前ページに挙げた内容でいえば，中学生は目標2のレベル3「生物の間の類似点と相違点」，レベル6「生物界のバランスと物質循環」，目標8のレベル4「物質の分類や状態変化」を扱うことになる。

　各キーステージが終了するとナショナル・テストがあり，その成績が生徒に知らされるだけでなく，学校としての成績も公

表される。

このように，自治的なカリキュラムから国定の統一カリキュラムに移行したイギリスであるが，待遇などの面から理科の先生が企業や国外（ドイツなど）へ流出するという問題も抱えている。さらにEU離脱という冒険に走ったイギリスの理科教育は，今後どのように変わっていくのだろうか。

ドイツ

ドイツの義務教育年限は9年（一部の州では10年）で，開始年齢は6歳である。基礎的な理科は3年生から始まり，12歳から科目に分かれた理科になる。

学校制度で日本と異なるのは，初等教育（基礎学校）の4学年にあたる10歳の時点で，次の3つの進路を選択するようになることである。

- ハウプトシューレ（基幹学校／5年制）
  職人を養成するための基幹学校。卒業とともに実業につく。しかし，卒業後18歳までは，定時制高校就学が義務づけられている。
- レアルシューレ（実科学校／6年制）
  中堅技術者を養成するための実科学校。卒業後，上級専門学校（2年制）や専門ギムナジウム（3年制）を経て，専門大学への進学も可能である。
- ギムナジウム（9年制）
  大学進学者の養成を目指す，いわゆるエリートコースに当たる。卒業後は総合大学や教育大学，単科大学への進学が可能になる。

かつてのイギリスやフランスと同じような制度であるが，まだ分別のつかない年齢の子どもを，このようにふるい分けしていいのだろうか，日本なら大変な騒ぎになるところである。この制度には厳しい批判もあり，現在は途中から他のコースに移ることもできるようになっている。

「我が街のパン屋さん」とか「マイスターの肉屋さん」として尊敬され，親の職業とそれを継ぐことに誇りがもてるような社会と伝統があるからこそ成り立つドイツならではの教育制度なのであろう。しかしながら，昨今はギムナジウムへの進学が増え，優秀な職人や技術者の不足が社会問題にもなっている。

3．ドイツ　67

■ギムナジウムでの物理の授業（ミュンヘン）

　また，小学校に当たる基礎学校への入学は6歳とされているが，保護者の申請などによっては，早期就学を認める例もある。私が訪問したミュンヘンの基礎学校の校長先生によると，保護者と校長が子どもの体力や知能の発達程度などを話し合って，「では来年にしましょう」とか，「入学させて様子を見ましょう」というように決めるようである。クラスの中で自分の子どもだけ年齢が異なるということがあっても，その子の親も他の親も全く気にしないということであった。

　ドイツの理科教育については，1972年の各州文部大臣会議の「ギムナジウム上級段階の再編に関する協定」が，現在の理科の教育計画の基になっている。これはギムナジウムの後半の改革計画であるが，これをもとに基幹学校，実科学校，ギムナジウム全体のカリキュラムの改訂が行われ，1980年代から各州で実施された。この改訂では大幅な選択制が導入され，例えばギムナジウムの上級段階には，物理・化学・生物の基礎コース（週2〜3時間）と達成コース（5〜6時間）が設けられ，能力があれば基礎コースのあとに，さらに高度な達成コースを選択することができるようになっている。

④ 理科の授業と健康教育

　諸外国の理科の教科書を見ると，アルコールやたばこの害，エイズについて大きく扱われていることが多い。最近は日本でも青少年の喫煙や飲酒，麻薬の常習者が急増しているといわれているが，これらの害については保健体育や道

徳の授業で扱うようになっていて，理科の学習指導要領には全く記載がない。

しかし日本でも，中学生や高校生の間で喫煙や常習的な飲酒が広がり，大麻を栽培した大学生が逮捕されるような報道も珍しくなくなった。このような実態を目にすると，人体の仕組みや働き，化学薬品などについて指導する理科の授業の中で，これらの問題を取り上げる時期にきているのではないだろうか。

次に示すのは，シンガポールの教科書（中学校理科）の一部であるが，20ペ

■理科の教科書で扱われている健康問題（シンガポールの中学校教科書）

4．理科の授業と健康教育　　69

2 Health education

A Meaning of a drug

> **REMEMBER**
> Help to stop misuse of drugs. Drug abuse and HIV/AIDS start with you. You can say no!

F Myths and misconceptions about HIV/AIDS

What are **myths** and **misconceptions**? Discuss this with your friends and look up the words in your dictionary.

> **BE SAFE!**
> HIV/AIDS has no respect for age, race, religion or profession. One out of seven people in Kenya is HIV positive. Do not be one of them – avoid risky behaviour.

Misconception – having a wrong idea about something.
Myth – a false belief or something that people wrongly believe in. Myths are stories passed down from generation to generation and are eventually believed to be true.

What to do

Tell your friend what you have read or heard about HIV/AIDS. Discuss how HIV/AIDS is passed from one person to another. The pictures and questions below will help you.

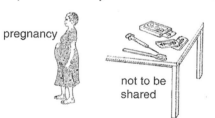
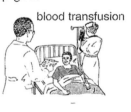

Figure 2.7 *How HIV might be spread*

Can HIV be spread through sharing toothbrushes, food, drinks, razor blades or cotton wool?
Can HIV be transmitted through kissing, by touching or by breathing the same air as the infected person?

■エイズも扱っているケニアの教科書

ージにわたって喫煙と飲酒，ドラッグの害が扱われている。また，南アフリカのケニアの教科書（中学校理科）には，複数学年に「Health education」という単元が位置づけられ，ドラッグやエイズの害とその予防について詳しく書かれているので，あわせて紹介しておきたい。

ちなみに日本では，中学校保健体育の[保健分野]で次の事項が扱われているが，実際にどのくらいの時間があてられるのか心もとない気がする。

・喫煙，飲酒，薬物乱用と健康
・エイズ及び性感染症の予防

⑤ ナショナル・カリキュラムと理科教育

我が国では，文部科学省が告示する学習指導要領によって，どの自治体でも同じ内容で一律の授業が行われている。

しかし，欧米の国々では，昔から地方自治体の権力が強く，それぞれの自治体が独自の教育計画をつくり，これによる指導が進められてきた。地方の特性が生かされるという利点はあるが，自治体ごとの学力差が大きくなるという弊害もある。イギリスのように中学の段階で全国統一テストを実施している国では，レベルが低かった自治体が統一テストに向けた授業を取り入れるなどの対策を講じている。

そこで，イギリスではサッチャー首相の時代に全自治体がナショナル・カリキュラム（National Curriculum：NC）に移行されたが，このきっかけになったのは日本の学校教育視察だったともいわれている。

ドイツでも各州文部大臣会議において，ナショナル・カリキュラムのもとになる「教育スタンダード」が策定されているが，これは国際学力調査（PISA）の結果が国際平均値よりかなり低い実態に危機感をもった政府が教育改革に力を入れた結果である。

韓国では，以前から日本と同じようにナショナル・

■**サッチャー氏が理科の授業を参観**（1977年筑波大学附属中学校にて）

カリキュラムが採用されているが，時代の動きに合わせて2015年にも教育課程の改訂が行われた。改訂はかなり頻繁に行われ，この点では我が国の学習指導要領と似ているようである。

このように，いくつかの国でナショナル・カリキュラムの採用や改善の努力がなされているが，理科教育に関しては20年前のような画期的なプログラムの提唱や斬新な改革計画は見当たらず，残念ながら低迷状態といえる。

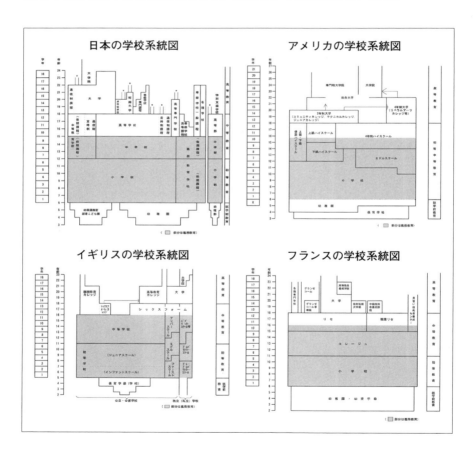

第4章　世界の理科教育

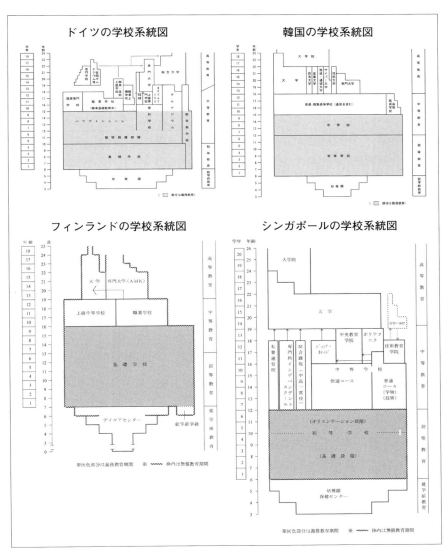

日本・アメリカ・イギリス・フランス・ドイツ・韓国は，文部科学省「諸外国の教育統計」平成29（2017）年版より
フィンランド・シンガポールは，第15回教育再生実行会議参考資料2「我が国及び諸外国の学制に関する基礎資料」（平成25年10月31日）より

5．ナショナル・カリキュラムと理科教育 | 73

第5章
理科の授業と指導計画

　理科の授業で扱う教材や指導する学年の割り振りなどは，学習指導要領で大要が示されている。しかし，それだけでは具体的な教材や指導の順序，方法，どれだけの時間をかけて教えるかまでは見えてこない。そこで，大枠となる学習指導要領の内容をもとに，それぞれの学校の実態に応じた，より具体的な学習指導の計画を立てることが必要になる。これが指導計画の作成ということである。

　指導計画の作成は，広義の教材研究の第一歩に当たるが，どのような点を踏まえて作業を進めていったらよいのだろうか。ここでは，指導計画作成のための基本的な考え方と具体的な作成の手順について考えてみたい。

 ## 指導計画作成のための基本的な考え方

（1）　理科の目標を十分に把握する

　指導計画の作成に当たって，まず大切なことは，何を目指して理科の学習を展開するのかという「目標」をしっかり把握することである。そのためには，学習指導要領に示された理科の目標を十分検討するとともに，それぞれの学校の教育目標や理科としての重点目標を考慮して，より具体的な目標にまとめることである。こうして明確になった理科の目標を達成するために，どのような教材を選択し，それをどのような手順で指導するかを考えていく。

　実際には，先生によって担当する学年や学級が異なるが，このような理科の目標の検討から始まる指導計画の作成には，全員が協力して当たり，すべての学年と領域について共通理解をもつことが大切である。

（2）　基礎的・基本的事項を明確にする

　学習指導要領では，扱う内容が大項目，中項目，小項目として示されているが，具体的に細かく指示されているわけではない。取り上げる個々の教材や観察・実験，その方法などは現場の裁量に任されている。したがって，学習指導

要領の大枠に見合う教材の中から，どれを取り上げて重点的に指導するか十分検討する必要がある。

　しかし，考えられる多くの教材をそのまま取り上げるのではなく，子どもに身につけさせたい基礎的・基本的な知識，技能，考え方は何なのかを検討し，教材の構造化，重点化にも十分配慮したい。

(3)　観察・実験を重視する

　理科の学習の基本は，観察と実験である。効果的な観察や実験を組み入れた指導計画は，わかりやすい理科，意欲的に取り組める理科につながるとともに，自然に対する興味・関心を高め，自己学習能力の育成にもなる。

　少なくとも学習指導要領の中で「○○の観察を行い……」「○○の実験を行い……」というように示されているものについては，取り組みやすく結果がはっきり出るものを，子ども自身が行う観察や実験，あるいは探究的な学習として指導計画の中に位置づけたい。

■電圧の測定実験

(4)　学校の環境や季節に配慮する

　理科の学習指導の中でも，生物や地学の指導は学校の立地条件に左右されることが多い。広い教材園をもっている学校，まわりに豊かな自然が広がっている学校，近くに露出した地層が見られるような学校では，生物や地学の授業が構成しやすい。しかし，このように恵まれた学校は少ないので，できる範囲で材料を用意したり，校外学習や修学旅行の機会を生かしたりするなど，指導計画を作成する時点であらかじめ工夫しておく必要がある。

　また，立地条件だけでなく，観察や観測は季節に影響されることも多い。春から夏にかけては生物の活動が活発で材料も豊富になるため，生物の学習にとって都合がよい。植物の光合成や呼吸の実験では，同じカナダモを使っても短時間でよい結果が得られる。太陽の日周経路の変化や星座の観測，季節による

天気の特徴の学習などは，その単元を割り当てた期間の中だけで指導を終えることが難しい。このような場合でも講義だけで済ませてしまうのではなく，他の単元を指導する合間に，その季節の観察や観測を組み入れるような，年間を通しての総合的な指導計画を工夫してみたい。

　また，4月に観察させるエンドウの種子を前の年の秋にまいておいたり，1，2か月前からメダカを飼育して，卵の発生の観察に備えたりするなど，生物の授業では年間の学習指導計画とともに，教材の準備の年間計画も立てる必要がある。

（5）　子どもの実態を把握する

　中学校では小学校の学習，高校では中学校の学習内容を理解し，子どもにどの程度の学力や経験があるかを事前に把握しておく必要がある。ここで把握された学力や技能に応じて，取り上げる教材や観察・実験のレベル，指導時間などが決まってくる。教科書の指導書にも小・中学校での既習事項が示されているので，これも参考にするといい。

（6）　身近な自然や日常生活との関連を図る

　「理科は学校で勉強するもの」といった受け取り方をしている子どもは多い。例えば酸の学習で，リトマス試験紙を赤くし，電離して水素イオンを生ずる塩酸が，自分の胃液に含まれる塩酸と同じものであって，タンパク質を消化したり有害な細菌を殺したりしているというようなつながりは，教師が指摘しない限り子どもには認識できない。果物の酸味や社会的にも問題になっている酸性雨などにも触れ，学校で学ぶ理科を子どもの日常生活と関連づけて，学習の定着を図るようにする。もちろん，このような細かいことまで年間の指導計画に書き込むことはできないが，単元別の指導計画には付記しておいて，より幅の広い豊かな理科の学習を展開したい。

② 指導計画作成の手順

（1） 理科の目標と指導計画作成の方針

　前節で述べたように，指導計画の作成は，理科の目標を明確にすることから始まる。それぞれの学校には学校としての教育目標があり，理科がその目標のどの部分を担うのかということから理科の指導目標が生まれ，理科の指導計画作成の方針が立てられるわけである。

　学習指導要領には，小学校，中学校，高等学校のそれぞれについて理科の目標が示されている。しかし文章は少しずつ違っていても，その趣旨に変わりはない。第3章でも紹介したが，以下は学習指導要領に示されている中学校理科の目標である。

　自然の事物・現象に関わり，理科の見方・考え方を働かせ，見通しをもって観察，実験などを行うことを通して，自然の事物・現象を科学的に探究するために必要な資質・能力を次のとおり育成する。
（1）　自然の事物・現象についての理解を深め，科学的に探究するために必要な観察，実験などに関する基本的な技能を身に付けるようにする。
（2）　観察，実験などを行い，科学的に探究する力を養う。
（3）　自然の事物・現象に進んで関わり，科学的に探究しようとする態度を養う。

　これは，理科教育が目指すものを端的に示しており，まさにその通りである。しかし，これらの目標を自分たちなりに検討し，それぞれの学校の教育目標や年度の指導方針などに照らし，理科の先生がお互いに納得できるような具体的な目標にすることが大切である。つまり，年度の始めには，一緒に指導に当たる理科の先生どうしが，教科の目標について十分な共通理解をもって出発することである。

　例えば，学校を挙げて環境教育に取り組むことが年度の目標であるなら，「地域の自然に目を向けよう－地域の自然観察を取り入れた学習指導」といったものが理科の目標の一つとなり，これを実現するための具体的な取り組み方

2．指導計画作成の手順　*77*

が指導計画作成の方針に加えられることになる。

（2）　年間授業時数の決定

　各学校の年度は４月に始まって翌年の３月に終了するが，学習指導要領には年間35週以上にわたって授業を行うように記されている。これは小学校から高校まで同一（小学校第１学年は34週）で，単純に週５日制の５を掛けて計算すると175日になる。学校がある日は40週（200日）近いが，祝日や振替休日，運動会，校外学習，開校記念日などを想定して，実際に授業ができる日数を35週，約175日と見積もっているわけである。

　例えば小学校の場合，４年生の理科ならば週に３時間で35週，合計105時間が年間の標準授業時数となる。

　次は，小・中・高等学校の理科の授業時数（一部）をまとめたものであるが，いずれも年間35週が根拠になっている。

１単位時間	学年等	年間授業時数
小 学 校　45分	４〜６年	105時間（週３時間）
中 学 校　50分	１年	105時間（週３時間）
	２，３年	140時間（週４時間）
高等学校　50分	物理基礎	２単位（週２時間）
（物理を例に）	物理	４単位（週４時間）

　35週・175日の年間授業日数であるが，実際には定期テストや運動会などの行事，インフルエンザによる休校などで削られることが多い。定期テストは学習指導の一部として授業時数に加えることもあるが，普通の授業ができるわけではない。

　そこで，指導計画を作成するときは，実際に授業ができる日数を85〜90％に押さえて考える方が現実的である。教科書会社発行の指導書でも，週３時間の場合では，年間の授業時数を90時間前後に設定していることが多い。それ以上に時間がとれる場合は，教師の演示実験を生徒実験に変えたり，野外での観察を取り入れたりするなど，さらに充実した学習指導に当てればよい。

（3）　年間指導計画と単元別指導計画

　理科の目標の検討を手始めに，指導計画作成の方針や重点目標，授業時数の

決定までが終わると，いよいよ具体的な指導計画の作成となる。

指導計画には年間指導計画，月別の指導計画などがあり，入学から卒業までの数年間の指導計画を作成することもある。学習指導要領の改訂で移行措置が必要な場合などには，このような長期の指導計画の作成が必要になる。

年間指導計画の基本となるのは単元の配列であるが，これは学習指導要領に示されている単元の順序によることが多い。教科の研究などのために意図的に変更することは差し支えないが，教科書の指導書も，その多くが学習指導要領に準じたものになっている。

年間指導計画が決まると，次に単元別指導計画の作成に入る。各単元の教材をどのような順に，どのような方法で指導するか，また，どのような観察や実験を取り入れるかなどを十分検討し，より詳しい指導計画を作成するのである。

こうして作成される単元別指導計画の他に，「週案」と呼ばれるものもある。これは実際の学習指導が始まってから，年間や月別の指導計画を進度に合わせて修正し，より具体的な授業の進め方を週ごとにまとめるものである。

しかし，これらの指導計画にしたがって授業を進めるには，さらに具体的な1時間ごとの指導案が必要になる。この指導案を作るための作業は「教材研究」と呼ばれることが多い。こうした毎時間の指導案は，しっかりした指導計画から生まれるもので，やはり年間指導計画や単元別指導計画の作成こそが教材研究の第一歩であるといえる。

教科書会社の教師用指導書には，右のような標準的な年間指導計画例（小学校6年）が配当時数とともに示されているが，これを自分の学校の指導計画として利用してもよいだろう。

しかし，それぞれの学校には立地条件，子どもの実態，理科に関係がある学校行事，その年度の重点目標・課題などの特色があるはずである。

したがって，指導書のままではなく，学習指導要領の目標の検討も加えながら，それぞれの学校の特色を生かした指導計画を作成し，より充実した学習指導を展開したいものである。

（4） 学習指導要領と具体的な指導計画

前述したように，学習指導要領では詳しい教材の内容まで指示されているわ

■年間指導計画例（6年）

月	単元名	配当時数	標準時数
4月(9)	巻頭 自然とともに生きる	2	(2)
	1. ものが燃えるとき	8	(9)
5月(9)	2. ヒトや動物の体	9	(10)
6月(10)	3. 植物のつくりとはたらき	7	(8)
7月(7)	わたしたちの地球(1)	5	(6)
	4. 生物どうしのつながり		
	○ 学習をつなげよう！ 空気のじゅんかんとエネルギー	1	(1)
9月(2)	自由研究 ○ 広げよう 科学の世界を 〜科学の目で見てみよう〜	2	(3)
	○ みんなで使う理科室 〜薬品や器具を正しく使おう〜	2	(2)
	5. 水よう液の性質	10	(11)
10月(12)	6. 月と太陽	6	(7)
11月(12)	7. 大地のつくりと変化	15	(16)
12月(6)	○ 地震や火山活動からくらしを守る	1	(1)
1月(9)	8. てこのはたらき	9	(10)
2月(10)	9. 発電と電気の利用	11	(12)
3月(8)	わたしたちの地球(2) 10. 自然とともに生きる	5	(7)

啓林館「平成27年度用 わくわく理科指導書」第二部詳説より

けではないので，実際には指導要領の解説書や指導書を参考にしながら指導計画をまとめていくことになる。

では，学習指導要領の内容がどのように具体化されるのか。小・中・高等学校の教材から1つずつ取り上げ，指導書の該当ページとともに紹介する。

[小学校第6学年の指導計画例]

> **（1） 燃焼の仕組み**
>
> 　燃焼の仕組みについて，空気の変化に着目して，物の燃え方を多面的に調べる活動を通して，次の事項を身に付けることができるよう指導する。
> ア　次のことを理解するとともに，観察，実験などに関する技能を身に付けること。
> 　（ア）　植物体が燃えるときには，空気中の酸素が使われて二酸化炭素ができること。
> イ　燃焼の仕組みについて追究する中で，物が燃えたときの空気の変化について，より妥当な考えをつくりだし，表現すること。

　各単元における学習指導要領の記述は，上に示したような簡単なものなので，これだけでは指導計画の作成は無理である。

　しかし，学習指導要領解説理科編では，「植物体が燃えるときの空気の変化に着目して，植物体が燃える前と燃えた後での空気の性質や植物体の変化を多面的に調べる。これらの活動を通して……」というように具体的な指導内容が示されているので，これも参考にしながら次のような「燃焼の仕組み」の指導計画や授業ごとの指導の流れが具体化されていく。

　なお，教科書会社作成の指導書では，教科書の縮小ページに指導の目標，流れ，実験の解説，留意事項などが加えられ，年間指導計画や単元ごとの流れについても例示されている。

　※啓林館「平成27年度用わくわく理科指導書」第二部詳説より。

　（平成20年版学習指導要領に準拠）

80　　第5章　理科の授業と指導計画

教科書本冊　第2・3時
p.10～12　第1次　ものを燃やすくふう　　1 2 3 4 5 6 7 8 ゆ

［本時の目標］
・空気の入れかわりがあることと，ものが燃え続けることを関係づけて予想し，自分の考えを表現することができる。（思・表①）
・ものの燃え方と空気の流れを計画的に調べるくふうをし，道具を適切に使って，安全に実験することができる。（技能①）

［本時の展開］

学習の流れと子どもの活動	指導・支援のポイント
第2時　導入　●木を燃やすときにうちわであおいだのはなぜかな。 ・風を起こして空気を送るんだよ。 ●穴を開けると割りばしの燃え方はどう変わったかな。 ・穴を開けたほうが勢いよく燃えたよ。	・うちわを使ったり，缶に穴を開けたりしたときに木がよく燃えた経験を踏まえ，その理由が空気と結びつくように，児童の目を向けさせていく。

問題　缶の下のほうに穴を開けるとよく燃えるのは，どうしてだろうか。

予想・計画　●缶に出入りする空気の動きはどうなるかな。 ・穴があると，そこから空気が入るよ。 ●空気の動きは，どのようにして確かめられるかな。 ・缶では中のようすがよく見えないから透明な瓶を使おう。線香の煙を使おう。	・問題に対応した予想を立てさせ，それぞれの考えを比べさせる。 ・予想を確かめるための実験の方法のくふうについて話し合わせ，実験に取り組む意欲を高める。 **評価** 思・表①（発言・記録分析） ・安全に実験できるよう，計画の段階から注意を促す。
第3時　実験　●粘土にろうそくを立てて，瓶をかぶせて燃え方を調べよう。 ・容器にふたをしたり，ろうそくを立てた粘土を切り取ったりして，ろうそくの燃え方や線香の煙の動きを比べてみよう。	**注意** ろうそくの炎や，熱くなった瓶でやけどをしないように注意する。 火の始末についても，注意を促す。 **評価** 技能①（行動観察・記録分析）
結果　●実験の結果を，図や表を使ってわかりやすく整理しよう。 ・下のほうにすきまをつくったものが，いちばんよく燃えていた。線香の煙は，下のすきまから吸い込まれた。 ・ふたをしてしばらくすると火が消えた。	・ろうそくが燃えるようすや線香の煙の動きは，図などにスケッチさせ，気づいたことも併せてメモしていく。 ・実験中の記録をもとに，わかりやすいレポートのまとめ方を指導する。結果と考察を混同しやすいので注意する。
考察・まとめ　●すきまから，空気はどのように出入りしたかな。 ・下から空気が入って，上から出たよ。 ・燃え続けるには空気が入れかわる必要があると思う。	・考察にあたっては，予想と対比させ，違いがあれば，その違いができた理由を考えさせると理解が深まる。

| 教科書本冊 p.10～12 | 第2・3時 第1次 ものを燃やすくふう | 1 2 **3** 4 5 6 7 8 ゆ |

【本時の目標】
・空気の入れかわりがあること，ものが燃え続けることを関係づけて予想し，自分の考えを表現することができる。（思・表①）
・ものの燃え方と空気の流れを計画的に調べるくふうをし，道具を適切に使って，安全に実験することができる。（技能①）

1 導入
木を燃やすときに空気を送ったり，缶に穴を開けたりすると燃え方が変わることを思い出させる。

発問例
・木を燃やすときにうちわであおいだのはなぜかな。
・穴を開けると割りばしの燃え方はどう変わったかな。

? 問題
缶の下のほうに穴を開けるとよく燃えるのは，どうしてだろうか。

2 予想・計画
穴を開けたときの空気の動きに着目して予想させ，その予想を確かめる実験方法をくふうさせる。

発問例
・缶に出入りする空気の動きはどうなるかな。
・空気の動きは，どのようにして確かめられるかな。

評価 思・表①（発言・記録分析）

第2時

1 ものを燃やすくふう

キャンプなどで木を燃やすには，木の組み方をくふうしたり，うちわなどで空気を送ったりした。かんの中で割りばしを燃やすには，かんの下のほうに穴を開けると，よく燃えた。

問題
かんの下のほうに穴を開けるとよく燃えるのは，どうしてだろうか。

2
次のようにして，自分の予想を，図などを使ってかいてみよう。
●友達の予想と比べてみよう。

予想
かんの上では，ほのおが出て熱い空気が上に上がっているようだったので，下のあなから空気が入って，上から出ていると思う。

予想
アは空気の入口が上だけ，イは，空気の入口が，上と下の両方に増えたから，アよりよく燃えたと思う。

●予想を確かめるために，実験の方法をくふうしよう。

【実験のくふう】

割りばしの代わりに，燃やしやすいろうそくを使う。

かんの代わりに，中が見える，とうめいなびんを使う。

平らにしたねん土の一部を切り取り，底のないびんをかぶせると，びんの下にすき間ができる。

見えない空気の動きは，せんこうのけむりの動きで調べる。

結果がはっきりわかるように，器具や方法をくふうすることが大切だよ。

思い出してみよう
●空気の動きを調べる
4年生の「もののあたたまり方」で，線香を使って，空気の動きを調べている。

実験のくふう
・燃えやすいろうそくを使う。
・燃えるようすが見やすいように，透明な瓶を使う。
・下に穴を開ける代わりに，瓶の下に敷く粘土の一部を切り取る。
・上の穴をふさぐ代わりに，ふたをする。
・空気の動きを，線香の煙の動きで確かめる。

第3時 (実験の後までを第2時としてもよい。)

実験 ① ものの燃え方と空気の動き

❶ 平らにしたねん土（ア）に、ろうそくを立てて火をつけ、底のないびんをかぶせて、ろうそくの燃え方を調べる。

❷ せんこうのけむりを、びんの口や底に近づけ、けむりの動きを調べる。

瓶の口や底は、空気の出入り口である。

用意するもの
・ねん土　・ろうそく
・ガスライター　・底のないびん
・せんこう　・金属のふた
・燃えがら入れ　・木の板

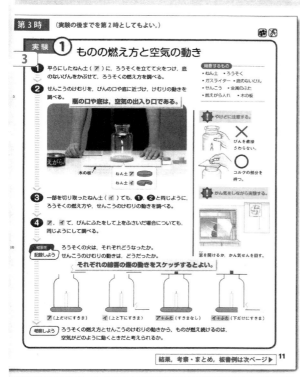

❸ 一部を切り取ったねん土（イ）でも、❶、❷と同じように、ろうそくの燃え方や、せんこうのけむりの動きを調べる。

❹ ア、イで、びんにふたをして上をふさげた場合についても、同じようにして調べる。

結果を記録しよう
・ろうそくの火は、それぞれどうなったか。
・せんこうのけむりの動きは、どうだったか。

それぞれの線香の煙の動きをスケッチするとよい。

ア（上だけにすきま）　イ（上と下にすきま）　ア＋ふた（すきまなし）　イ＋ふた（下だけにすきま）

考察しよう　ろうそくの燃え方とせんこうのけむりの動きから、ものが燃え続けるのは、空気がどのように動くときと考えられるか。

結果、考察・まとめ、板書例は次ページ▶ 11

安全チェック

□ろうそくが倒れないように、粘土に 1 cm 以上突き刺す。
□瓶は熱くなるので、じゅうぶん冷えてから触れる。
□熱で割れやすいので、ガラスのふたは使わない。
□やけどしないように、ふたは熱くならないコルクの部分をもつ。
□使い終わった線香などを入れておくため、燃えがら入れをそばに置く。
□火をつけてから瓶をかぶせる。

③ 実験

■所要時間　約15分
□研究編　p.30～31
□子ども資料集　p.3

ものが燃え続けるとき、空気はどのように動くかを、線香の煙がどこから入って、どこから出ていくのかに着目して観察させる。
このとき、換気によって起こる空気の動きが影響しないように注意する。

評価 技能①（行動観察・記録分析）

〈別法〉
木の板や厚紙などをアルミニウムはくで覆い、瓶にかぶせるふたをつくることもできる。

ガラス瓶の代わりに、ペットボトルの底を切り取ったものも使えるが、長い間使うととけて変形することがある。また、ガラスよりも燃えやすいので、注意が必要である。

2．指導計画作成の手順　83

[中学校第2学年の指導計画例]

（3）　生物の体のつくりと働き
　（ウ）動物の体のつくりと働き
　　　㋐　生命を維持する働き
　　　　　消化や呼吸についての観察，実験などを行い，動物の体が必要な物質を取
　　　　り入れ運搬している仕組みを観察，実験の結果などと関連付けて理解するこ
　　　　と。また，不要となった物質を排出する仕組みがあることについて理解する
　　　　こと。
　　　㋑　刺激と反応
　　　　　動物が外界の刺激に適切に反応している様子の観察を行い，その仕組みを
　　　　感覚器官，神経系，運動器官のつくりと関連付けて理解すること。

　　小学校と同様で，学習指導要領の記述だけでは，何を観察し，どのような実
験を取り入れたらよいかまではわからないが，学習指導要領解説理科編には，
次のような具体的な説明が載っている。

・動物の消化・吸収，呼吸，血液循環などの働きを，物質交換と関連付けて
　理解させる。
・消化系については，アミラーゼ，ペプシンなどの代表的な消化酵素につい
　て扱う。
・呼吸系については，肺のつくりと肺胞でのガス交換について取り上げる。
・循環系については，物質を運搬する仕組みとしての心臓や血管のつくりと
　その働きを中心に扱う。
・血液中の不要になった物質を体外に排出する腎臓や肝臓の働きについても
　触れる。
・刺激と反応については，感覚器官や神経系，運動器官のつくりと働きを関
　連付けて理解させる。

以下は，指導書に示された指導計画例である。
　　※啓林館「平成28年度用未来へ広がるサイエンス指導書」第2部詳説より
　　　（平成20年版学習指導要領に準拠）

84　　第5章　理科の授業と指導計画

年間指導計画案（交互履修，標準タイプ）　　第2学年

学期	配当月	単元	章	生徒観察・実験
				3学期制

学期	配当月	単元	章	生徒観察・実験
1学期	4月 (11)	[物質] 化学変化と 原子・分子 (29)	銀をつくる粒子 (1) 1章 物質の成り立ち (9) 2章 物質を表す記号 (4) 3章 さまざまな化学変化 (9)	実験1 炭酸水素ナトリウムを加熱したときの変化【ガ】 実験2 水に電流を通したときの変化【源】 実習1 分子のモデルづくり 実験3 鉄と硫黄の混合物を加熱したときの変化【ガ】 実験4 酸化銅から銅をとり出す変化【ガ】
	5月 (13)		4章 化学変化と物質の質量 (5) 力だめし (1) 原子番号113番，日本発の元素へ	実験5 温度が変化する化学変化 実験6 化学変化の前後の物質全体の質量 実験7 金属と酸素が化合するときの金属と酸素の質量【ガ】
	6月 (16)			
		予備 (4)		
2学期	7月 (8)	[生命] 動物の生活 と生物の 進化 (39)	生物とは何だろう 動物とはどのよ うな生物だろう (1) 1章 生物の体と細胞 (5) 2章 生命を維持するはたらき (11)	観察1 植物と動物の細胞のつくり【顕】 実験1 唾液のはたらき【ガ】
	9月 (15)		3章 感覚と運動のしくみ (6) 4章 動物のなかま (10) 5章 生物の移り変わりと進化 (5) 力だめし (1) ひろがる動物の世界 ～未知の動物 をさがす～	実験2 刺激を受けとってから，反応するまでの時間 観察2 動物の生活のしかたや体のつくり 観察3 イカやアサリの体のつくりの観察
	10月 (16)			
		予備 (5)		
	11月 (16)	[地球] 地球の 大気と天気 の変化 (23)	ダイナミックな霧「肱川あらし」(1) 1章 空気中の水の変化 (7) 2章 天気の変化と大気の動き (9) 3章 大気の動きと日本の四季 (5) 力だめし (1) 局地的大雨から身を守る	実験1 空気の体積変化と雲のでき方 実験2 空気中の水蒸気量の推定 観測1 気象要素の観測【季】 実習1 日本付近における低気圧や高気圧の動き【季】
	12月 (10)			
		予備 (4)		
3学期	1月 (12)	[エネルギー] 電流の性質 とその利用 (32)	電気の道すじ～送電線～ (1) 1章 電流の性質 (16) 2章 電流の正体 (6) 3章 電流と磁界 (8) 力だめし (1) 電気の利用と医療器具の進歩	実習1 謎の回路 実習2 電流計の使い方 実験1 回路を流れる電流 実習3 電圧計の使い方 実験2 回路に加わる電圧 実験3 電圧と電流の関係【源】 実験4 電流による発熱量【源】 実験5 静電気による力【季】 実験6 電流がつくる磁界【源】 実験7 電流が磁界から受ける力【源】 実験8 発電のしくみ
	2月 (15)			
	3月 (8)			
		予備 (4)		
	(140)	年間配当時数 123時間＋予備17時間		

2．指導計画作成の手順　85

教材の構造と学習の流れ

既習事項

- 小学校 5年
  - ・水中の小さな生物
- 生命 1年
  - ・葉の表面や断面の細胞の観察
  - ・光合成の行われる場所
  - [技能] 顕微鏡の使い方

学習内容

1章 生物の体と細胞

1. 細胞のつくり
   - ◆核・細胞質・細胞膜・細胞壁・葉緑体・液胞
   - [技能] 細胞の染色
   - [技能] 高倍率でのピント合わせ
2. 生物の体の成り立ち
   - ◆単細胞生物・多細胞生物
   - ◆細胞・組織・器官
3. 細胞が生きるために
   - ◆細胞呼吸

既習事項

- 小学校 6年
  - ・ヒトの体のつくりとはたらき
  - ・呼吸
  - ・消化・吸収
  - ・血液循環
  - ・おもな臓器の存在(肺, 胃, 小腸, 大腸, 肝臓, 腎臓, 心臓)

2章 生命を維持するはたらき

1. 栄養分をとり入れるしくみ
   - ◆消化と吸収
   - [技能] ベネジクト溶液の反応
2. 酸素をとり入れるしくみ
   - ◆肺による呼吸
3. 不要な物質を処理するしくみ
   - ◆排出のしくみ
   - ◆肝臓のはたらき
4. 物質を運ぶしくみ
   - ◆血液の成分とはたらき
   - ◆心臓・血管・血液循環

既習事項

- 小学校 4年
  - ・骨と筋肉
  - ・骨と筋肉のはたらき(関節のはたらきを含む)

3章 感覚と運動のしくみ

1. 感じとるしくみ
   - ◆感覚器官
2. 刺激を伝えたり反応したりするしくみ
   - ◆中枢神経・末しょう神経
   - ◆意識して起こす反応・反射
3. 運動のしくみ
   - ◆骨格と筋肉

既習事項

- 小学校 3年 ・昆虫の成長と体のつくり
- 小学校 4年 ・動物の活動と季節
- 小学校 5年 ・卵の中の成長
  - ・母体内での成長
- 生命 1年 ・植物のなかま分け

4章 動物のなかま

1. 動物の生活と体のつくり
   - ◆脊椎動物・無脊椎動物
   - ◆草食動物・肉食動物
2. 脊椎動物のなかま
   - ◆脊椎動物のなかま分け
3. 無脊椎動物のなかま
   - ◆節足動物・軟体動物
   - ◆動物のなかま分け

既習事項

- 地球 1年 ・示準化石・示相化石
  - ・古生代・中生代・新生代
- 生命 1年 ・植物のなかま分け

5章 生物の移り変わりと進化

1. 脊椎動物の歴史
   - ◆進化
2. 進化の証拠
   - ◆相同器官
3. 生物の移り変わりと進化
   - ◆動物の進化・植物の進化

86　第5章　理科の授業と指導計画

時	指導計画	評価規準	
8	**導入** 食物を口に入れると、唾液がたくさん出てくる。唾液はどのようなはたらきをしているのか考えさせる。 **ふり返り** 小学校6年で行った唾液の実験方法と、その結果からわかったことを思い出させる。 **学習課題** わたしたちが口からとり入れた食物は、どのような物質に分解されるのだろうか。 **実験1** 唾液のはたらき **実験結果の考察** 唾液はデンプンを何に変えたか。また、それが唾液のはたらきであることがどうしていえるのかを考えさせる。	**関⑤** 唾液のはたらきを調べる実験に興味をもち、積極的に取り組もうとする。 **技②** 対照実験を設定して、唾液がデンプンを分解するはたらきを調べることができる。 **思③** 唾液のはたらきを調べる実験結果から、デンプンの分解について推論することができる。	
9	**導入** **実験1**の結果を発表させる。 **説明** 唾液によるデンプンの消化について説明する。 **説明** 唾液以外の消化液について説明する。	**知⑥** 唾液には、デンプンを分解するはたらきがあることを説明できる。	
10	**導入** なぜ栄養分の分解が必要なのか、思い出させる。 **説明** 消化器官について説明する。 **説明** 消化のはたらきについて説明する。 **学習課題のまとめ** 取り入れられた食物は、口から肛門までつながった消化管を通っていく間に、消化液中の消化酵素によって分解され、吸収できる物質になる。	**関⑥** 栄養分の消化のしくみや、そのゆくえに関心をもち、調べようとする。 **知⑦** おもな消化酵素の種類とはたらきについて説明できる。	
11	**導入** 消化のはたらきについて復習させる。 **学習課題** 消化された栄養分は、どのようにして体内にとり入れられるのだろうか。 **説明** 小腸の壁には柔毛という小さな突起が多数あり、消化された栄養分はこの突起から吸収されることを説明する。 **考えてみよう** 柔毛があることによって、表面積がどう変化するのかを考えさせる。 **説明** 図15を用いて栄養分の吸収の流れについて説明する。 **学習課題のまとめ** 消化された栄養分は、おもに小腸の柔毛から吸収され、毛細血管やリンパ管に入った後、血液によって全身に送られる。	**思④** 小腸の内面に多数の柔毛があることを、栄養分の効率的な吸収と関連づけて考察することができる。 **知⑧** 消化された栄養分が吸収される道すじを説明できる。	

2. 指導計画作成の手順　87

学習の流れ

(A) 第8時限目導入
◆食物を口に入れると、唾液がたくさん出てくる。唾液はどのようなはたらきをしているのか、小学校の実験を思い出させながら考えさせる。

(B) ふり返り
◆小学校6年で行った唾液の実験の方法とその結果からわかったことを思い出させる。

(C) 学習課題の理解
◆唾液はデンプンを何に変えるか、実験を通して理解させる。対照実験の必要性についても考えさせる。

(D) 実験1
◆デンプンのりと唾液を混ぜたものと、デンプンのりと水を混ぜたものの2本の試験管を用意し、しばらくおいた後、液を2つずつに分け、ヨウ素溶液を加えて反応を調べる。
◆残りの液にベネジクト溶液を加えて熱し、液の色の変化を調べる。

(E) 実験結果の考察
◆実験の結果から、唾液のはたらきでデンプンが分解されたことを推論させる。

マイノートp.3には、機械的消化だけではデンプンを分解できないことを考えさせる場面を設定している。また、発展として、唾液のはたらきと温度を調べる実験を行い、実験1の定着をはかるような場面を設定している。

☑ 評価の場面　関⑤　技②　思③

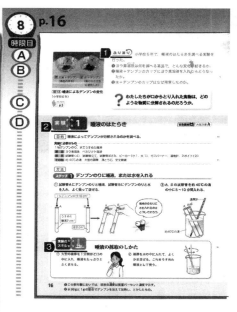

教科書本冊紙面の解説

1 ふり返り

解答　1. デンプンの有無を調べる薬品。デンプンがあると青紫色に変化する。
2. 変化しなかった。
3. 唾液のはたらきでデンプンが変化したことを示すために、対照実験として用意した。

2 実験1　「観察・実験編」2年p.5参照

唾液がデンプンをほかの物質に変えることは小学校で学習しているが、分解してできた物質が何なのかまでは扱っていない。中学校らしいレベルの実験にするには、次の事項を意識させ

ながら進めるとよい。

・唾液を加えたデンプンのりがほかの物質に変えられることは学習したが、デンプンが変わってできるその物質は何だろう。

・ご飯やパンを長くかんでいると、しだいに甘く感じられるようになるのはなぜだろう。

・この実験で、どこが対照実験なのだろう。

3 実験のスキル（唾液の採取のしかた）

大型綿棒を使わない方法に、以下のようなものがある。

① 口をよくすすいだ後、脱脂綿を口に含み、奥歯で何回かかみしめる。唾液が十分しみこんだら取り出して、唾液を小型ビーカーの中に絞ってから水で2倍に薄める。

② 少量(約10 cm³)の水を口に含んで1分程

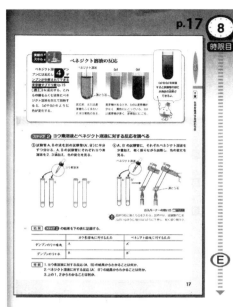

待ってから、口を開けて唾液が混じった水をビーカーに移し、これを薄めた唾液として使う。

ストローで水を吸い、約1分後、ストローからビーカーに液を移す方法もある。
③ 唾液を使うことが難しい場合は、市販の消化剤（第一三共ヘルスケア㈱の新タカヂア錠など）を砕いて使うとよい。乳鉢に錠剤を1粒入れ、10 cm³の水を加えてすりつぶしたものを使う。

4 デンプンが分解されてできる麦芽糖やブドウ糖

単糖を構成成分とする有機化合物の総称を炭水化物という。炭水化物の化学式は一般に$C_mH_{2n}O_n$で、$C_m(H_2O)_n$のように表すと炭素と水が結合した物質のように見えるため炭水化物と名づけられた。現在では糖質とよばれることも多くなった。

炭水化物全体を糖質とよび、糖の数で多糖

類・少糖類・単糖類とするAのような分け方のほか、Bのように、炭水化物のうち食物繊維のセルロースなどを除いたもの全体を糖質、糖質のうち二糖類・単糖類を糖類とする分け方もある。

いずれにしても、デンプンも糖の一種であるので、「デンプンが分解されて糖ができた」という表現は誤りとなるので注意が必要である。

実験1では、ヨウ素デンプン反応が見られないことから「デンプンが分解された」ことは確かだが、ブドウ糖になったわけではなく、麦芽糖などのオリゴ糖に変化したと考えられる。

また、ベネジクト溶液は還元性のある糖（還元糖）だけに反応する。還元糖にはブドウ糖、果糖、麦芽糖、乳糖などがある。デンプンやショ糖（砂糖）などはベネジクト溶液では検出できない。

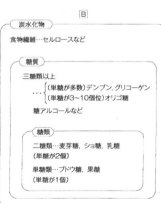

[高等学校「物理基礎」の指導計画例]

（1） 物体の運動とエネルギー
　（ア）　運動の表し方
　　㋐　物理量の測定と扱い方
　　　　身近な物理現象について，物理量の測定と表し方，分析の手法を理解すること。
　　㋑　運動の表し方
　　　　物体の運動の表し方について，直線運動を中心に理解すること。
　　㋒　直線運動の加速度
　　　　速度が変化する物体の直線運動に関する実験などを行い，速度と時間との関係を見いだして理解するとともに，物体が直線運動する場合の加速度を理解すること。

　高等学校も同様に，学習指導要領の記述だけでは，何を観察し，どのような実験を取り入れたらよいかまではわからない。
　以下は「物理基礎」の教授資料であるが，小・中学校と同じように年間指導計画から教科書の縮小ページを入れた詳しい解説までが載っている。
※啓林館「物理基礎改訂版教授資料」より
　（平成21年版学習指導要領に準拠）

90　　第5章　理科の授業と指導計画

指導計画例

※( )内の数字は，それぞれの部，章での時数を示す。

部	章	節	項目	時間	実験・観察等
第1部 物体の運動とエネルギー	第1章 物体の運動 (10)	第1節 速度	A速さ B変位と速度 C等速直線運動 D速度の合成 E相対速度	3	やってみよう 人の運動の分析 やってみよう 等速直線運動
		第2節 加速度	A加速度 B等加速度直線運動	3	やってみよう 等加速度直線運動
		第3節 落体の運動	A自由落下 B鉛直投射 C放物運動	3	やってみよう 空気抵抗 実験1.重力加速度の測定 やってみよう 水平投射と自由落下
		1章のまとめ・章末問題		1	
	第2章 力と運動 (13)	第1節 力	A力の表し方 Bいろいろな力 C力の合成と分解 D力のつり合い E作用と反作用	4	やってみよう 輪ゴムの伸びと弾性力 やってみよう 3力のつり合い
		第2節 運動の法則	A慣性の法則 B運動の法則 C運動の三法則 D重さと質量 E単位と次元	4	やってみよう 慣性 実験2.力，質量，加速度の関係
		第3節 様々な力と運動	Aいろいろな運動と運動方程式 B摩擦力がはたらく場合 C空気抵抗がはたらく運動 D圧力と浮力	4	やってみよう 静止摩擦係数の測定 やってみよう 浮力
		2章のまとめ・章末問題		1	
	第3章 仕事とエネルギー (9)	第1節 仕事	A仕事 B力の向きと変位の向きとが異なる場合の仕事 C仕事の正負 D仕事の原理 E仕事率	2	やってみよう 階段をかけ上がるときの仕事率
(33)		第2節 運動エネルギー	Aエネルギー B運動エネルギー C運動エネルギーの変化と仕事	2	実験3.運動エネルギー
		第3節 位置エネルギー	A重力による位置エネルギー B弾性力による位置エネルギー	2	
		第4節 力学的エネルギーの保存	A力学的エネルギー B力学的エネルギーの保存 C保存力と力学的エネルギーの保存 D保存力以外の力が仕事をする場合	2	やってみよう 振り子の運動 実験4.力学的エネルギーの保存
		3章のまとめ・章末問題		1	
	物理量の測定と扱い方		測定値と誤差/測定値の計算/実験データの扱い方	1	0.斜面をくだる物体の速さ
	探究活動の進め方				1.重力加速度の測定 2.運動の法則に関する探究 3.力学的エネルギーに関する探究
	探究活動				
第2部 熱	第1章 熱とエネルギー (7)	第1節 熱と温度	A温度 B物質の三態と分子の熱運動 C内部エネルギー D熱膨張	2	実験5.ブラウン運動 やってみよう 電熱線の熱膨張
		第2節 熱量	A熱量と温度変化 B潜熱 C熱量の保存	2	
(8)		第3節 熱の利用	A仕事と熱運動のエネルギー B熱機関 Cエネルギーの変換と保存 D不可逆変化	2	やってみよう 水飲み鳥
		1章のまとめ・章末問題		1	
	探究活動(1)			1	4.仕事と熱との関係

部	章	節	項目	時間	実験・観察等
第3部 波 (13)	第1章 波の性質 (6)	第1節 波の伝わり方	A波とは B波形の移動と媒質の振動 C周期的な波 D波の位相 E横波と縦波 F波が運ぶエネルギー・波が伝える情報	3	やってみよう 縦波と横波 やってみよう 波が運ぶエネルギー
		第2節 波の性質	A波の独立性と重ね合わせの原理 B定常波 C波の反射	2	実験6. 反射波の波形
		1章のまとめ・章末問題		1	
	第2章 音 (6)	第1節 音波の性質	A音波 B音の速さ C音の三要素 D可聴音と超音波 Eうなり	2	やってみよう 音と振動
		第2節 音源の振動	A共振・共鳴 B弦の固有振動 C気柱の固有振動	3	やってみよう 輪ゴムギター やってみよう 試験管笛
		2章のまとめ・章末問題		1	
	探究活動(1)			1	5. 気柱の共鳴
第4部 電気と磁気 (10)	第1章 静電気と電流 (4)	第1節 静電気	A静電気 B電荷と電気量 C電子 D導体・不導体・半導体	1	やってみよう 静電気の正負
		第2節 電流	A電流と電圧 B電気抵抗 C抵抗の接続 D電力と電流の熱作用	2	実験7. 物体の長さや断面積による電気抵抗の違い
		1章のまとめ・章末問題			
	第2章 交流と電磁波 (5)	第1節 電磁誘導と発電機	A磁界 B電流が磁界から受ける力 C電磁誘導	2	やってみよう リニアモーターと直流発電
		第2節 交流と電磁波	A交流の性質 B電気エネルギーの利用 C電磁波の性質 D電磁波の種類とその利用	2	やってみよう 整流
		2章のまとめ・章末問題		1	
	電流計・電圧計の使い方		1 電流計の使い方 2 電圧計の使い方		
	探究活動(1)			1	6. 誘導起電力の大きさを調べる
第5部 物理と私たちの生活 (6)	第1章 エネルギーとその利用 (3)	第1節 様々なエネルギーとその利用	Aエネルギーの変換と保存 B利用するエネルギーの移り変わり C太陽光の利用 D化石燃料の利用 E原子力	2	資料学習1. エネルギーに関する調査
		1章のまとめ・章末問題		1	
	第2章 物理学が拓く世界 (2)	（医療） 見えないものを見る	A超音波検査 BX線撮影	2	
		（電磁波） 電磁波で地球を見る	A可視光線・赤外線で地球を見る B電波で地球の気象を見る Cテラヘルツ波で地球の大気を見る		
		（力学） 巨大な橋を支える物理学	A板状の橋の力学 B石造アーチ橋の力学 Cつり橋の力学		
		（防災） 地震から建造物を守る技術	A耐震、制振、免震 B五重塔と東京スカイツリーの構造		やってみよう ビルの固有振動
	探究活動(1)			1	7. 放射線の性質 8. 科学技術と私たちの生活
合計				70	

1 速度

物体の速度を論理的に説明するためには,「単位時間あたりの変位を平均の速度という」とするのがよい。しかし,変位という概念を難しく感じる生徒の場合,この説明では速度についても理解しにくく感じることがあるため,本書では速度の説明の導入部分をあえて平易な記述にしている。授業においても,生徒の実情に応じた指導が必要である。

2 速さと速度

日常生活では速さと速度を区別して使い分けてはいないが,物理では明確に区別している。これは,物体の運動を正確に表現するためには,速さだけでなく,進む向きも合わせて表すことが必要だからである。

物理の問題で速度を問われた場合には,速度の大きさである速さとともに,その向きを答えるように指導することが必要である。

3 速度ベクトル(ベクトルとスカラー)

中学校理科で,力を矢印を使って表すことや,力の合成・分解を学んでいる。よって,速度ベクトルについても,力の矢印との対応で矢印の向きを,矢印の長さが速さを表すことを説明するとよい。

なお,『物理基礎』では,基本的には直線上の運動に限って扱うので,速度ベクトルについては「速度は矢印を使って図示することができる」程度の扱いにとどめてもよい。

また,生徒にとっては,変位のほうが矢印を使って表すことができることを理解しやすいので,生徒の実情に応じて,扱い方を工夫するとよい。

スカラーについては脚注に示したが,用語として軽く触れる程度でよい。

4 問3
解説 問題文にあるように,東向きを正の向きとする。

答 A:20 m/s, B:−25 m/s

もし,西向きを正の向きとすれば,答えの符号は反対になる。どちら向きを正の向きとするかは,本来,自由にきめることができる。状況に応じて適切に正の向きを定め,矛盾なくそれぞれの物体の速度を表すことが大切である。

5 問4
解説 求める平均の速度を $\bar{v}$ とする。東向きを正の向きとすると,

$$\bar{v} = \frac{200 \text{ m} - 50 \text{ m}}{20 \text{ s} - 10 \text{ s}} = 15 \text{ m/s}$$

答 15 m/s

C 等速直線運動
◆導入例

速度が一定の運動を等速運動(uniform motion)という。慣性系では,力がはたらかない場合には等速運動をする。速度が一定ということは速さも進む向きも変わらないので直線上を運動,つまり等速直線運動(linear uniform motion)をすることを確認する。

中学校理科で等速直線運動については学んでおり,時間と速さの関係や,時間と移動距離の関係を表すグラフも学んでいる。しかし,すでに学んでいる内容であっても,式(3)のように,文字式で表すだけで難しく感じる生徒も少なくない。また,x-tグラフ,v-tグラフについても,各軸にとっている物理量が何であるかを正しく認識できていない場合もあるので注意する。

高校物理では,中学校理科と異なり,各物理量を記号で表し,それらの関係を文字式(数式)にまとめ,さらに,数学的な計算を行う。この点に難しさを感じる生徒が多いので,等速直線運動の学習を通じて,徐々に慣れさせることが大切である。問いの解法などの指導を通じて,繰り返し基礎的な関係について確認することが効果的である。

指導計画作成までの具体例

　これまで述べてきたように，指導計画の作成は目標の検討から始まる一連の作業であるが，ここでは，中学校における「理科の目標」の設定から「指導計画作成の方針」，「指導の重点」の検討までの過程と，作成された「年間指導計画」（一部）を，一つの例として紹介しておきたい。

　作成の過程には理科教育とは何か，理科という教科の本領とは何かなど，理科教育の本質を考える上での多様な視点が含まれている。

　※以下，筑波大学附属中学校理科指導計画資料による。

1　**理科教育が担うもの**

　20世紀の現代文明を築き上げた土台は，科学技術の急速な進展にあったことは，誰しもが認めるところである。現代文明を支えるエネルギー資源としての石油・石炭，そしてエネルギー形態としての電気が，現代の文明生活を特徴づけている。自然の中に潜む規則性や法則性を発見し，自身を含む自然の姿を解明しようとする人間の知的な探究心は，本来，特定の社会体制や政治制度，イデオロギーといったものとは隔絶した没価値的なものであり，自然科学はこうした没価値性の上に成り立っている。

　しかし，自然科学探究の歩みの中で蓄積された「知の体系」を，意図的に人間社会へ利用しようとする科学技術の開発においては，社会的・人間的な視点での価値観や思想性が問われてくる。どのような価値や思想を尊重し，また，それらをもとにした科学技術を，どのように人間生活の中に取り込んでいくのかが関わってくるのである。

［科学技術の発達と理科教育］

　20世紀に入り，科学技術の急速な進歩は人間生活の中に時間と空間の短縮，飛躍的な経済の発展をもたらした。より速く，より多く，より豊かに，より効率的にという価値観のもとに，過去数十年の経済活動は進んできている。

　一方，こうした経済優先の人間の活動は，人間自身の生存をも脅かすような様々な矛盾をもたらした。日本における水俣・川崎などの工業地域で現れた

「公害」，先進工業国によって引き起こされた地球規模の「大気や海洋の汚染」，農業の化学化がもたらす「食の汚染」，そして，大規模な開発による動植物の「種の絶滅」などがそれである。

　しかし1980年代に入ると，こうした人類規模の問題がようやく注目されるようになり，人々の意識の中にも定着しはじめた。そして「人間性を取り戻そう」，「人間と我々を取り巻く自然を大切にしよう」という，いわば「宇宙船地球号」の視点に立つ価値観が生まれてきた。「科学技術の進歩＝人間の幸福」という図式に対する疑問が，ようやく市民権を得るようになったのである。

［理科の本領］

　こうした現代社会の認識を踏まえ，21世紀を主体的に生きる生徒たちに向けて，「中学校の理科教育」は何ができるだろうか，また，何をなすべきなのであろうか。こうした問いかけの中に，はじめて理科の本領が浮き彫りになってくる。我々は，理科の本領として「自然の探究を通した人間性の育成」を大きな柱として設定したい。

　これは人間が本来もっている探究行動を具現化させるという観点をベースに，「広く自然と社会を科学的にとらえる視点をもたせ，その方法を身につけさせる」ことであり，また，「自然界に生きるすべての生命に対する畏敬の心，慈しみの心を育てる」ことになる。

　地球という緑のオアシスは，自然環境を人間生活と対立的なものと捉える文明観では守りきれない「弱い存在」なのである。本校の理科では，私たちが地球規模の生態系と有機的につながる小さな地域の生態系の中で生活していること，その小さな生態系の乱れは，「自然との調和」を図っていこうとする視点なくしては修復できないものであることを，日々の授業の中で学ばせたいと考える。

2　理科の目標

　自然科学は，民族や言語の枠を超えて，すべての人類に共通・普遍なものという特性をもっている。自然界に存在する事象は，一定の規則性や法則性をもって我々の前に現れてくるものであり，それらの個々の事象を法則化し抽象化する過程が，科学における探究の過程にほかならない。

　しかし，前に述べたように，1960年代の高度な経済成長の中で見落とされて

3．指導計画作成までの具体例

いた「人間の顔をした科学と技術」の復権と再興が叫ばれるようになると，理科の学習指導要領においても「教材の精選」と「ゆとりの理科教育」，「自然に親しむ態度の育成」，「科学的な思考力や創造力の啓培」などが，大きな目標として設定されるようになってきた。本校の新しい理科指導計画の作成に当たっても，このような推移を踏まえた考え方を受け継いでいきたいと考える。

[理科の指導目標]

我々は，先に述べた現代社会の情勢分析と学習指導要領の推移を踏まえ，「自然の探究を通した人間性の育成」という理科の本領達成に向けた具体的な指導目標として，次の内容を設定した。

① 人類の知的な文化遺産としての基礎的・基本的な科学知識を身につけさせる。

② 自然の事象を科学の目でとらえ，それを探求していく方法と意欲・態度を身につけさせる。

③ 人間を含む自然を広い視野でとらえ，生態学的な自然観と認識方法を身につけさせる。

④ 自然現象の中の規則性や法則性，その精緻さに素直に感動する豊かな感性を育てる。

⑤ 人間を含むすべての生命に対する畏敬と慈しみの心を育てる。

⑥ 課題や問題に直面したとき，それらを科学的・主体的に解決していこうとする意欲・態度を育てる。

⑦ 自然に対する興味・関心，および知的探究心を育てる。

3 指導計画作成の方針

これまでに示された教育課程審議会や中央教育審議会の答申では，「科学技術の進歩，またこれに伴う情報化などの社会の変化や学習の実態などを考慮し，自然に親しむことや観察・実験などを一層重視して問題解決能力を培い，自然に対する科学的な見方や考え方及び関心や態度を育成する指導が充実するよう内容の改善を測る」という基本的な考え方が示されている。

これを受けて作成された1998年告示の学習指導要領においては，「観察・実験の重視」，「科学的に調べる過程を通して科学的な見方・考え方，自然に対する関心・態度の育成を重視する」としながらも，内容も授業時数も大幅に削減

されてしまった。

　しかし次の2008年告示の現行学習指導要領では内容も授業時数も大幅に増やされており，本校理科では，これをもとに次のような指導計画作成の方針と指導の重点を策定し，さらに，これに基づく具体的な指導計画を作成した。

①　生徒の発達段階を，質的には［具体的認知能力］から［抽象的認知能力］への進展過程ととらえ，また，量的には［認知し処理しうる情報能力の拡大］ととらえて指導計画を編成する。すなわち，第2学年の前期を1つの変極点と考え，個々の教材の配列と教材量の配分を行う。

②　首都圏に生活する本校生徒の実態を踏まえ，教材の中や学習形態の中に「自然に触れ，自然の中に興味ある素材やテーマを見いだせる」ような内容を意図的に設定する。

③　学習形態としては，できるだけ課題や問題を生徒自身の手で解決していく場を重視する。そのためには，与えられた方法や道筋に従う学習ではなく，「自ら学ぶ」，「自ら学びとる」という姿勢を尊重する。

④　教材の選択に当たっては，生徒の日常生活とのつながりを十分に考慮しつつ，やや学習指導要領の内容を高度にしたものも取り入れる。

⑤　第1学年の導入期と第3学年の総括期に，1・2分野を融合した単元を設定し，中学校理科の目標を一貫性のあるものにする。

⑥　小学校での学習内容を踏まえ，これを深化・発展させるとともに，高等学校での専門化した学習へ接続しうる内容を考慮する。これについては，単なる知識内容にとらわれることなく，科学的な思考・科学的洞察力といわれる能力の啓培を重視する。

4　**指導の重点**

　3において述べた指導計画作成の方針に沿って，より具体的な理科の指導方針を，次のように設定する。

①　1年の導入単元と2年の融合ミニ単元，3年の総括単元を中心に，1・2分野の融合を目指す学習指導を展開する。

②　各学年においては，「課題解決型」の探究的学習活動を，より積極的に取り入れる。

③　これまで行ってきた観察・実験を中心とする学習指導の改善と，新しい

教材の開発を積極的に行う。

④　教材の内容は，日常生活とのつながりを重視するとともに，21世紀へ向
　けた課題意識・問題意識をふくらませるようなものとする。

⑤　多様な視聴覚教材やメディアを取り入れ，学習の変化やリズムを意図的
　に構成する。

理科　第1分野（2年）

月	単　元	指　導　要　項	学習活動・学習内容・資料など
	単元1　静電気と電流		
4	Ⅰ　電流	①. 電流と回路(1)	生　電流計と電源装置の使い方　豆電球を流れる電流と電源装置
		②. 電流と回路(2)	生　電圧計の使い方・回路の組み方
		③. 回路中の電流と電圧(1)	生　直列回路の電流と電圧
		④. 回路中の電流と電圧(2)	生　並列回路の電流と電圧
		⑤. 電気抵抗	生　ニクロム線の長さと電流の大きさ
5		⑥. 電流と電圧の関係(1)	生　オームの法則(1)－電流と電圧－
		⑦. 電流と電圧の関係(2)	生　オームの法則(2)－電流と電圧－
		⑧. 抵抗の直列接続	生　抵抗の直列接続と電圧の大きさ
		⑨. 抵抗の並列接続	生　抵抗の並列接続と電圧の大きさ
		⑩. 電気回路の考え方	講　プリント学習・問題練習
		⑪. 直流と交流	生　直流と交流の違い（電磁石・発光ダイオード・食塩水の電解）
		⑫. 電力と電力量	演　電力と電力量　電気器具の電力表示
6	Ⅱ　静電気	⑬. 静電気	生　摩擦電気の発生　静電気による力
		⑭. 静電誘導・放電	生・演　静電誘導・人体コンデンサー
		⑮. 静電気と電流	演・講　検電器間を流れる電流・電気回路
		⑯. 静電気のはたらき	映　静電気のはたらき
7	Ⅲ　電流と電子	⑰. 真空放電	演　真空放電の観察
		⑱. 陰極線と電子	演　陰極線の観察・電流の向きと電子
		⑲. 原子の構造	映・講　原子の構造
	単元2　電流と磁界		
9		①. 磁石と磁界	生　磁石の製作・磁石のはたらき
		②. 電流による磁界(1)	演・講　直線電流による磁界・磁力線磁界の向き・右ネジの法則
		③. 電流による磁界(2)	生　円形電流（コイル）による磁界
10		④. 磁界中の電流に働く力(1)	生　電気ブランコ
		⑤. 磁界中の電流に働く力(2)	生　モーターの製作
		⑥. 電磁誘導(1)	生　レンツの法則
		⑦. 電磁誘導(2)	生・演　相互誘導・ケイ光灯の点灯
		⑧. 交流発電機　　　　　※	生・演　手回し発電機による豆電球の点灯
		⑨. 変圧器　　　　　　　※	生・演　交流の変圧・交流高電圧の発生

月	単　　元	指　導　要　項	学習活動・学習内容・資料など
	単元3　化学変化と原子・分子		
11	Ⅰ　物質と化学 　　変化	①. 燃焼と酸化 ②. 有機物の燃焼 ③. 酸化物の還元 ④. 水の電気分解	生　スチールウールの燃焼と質量変化 生　エタノールの燃焼（演示　爆発） 生　酸化銅の還元 生　水の電気分解
12 1	Ⅱ　化学変化と 　　原子・分子 　　（課題学習）	⑤. 原子 ⑥. 分子 ⑦. 化学式 ⑧. 分子の大きさ(1) ⑨. 分子の大きさ(2) ⑩. 分子の運動と溶解 ⑪. 再結晶 ⑫. 物質を探る　　　　　※ ⑬. 化学反応式	講　元素・原子 演・映　原子・分子 講　化学式 生　アンモニアの拡散・半透膜 生　ブラウン運動の観察（ポスターカラー） 生　溶液・硝酸カリウムの溶解度 生　再結晶・結晶の観察 生　結晶から物質を探る 講・生・映　化学反応式の作り方
2 3	Ⅲ　化学変化と 　　質量 　　（課題学習） 　　（課題学習） 　　（課題学習）	⑭. 化学変化と質量の変化 ⑮. 反応する物質の質量比(1) ⑯. 反応する物質の質量比(2) ⑰. 化学変化の量的関係 ⑱. 化学変化の考え方 ⑲. 携帯用カイロの分析(1)※ ⑳. 携帯用カイロの分析(2)※ ㉑. 携帯用カイロの分析(3)※	生　質量保存の法則（気体の発生・沈殿） 生　銅と硫黄の化合（定比例の法則） 生　マグネシウムの酸化 生　マグネシウムと塩酸の反応 講　問題演習 生　携帯用カイロの成分を探る 生　携帯用カイロの成分を探る 生　携帯用カイロの成分を探る（発表会）

〈記号の説明〉

生…生徒が行う実験・観察・器具操作の練習，配付された資料に基づく討論，問題練習，グラフ化な
　　ど

演…教師による演示実験

講…講義を主とする学習指導

討…討論

映…映像資料の視聴

※　応用・発展的な指導内容

☆…季節・行事に応じた指導内容

課学…課題研究的学習

３．指導計画作成までの具体例　　99

理科　第2分野（3年）

月	単　　元	指　導　要　項	学習活動・学習内容・資料など
4	単元1　生物の世界 Ⅰ　生物と環境	1．環境とは 2．群落の移り変わり ☆　富士の自然(1) ☆　富士の自然(2)	講　音羽の坂の北と南の斜面の環境 講　遷移　植物の水平分布など 映　富士山－その植物社会 講　富士火山　富士の気象など
5	Ⅱ　生物どうし 　のつながり （土の科学）	3．食物連鎖 4．生物界のつりあい 5．土壌動物 6．微生物 7．物質循環	講　食物連鎖の例と特徴 映・演　動的平衡　アメリカシロヒトリの数 生　ツルグレン装置による小動物の採集 生　分解者の存在 講　炭素循環と窒素循環
6 7 9	Ⅲ　生物の遺伝	8．細胞のふえ方(1) 9．細胞のふえ方(2) 10．植物のふえ方 11．動物のふえ方 12．身近な遺伝 13．メンデルの実験 14．染色体と遺伝子 15．遺伝のしくみ 16．遺伝の応用(1) 17．遺伝の応用(2)	生　細胞分裂 講　細胞分裂の過程 生　花粉管の観察 映・演　受精と発生　有性生殖と無性生殖 生　ピーターコーン（バイカラー）の観察 講　メンデルの法則 生　ユスリカのだ腺染色体の観察 講　メンデルの推定 講　ヒトの遺伝 講・映　遺伝子の変化、DNA、iPS細胞など
10	Ⅳ　生物の進化	18．進化の事実 19．進化のみちすじ 20．進化論	講　進化の証拠、水中から陸上へ 生　植物・動物の系統樹 講　ラマルク，ダーウィン，ド・フリース
	課題学習　土の科学	1．オリエンテーション 2．土の科学(1) 3．土の科学(2) 4．土の科学(3)	課学　土とは　種子をまく 生　学習計画書の作成 生　班ごとの実験・観察 生　学習のまとめ
11	単元2　地球と太陽系 Ⅰ　身近な天体	1．太陽 2．月(1) 3．月(2) 4．わたしたちの地球	観　太陽の黒点 講　大きさ・表面 講・映　月の動き、満ち欠け 講　大きさ・表面
12 1	Ⅱ　天体の動き 　と地球の運 　動	5．太陽の1日の動き(1) 6．太陽の1日の動き(2) 7．星の1日の動き 8．地球の自転 9．地球と星の1年の動き 10．地球の公転　　　　※ 11．太陽南中高度の測定 12．季節の変化(1)	生　透明半球による太陽の動きの観察 生　透明半球の観察からわかること 生　フラスコモデル 講　見かけの動き，時刻 講　黄道，季節の代表的な星座 生　星座早見による実習　実　日陰曲線 生　季節による変化 生　太陽光の当たり方と温度の上昇

100　　第5章　理科の授業と指導計画

月	単　　元	指　導　要　項	学習活動・学習内容・資料など
		13．季節の変化(2)	講　地軸の傾きと季節
2	Ⅲ　太陽系	14．太陽系の天体	講　太陽系の天体と惑星発見物語
		15．いろいろな惑星	講・映　各惑星の特徴
		16．惑星の動き	生　金星と火星の動きと見え方
		17．太陽系の惑星の軌道	生　「惑星表」から読み取れること
		18．天体までの距離	講　光年，星座と各星までの距離
		19．銀河系と宇宙	講　太陽系外の世界
3	総括単元　科学と人間 （1，2分野融合）	1．オリエンテーション	講・映　総括単元とは　宇宙カレンダー
		2．地球の歴史	講・映　地球の誕生，地球の歴史
		3．生物の歴史	講・生　生命の歴史・連続性、DNA の抽出
		4．サルからヒトへ	講・映　樹から降りたサル
		5．化石エネルギー資源(1)	講・映　エネルギー，石炭と石油
		6．化石エネルギー資源(2)	講・映　石油文明の時代
		7．原子のエネルギー	講・映　移り変わる原子，原子エネルギー
		8．新しいエネルギー	講・映　クリーンエネルギーの開発
		9．21C の課題	講・映　21世紀の課題

3．指導計画作成までの具体例　*101*

第6章
理科の授業と教材研究

　授業の基本になるのは年間指導計画，あるいは単元別指導計画であるが，実際に授業をするためには，より具体的なマニュアルがなければならない。つまり1時間ごとの授業の進め方を検討し，その結果を指導案にまとめる作業が必要になる。これが「教材研究」と呼ばれているもので，広い意味での教材研究が年間指導計画の作成から始まるとすれば，毎時間の指導案の作成は，一連の教材研究における仕上げの段階ということになる。

 教材研究の進め方

　では，教材研究においては，何をどう研究したらよいのだろうか。検討しなければならない事項としては，次のようなものが挙げられる。

　ア　教材や指導内容について検討し，十分な知識を得る。
　イ　観察や実験の方法を検討し，予備実験で習熟する。
　ウ　教材や観察・実験の材料を準備する。
　エ　指導の順序，流れを検討する。
　オ　学習の動機づけ，導入の方法について検討する。
　カ　学習の整理，まとめについて検討する。
　キ　子どもの実態，既習事項を確認する。
　ク　板書事項を整理し，実際の板書の通りにレイアウトしてみる。
　ケ　説明の仕方を検討する。
　コ　指導案としてまとめる。
　サ　指導の結果を検討し，記録として残す。

　ここに挙げたものは，充実した授業のために検討しておきたい事項であるが，この順に教材研究をしなければならないとか，最初の事項の方が重要であるとかいうわけではない。教材によっては導入がポイントになることもあれば，わかりやすい板書が授業の中心となって，この検討から教材研究が始まる

こともある。

　教材研究に必要なものとしては，個々の教材に関する資料，専門書，理科の研究雑誌，研究会の資料，これまでの自分の指導案などがあるが，教科書の指導書に頼ることも多い。小・中学校の指導書には，教科書のページに対応して指導の順序から教材の解説，実験のデータ，参考資料まで示され，大変親切に作られている。もちろん，

■いろいろな教材研究の資料

これも大いに活用してよいが，指導書だけですべて終わりということではなく，不十分な点や自分の意図を生かすための資料などは他からも積極的に取り入れて，指導書を上回る充実した指導案にまとめたい。

　検討したい事項の最後に挙げた「指導の結果の検討と記録の作成」は，ここまで教材研究に入るのかといわれるかもしれないが，このまとめは次回の授業の教材研究にも当たるものなので，ぜひ実行したいことである。

　こうした教材研究は，ひと通りやってしまえば終わりであって，次の年からは楽になる。極端にいえば，前につくった指導案を見れば，その後は何年でも授業ができるといえるかもしれない。しかし，前回の指導の経験や反省を生かし，より充実した授業を目指すなら，毎年心を新たにして教材研究に取り組まねばならない。また，対象となる子どもも変わるので，その実態に合わせた指導を検討したいし，新しい教材や実験方法も取り入れたい。たゆまぬ教材研究が望まれる所以である。

　指導案は，基本的には1時間ごとの授業の進め方を示すものであるが，その1時間だけで終わる教材というものは少なく，数時間分の授業を一つの指導案にまとめることも多い。

　次に，指導案作成の上で検討しなければならない事項の主なものについて，詳しく述べていく。

（1） 教材や指導内容について検討し，十分な知識を得る

　教材について調べ，内容を理解し，十分な知識を身につけようというものである。これまでの知識に満足することなく，新聞や科学雑誌の最新のトピックスなども取り入れる努力をしたい。

（2） 観察・実験の方法を検討し，予備実験で習熟する

　教科書の観察や実験は，指示の通りにやれば，それなりの結果が得られるはずであるが，実際はそう簡単ではない。薬品の量や温度によって結果が変わってくるし，子どもの技能が不十分ならグループ実験の前に演示実験を加えなければならない。季節的な制約を受ける生物教材の場合は，アブラナやエンドウの花を入手しやすいタンポポやスイートピーに代えるようなこともよくある。

　とくに配慮すべきことは観察・実験の安全性であるが，濃度の高い溶液を使う実験，加熱を伴う実験では，安全面のチェックを十分に行いたい（第11章参照）。いずれにしても，予備実験を繰り返し，問題点を一つずつクリアするとともに，先生自身がその観察や実験に習熟することが第一である。

　ところで観察や実験の検討の際に一番頼りになるのは，これまでの指導の記録である。前回はねらい通りに実施できたか，どんなデータが得られたか，問題点や改善すべき点は何かなどがしっかりと記録されていれば，どれだけ参考になるかわからない。本番の授業では，しっかりとした記録を残すことも念頭において指導するよう心がけたい。

（3） 教材や観察・実験の材料を準備する

　観察や実験の構想が固まったら，それに応じた器具や薬品，材料などを整える。生徒実験か演示実験かで器具の数や薬品の量もずいぶん違ってくるが，次を目安に，予備の器具や薬品も必ず用意する。

・グループの数より1セット多く用意する。
・演示実験の場合も，もう1セット用意しておく。
・子ども用の器具や薬品は，実験室のどこに並べておくか考える。
・少なくとも前日までに，基本的な準備を終える。

104　第6章　理科の授業と教材研究

生物教材の場合は，前に述べたように季節や学校の立地条件によってそれなりの対応が必要になることが多い。フナをキンギョやメダカに代えたり，カエルの代わりにラットやマウスを用意したりする状況も起こりうる。

(4)　指導の順序，流れを検討する

■準備された器具・薬品

　同じ教材でも，指導の順序はいろいろと考えられる。観察や実験を始めにもってくれば，発見学習的な授業になるが，指導の仕方は難しい。説明の後にもってくれば，指導はやりやすいが，確認のための観察や実験になりがちなので，子どもの意欲がそがれてしまうかもしれない。通常は教科書に示された順に指導することが多いが，やはり自分なりに検討して，納得がいく指導の流れをつくるようにしたい。

[中学校第2学年「だ液の働き」：2つの指導の流れ]

A

| 説明　だ液には，デンプンを糖に分解する働きがある |

⇩

| デンプンのりにだ液を加えしばらくおくと，ヨウ素液の反応がなくなり，ベネジクト液の反応が見られるはずである |

⇩

| では，確かめてみよう |

⇩

| 実験する | ⇨ | 本当だ |

B

| [実験] だ液の働き
デンプンのりにだ液を加え，しばらくおいて，ヨウ素液の反応とベネジクト液の反応を調べる |

⇩

| 実験の結果から，だ液の働きについて何がいえるだろうか |

⇩

| だ液には，デンプンを糖に分解する働きがある |

1．教材研究の進め方　　105

[中学校第3学年「天体の動き」：3つの指導の流れ]

A	B	C
1．太陽と星の日周運動 2．地球の自転 3．太陽と星の年周運動 4．地球の公転	1．太陽の日周運動と年周運動 2．星の日周運動と年周運動 3．地球の自転 4．地球の公転	1．地球の自転 2．地球の公転 3．太陽の日周運動と年周運動 4．星の日周運動と年周運動

（5） 学習の動機づけ，導入の方法について検討する

　1時間の授業がうまくいくかどうかは，学習の始めの段階，すなわち導入にかかっているといってもよい。教育実習生の授業では，出席をとって予定通りの導入から本論に入ろうとしても，子どもがちっとも話を聞かず，騒がしくて落ち着かないため，どう対応していいかわからないまま立ち往生してしまうことがある。

　導入がすべてではないが，授業の成否を決めるポイントであることは間違いない。教材研究において，自分で納得ができ自信がもてるようになるまで十分に検討したい。

　理科に限らないが，導入の方策の一つとして「何かを見せる」，「それについて考えさせる」ということが挙げられる。例えば，校庭で取ってきた葉っぱ1枚でもよい。「表側は緑なのに，裏はどうだろう」「白っぽく見えるけれど，なぜなのだろう」「顕微鏡で見てみよう」「葉っぱをどんなふうに切ったらいいだろう」というように，たった1枚の葉を提示することで，いくらでも授業を発展させていくことができるのである。何かを見せると，子どもたちはこちらに注目して静かになる。自分も落ち着いて話を進めることができるというわけである。

■ものを提示しての導入

106　第6章　理科の授業と教材研究

（6）　学習の整理・まとめについて検討する

　導入から始まった授業は，学習したことを整理し，確かなものとして子どもに定着させることで終了する。学習した内容を，子どもにとってわかりやすくまとめる方法についても，十分に検討しておきたい。

　例えば，電圧と電流の関係を見いだす実験なら，「電圧が2倍になると回路を流れる電流も2倍になる」「電流は電圧に比例する」などとまとめることになる。これを板書するのか，時間的に無理ならば言葉だけでまとめて，あとは次の時間に送るのかなど，考えておく必要がある。

　子どもは，自分たちの実験でいい結果が出ても，先生から「こうです」とはっきり言ってもらわないと，なかなか信じない。きちんとした先生の板書をノートにまとめることで子どもは納得し，先生の結びの言葉を聞いて安心するのである。

　また，次の時間のタイトルを板書して，まとめにするのもよいだろう。その日の授業の進め方や子どもの状態によって予定通りにいかないことも多いが，いろいろな場合を想定したまとめの言葉や板書は，教材研究の一つとして指導案にきちんと位置づけておきたい。

（7）　子どもの実態，既習事項を確認する

　いくら内容の立派な指導案をつくっても，教える対象の子どもがどこまで学習しているか，どの程度覚えているか，どのくらい器具の操作ができるかなどがわかっていないと，独りよがりな指導になってしまう。

　とくに，中学校や高校で新1年生を指導するときには，小学校，中学校のそれぞれの指導要領と教科書には目を通し，入学までに学習した理科の内容について理解しておく必要がある。観察や実験については，教科書にあっても実際にやっているかどうか，入学時に調べておくとよい。

（8）　板書事項を整理し，実際の板書の通りにレイアウトしてみる

　指導案に板書事項まで書く必要はないという意見もあるが，私はぜひ書き入れたいと考える。授業の内容を全部黒板に書くのは不可能であり，黒板という限られたスペースに収めるためには，やはり要点を整理する必要がある。さら

1．教材研究の進め方

に，子どもにとってわかりやすい文章や図を工夫し，書きやすいようにレイアウトを考えることも大切である。こうしてでき上がったものは，板書事項として指導案にきちんと位置づけておきたい。

　板書の下書きまでするのは面倒な作業のようであるが，この間に教材の内容が頭に入って指導の流れも明確になり，時間配当の目途もついてくる。わかりやすい板書を写したノートは，子どもにとって学習内容がよく理解でき，自宅でも復習しやすいノートになる。教科書が絵本のようになった現在，整理されたノートは何よりの教科書である。

　私は教育実習生にも必ず板書を指導案に入れるように指示しているが，中にはこれを守らない実習生もいる。その結果，単語を並べただけのわかりにくい板書になってしまい，「やっぱり，きちんと指導案に入れておけばよかった」と授業が終わってから納得してくれても後の祭り，いい加減な板書をノートに写すことになった子どもは気の毒である。

　しかし，板書事項まで指導案に入れたために指導の流れが読み取りにくくなるようなら，板書だけ別の用紙やノートに書いてもよい。また，板書そのものを中心に指導案をまとめるのもよいだろう。要は，自分で使いやすい形式を工夫して，改善点などがいっぱい書き込まれた指導案に仕上げることである（第9章「3．板書」参照）。

（9）　説明の仕方を検討する

　指導案がほぼ完成したら，指導の流れに沿って説明していけば授業になるわけだが，実際にはそう簡単ではない。最初のクラスの授業をしてみて，どうもうまくいかなかったので，次のクラスでは指導の順序や説明の仕方を変えてみるということがいくらでもある。

　このような失敗というか回り道をなくすには，指導案に従って話す練習をしてみることである。案外言葉が続かなかったり，流れがぎくしゃくしたりして，説明の順序を変えた方がいいということが結構起こるものである。つまり，最初の授業を架空のクラスでやってみて，改善されたもので本番の授業を進めるのである。ベテランの先生なら必要ないかもしれないが，私自身はできるだけ実行するようにしていた。

教育実習生が最初の授業に臨むときにも，空いた教室でこれを試みるよう勧めている。指導案がいくらきちんと書かれていても，実際にやってみると，「なかなか言葉にならないですね」という実習生が多い。当日，自信をもって授業ができる"おまじない"のようなものだが，なかなか効果がある。

② 指導案の作成

　以上のように，様々な事項についての研究・検討を経て，指導案を作成する。通常は次のような項目について記述し，指導案としてまとめることが多い。

理　科　学　習　指　導　案

1．日時　場所　指導者　　　　8．本時の学習指導
2．学級　　　　　　　　　　　（1）題材
3．学級所見　　　　　　　　　（2）目標
4．単元（題材）　　　　　　　（3）準備
5．単元設定の趣旨　　　　　　（4）指導過程
6．単元の目標　　　　　　　　（5）評価
7．単元の内容（指導計画）

[学級所見]

　指導する学級の理科の授業に対する取り組み方や意欲，必要があれば特別な事情などを紹介する。指導者は，こうした学級の特性を生かしながら授業を展開することになる。参観者にとっては，その時間の子どもたちの活動を納得しながら参観することにつながる。

[単元設定の趣旨]

　この単元が設けられた理由，教材として取り上げる意義，必要性などを解説するものである。単元の内容が自然科学の中でどう位置づけられ，子どもたちにはどのように興味・関心がもたれているか，どのような指導の仕方が望ましいかなどについて述べることになる。詳しく書くときには，次のように３つの

2．指導案の作成　109

観点に整理して記述することもある。

① 教材観－どのような教材なのか。
- 自然科学の中で，どのような位置づけにあるか。
- 子どもにとって，この内容の学習がどのような意義をもつか。
- 子どものどのような能力の発達を促すことができるか。
- 現代および将来の社会的要請からみて，どのような意義をもつか。
② 子ども観－この教材に関わる子どもの実態はどうか。
- どのような興味・関心，意欲をもっているか。
- どの程度の学習経験，生活体験をもっているか。
③ 学習観－どのような学習指導が望ましいか
- 子どもの主体的な活動を，どのくらい取り入れたらよいか。
- その後の学習に，どのように生かし発展させることができるか。

[単元の目標]

　この単元の学習を通して，子どものどのような能力を，どこまで育てたいかを表したものが目標である。ここでは，2009（平成21）年の指導要録の評価の観点に対応して，次のような4つの目標に分けて記述する。

① 自然事象への関心・意欲・態度
② 科学的な思考・表現
③ 観察・実験の技能
④ 自然事象についての知識・理解

　目標は「……を説明できる」，「……を推論できる」のように行動目標の形で書くことが多い。また，次のように観点別の表の形にまとめるとわかりやすいが，単元の目標は多岐にわたるので，その授業が含まれる小単元の目標に限って記述することが多い。

単元目標の記述例　中学校第2学年「植物のからだのつくりと働き」

自然事象への関心・意欲・態度	科学的思考・表現	観察・実験の技能	自然事象についての知識・理解
身近な植物に関心をもち、進んでそれらの体の特徴やふえ方などを調べてみようとする。	いろいろな植物の特徴を整理して、これをもとになかま分けすることができる。	いろいろな植物の根・茎・葉のつくりを観察し、その結果を整理することができる。	いろいろな植物のなかまの特徴を、他のなかまと比較しながら説明することができる。

[単元の内容]

　この単元がどのような内容から構成されているかを記述するとともに、配当時数も記入する。スペースがない場合は、次のような項目だけのものになるが、できれば各項目での学習内容も紹介して、全体の流れと本時の位置づけがわかるようにしたい。

単元内容の記述例　中学校第2学年

単元名　生物の体のつくりと働き　　　　　20時間
　（ア）生物と細胞　　　　　　　　　　　6時間
　　　㋐　生物と細胞
　（イ）植物の体のつくりと働き　　　　　8時間
　　　㋐　葉・茎・根のつくりとはたらき　（本時は第3時）
　（ウ）動物の体のつくりと働き　　　　　10時間
　　　㋐　生命を維持する働き
　　　㋑　刺激と反応

[本時の学習指導]

　担当する授業の指導のねらいや進め方を、具体的に説明する部分である。参観者にも授業の進み方がイメージできるように、また、指導する先生の考えと指導のポイントが理解しやすいようにまとめたい。

　「目標」は、単元の目標と同じように4つに分けて、その1時間の目標を、より具体的に書くことになる。

2．指導案の作成　111

「準備」は，この授業で使うものを挙げればよい。実験や観察が入る場合は，必要な器具の数や薬品の量などまで書いておく。使用するテレビなどの機器や配付するプリント，資料なども忘れずに記入する。

「指導過程」は，以下のように表組の形で指導の流れを時系列に表す。また，前述したように，板書案も入れておくといい。

指導案の形式例1　中学校1年第2分野　光合成

指導の流れ	指導の要点	留意事項等
導　　入 問題提起	・光合成によってできるデンプンの材料は何だったか。 ・CO_2 の吸収を確かめるには，どうしたらよいだろう。	・前時の復習を本時の導入にする。 ・BTB の性質を思い出させる。

指導案の形式例2　中学校1年第2分野　光合成

指導内容	生徒の活動	評価等
・BTB 液の色の変化を利用して，CO_2 の吸収を確かめさせる。 ・実験結果について話し合わせる。	・BTB 液にカナダモを入れて日光に当て，色の変化を調べる。 ・実験結果から，何がいえるのだろうか。	・カナダモをいれない試験管は，なぜ置いたのか。 ・液の色の変化から CO_2 の吸収が推論できたか。

「評価」は，本時のねらいがどこまで達成されたかを測定するもので，目標とは表裏の関係にある。学習指導のどの場面で，どのような方法で評価するかを具体的に書くようにする。

上の「指導過程」で例示した光合成の学習でいえば，「関心・意欲・態度」は机間巡視によって評価する，「科学的な思考・表現」は，実験結果の発表と話し合いの様子をチェックして評価するなどである。次のように［評価の項目例］を設けて記述してもいいし，指導過程の評価欄や備考欄に記入するようにしてもよい。

112　第6章　理科の授業と教材研究

[評価の項目例]
・実験を手際よく行い，その結果をわかりやすく記録できたか（観察・実験の技能）。
・積極的に実験に参加していたか（関心・意欲・態度）。
・BTB液の色の変化から，CO_2の吸収を推論できたか（思考・表現）。
・光合成の材料を，物質の名を挙げて説明できたか（知識・理解）。

　研究授業のような場合の指導案は，以上に述べた項目の全部について記述するが，日常の指導案では単元設定の趣旨や目標は省略する。実際には指導案の形でなく，指導ノートのようなもので毎日の授業をしている先生も多い。p.115以下のいろいろな指導案を参考に自分にあった使いやすいものを工夫し，授業が終わったら実験のデータや問題点，子どもの反応，参考資料などを加え，それを充実させていけばよいのである。

❸ 指導の結果の検討と記録の作成－学習指導の評価

　前述したように，これを教材研究の一部に加えるかどうかは問題だが，私は教材研究のまとめとして位置づけたいと考える。授業が終わってみて，導入の段階でうまく動機づけができたか，この指導案の流れでうまく授業を展開できたか，観察や実験に問題はなかったか，子どもの反応はどうだったかなどを中心に記録をまとめておく。特別な形式などはないが，指導案などを記録するノ

3．指導の結果の検討と記録の作成－学習指導の評価

ートに簡単にメモするだけでも十分である。得られたデータ，使った薬品の量，子どもの動きなども書いておくと次の指導に大いに役立つ。こうしたまとめの作業が終わると，教材研究は完結したことになる。

　以下は，平成20年版の学習指導要領に準拠した中学校の第1分野と第2分野の指導案例と，平成11年版の学習指導要領に準拠した高等学校［総合A］の「物質と人間生活－微生物の利用」の指導案例である。

［指導案例1］　中学校第1学年第1分野「身の回りの化学変化」

　「化学変化」は，新しい学習指導要領の2年で扱うことになっているが，この指導案では1年の「気体の発生とその性質」の発展として，「化学変化」の一部を取り入れている。

平成２９年度研究協議会　　　　　　　　　　　　　　　　　　筑波大学附属中学校
理 科 学 習 指 導 案
１．日　時　　平成２９年１１月１１日（土）１３：１０～１４：００

２．授業者　　齋藤　正義

３．学　級　　１年４組　４０名（男子20名　女子20名）

４．学級所見
　　男女とも仲が良く、指導されたことやクラスでの反省などをすぐに実行する素直なクラスである。学習活動に意欲的で、理科の学習や教材、自然に関する興味・関心が高いため、実験・観察には積極的に取り組む。他のクラスに比べると、間違えると恥ずかしいという思いからか、積極的に手をあげて堂々と発言・発表する生徒は少ない。

５．単元名　　単元２『身の回りの化学変化』

６．単元の構成
　　単元２『身の回りの化学変化』　※本時の授業
　Ⅰ　いろいろな気体とその性質
　　１．物質Ｘの化学変化　　　　　　　　　　　酸化銀の熱分解・化学反応とは
　　２．ガスバーナーの使い方　　　　　　　　　ガスバーナーの練習
　　３．物質Ｙの化学変化　　　　　　　　　　　重曹の熱分解
　　４．物質Ｚの化学変化　　　　　　　　　　　過炭酸ナトリウムの分解
　　５．亜鉛と硫酸による化学変化（１）　　　　水素の発生とその性質（１）
　　６．亜鉛と硫酸による化学変化（２）　　　　水素の発生とその性質（２）
　　７．塩化アンモニウムと水酸化カルシウムの反応　　アンモニアの発生とその性質
　　８．二酸化炭素の水酸化ナトリウムへの溶解性　　混合気体からの酸素の分離
　　９．空気の成分組成　　　　　　　　　　　　空気中の酸素の割合（体積％）
　※１０．【課題学習】気体の分離　　　　　　　混合気体からの水素の分離

７．本時授業設定の趣旨
　　１年生の物質単元の中でも「気体の発生とその性質」は、それぞれの気体の性質を学ぶことにとどまっており、習得した学習内容を活用した探究活動を行いにくい印象がある。そこで、気体の性質を利用して、「混合気体を分離する」という課題に取り組ませる。この課題では、生徒に混合気体から純粋な気体を得るための方法を考えさせる。実際には、生徒に課題に対する問題意識をしっかりと持たせるため、「気体を製造する工場で働く人から筑波大学附属中学校の生徒に混合気体を分離する方法を考えてほしいという依頼が来ました」といった理科を学ぶ生徒にとって実際に起こりうる状況・文脈を設定し、実社会・実生活との関連性を意識させることを考えている。

３．指導の結果の検討と記録の作成－学習指導の評価 | *115*

「気体の分離」は日常生活でも様々なところで応用されている。例えば、実験、化学分析、化学工場において発生する高濃度の酸性またはアルカリ性の有害ガスは、排風機で集められ、排ガス洗浄装置（湿式スクラバー）で取り除くことで、きれいにして大気中に放出されている。また、現在では地球環境を守りつつ人類が持続的に発展するために、水素エネルギーに対する期待がとても大きくなっている。水素のつくり方は、水の電気分解がよく知られているが、現在主流となっているのは、天然ガスや石油といった化石燃料から水素を取り出す方法であり、気体の分離を利用している。化石燃料を燃やすことで発生する水素と一酸化炭素や二酸化炭素などの混合気体から、化学反応や吸着などの化学的な処理を経て純粋な水素を大量に供給することができる。この方法は、「短時間に、大量に、低コストで」水素を製造でき、エネルギー効率が良いのがメリットである。実際の水素の分離方法とは異なるが、生徒には今まで学習した知識を用いて水素を取り出す方法を考えさせたい。

　具体的な課題としては、水素と酸素と二酸化炭素の３：１：１の混合気体を100ml注射器に入れ、水素だけを取り出すことを考えさせる。空気中の酸素と二酸化炭素を取り除くことで、捕集した気体の多くは水素になると考えられるため、マッチの火を近づけると、低い音で爆発する。酸素が含まれてしまうと、高い音で爆発してしまうので、酸素は完全に取り除かれていないことになる。また、二酸化炭素が含まれてしまうと、水素は爆発しないことがある。生徒は、酸素と二酸化炭素を取り除き、純粋な水素を取り出すためにそれぞれ気体の性質や純粋な水素を確認する方法などを振り返りながら、課題に対する考えをまとめていくと考えられる。

　生徒は本時の授業までに、二酸化炭素が水酸ナトリウム水溶液に溶けやすいことや、酸素がアルカリ性にしたピロガロール溶液に溶けやすいことを学習済みである。また、気体の性質の応用として、授業の中で酸素と二酸化炭素の混合気体から、酸素だけを取り出す方法については紹介している。そのような性質や気体の分離方法を振り返り、混合気体から水素だけを取り出す実験装置を考えられるかが今回のポイントである。

　「深い学び」の実現のため、まずは自分の考えをしっかりとワークシートに書かせることからスタートしたい。その後、隣どうしや班での話し合い、クラス内発表という流れで、クラス全体での意見交換を行う。最終的にクラス全体としての実験計画がまとまってきたら、演示実験を行い、まとめをする。

　生徒は課題に対して既習の知識を相互に関連付け、班やクラス全体での意見交換により、情報を精査しながら課題を解決するための実験計画を行う。以上のような生徒の主体的・対話的な活動や日常生活での応用例なども紹介することで、生徒の気体の性質に関する深い学びの実現をねらいたい。

8．本時の評価基準

ア　自然事象への関心・意欲・態度	イ　科学的思考・表現	ウ　観察・実験の技能	エ　自然事象についての知識・理解
・課題に対して意欲的に取り組み、積極的に記録したり話し合ったりする。 ・課題について関心を持ち、疑問や調べてみたいことを積極的に挙げることができる。	・今まで学習した知識を振り返り、気体の分離方法を考えることができる。 ・自分の考えを論理的に説明することができる。	・今まで学習した知識を活用し、水素の分離する実験を計画することができる。 ・水素の分離実験で得た情報を的確に記録できる。	・混合気体から水素を分離する方法を理解する。 ・水素社会における水素の供給方法について知る。

116　　第6章　理科の授業と教材研究

９．本時の学習指導

（１）タイトル「気体の分離」

（２）ねらい

① 水素社会について関心を持ち、水素の分離法を考える意欲を湧かせる。

② 水素の分離について、既習事項をもとに実験を計画することができる。

③ 自分の考えを班員に伝えること、そして班員の考えを理解することができる。

（３）準備

- ボンベ（水素、酸素、二酸化炭素）　・ピロガロール水溶液　・スタンド
- ガスマッチ　・水酸化ナトリウム　・100ml注射器　・気体誘導管（３）
- ゴム栓（４）　・水槽　・300ml三角フラスコ（２）　・短小試験管（４）
- ２つ穴ゴム栓（三角フラスコ用）（２）　・ホワイトボードセット

（４）本時の指導過程

指導項目	指　導　過　程	指導内容（・）／備考（＊）
導入 （３分）	１．本時の学習について	・水素エネルギーの重要性や水素社会における水素の供給方法について紹介する。
展開１ （７分）	２．本時の課題を与える	
	【課題】 　先日、関東地方を直撃した超大型の台風の影響で、東京都にある工場の水素ガスを分離する装置の一部が故障してしまいました。そこで、工場の近隣にある筑波大学附属中学校生の皆さんに混合気体から簡単に水素を取り出す方法を考えてほしいと依頼されました。混合気体は、水素、酸素、二酸化炭素が混合したものです。あなたは理科実験室で安全に水素だけを取り出す場合、どのような実験装置を考えますか。	
	・プリントを配布し、理科係一人に課題を読ませる。 ・課題について自分の考えを書かせる。	・教科書、ノート、資料集などを見返してもよい。 ・自分の考えをしっかり持たせる。
展開２ （15分）	４．班ごとに議論する。 ・ホワイトボードに班で話し合った内容を記録させる。 ・ホワイトボードを黒板に貼らせる。	・自分の考えをしっかりと説明させ、班の中で議論する。 ・班の人の意見をよく聞く。 ・自分の意見との違いを理解する。
展開３ （10分）	５．班毎に議論した内容を発表する。 ・他の班と違う考えや、付け加えることがあれば発表させる。 ・発表後、安全面や正確性といった観点から理科実験室で可能な実験についてクラスで考えまとめる。	・自分の班との違いや気づいたことなどをメモする。 ・なかなか手が上がらない場合は、指名して意見を聞く。 ＊発表するホワイトボードはテレビに映す。

３．指導の結果の検討と記録の作成－学習指導の評価

展開4 (12分)	5．演示実験を行う ・演示実験の準備の間、「人の意見を聞いて考えたこと」をまとめさせる。 ・教卓の前に生徒を集める。 ・クラスで考えた実験方法で実験をしてみる。 ・水素の爆発音について確認する。 ・理科係1名に気体の捕集を手伝ってもらう。 ・気体への点火は教師が行う。 ・うまくいかない場合は生徒に理由を考えさせてみる。	（演示実験） 　注射器に入った水素と酸素と二酸化炭素の混合気体を水酸ナトリウム水溶液やアルカリ性のピロガロール溶液に通じることで、酸素と二酸化炭素を取り除く。水素は水上置換法で捕集する。捕集した気体にガスマッチで火を近づけて純粋な水素であるかどうかを調べる。
まとめ (3分)	6．本時の学習のまとめ ・結果とわかったことを各自、ワークシートにまとめさせる	・今日の学習を通してわかったことをまとめる。

（5）混合気体から酸素及び二酸化炭素を取り除く方法（他クラスの授業で出た生徒の考え）

A．水酸化ナトリウム水溶液、アルカリ性のピロガロール溶液の順に混合気体を通す。

→酸素と二酸化炭素の溶解性についての学習内容、気体の分離方法を活用している。

B．アルカリ性のピロガロール溶液のみに混合気体を通す。

→ピロガロール溶液をアルカリ性にするために水酸化ナトリウムを多めに溶かすので、水酸化ナトリウム水溶液がなくても二酸化炭素を溶かすことができると考えている。

［指導案例２］　中学校第２学年第２分野「植物の体のつくりと働き」

平成 29 年度研究協議会

筑波大学附属中学校

理 科 学 習 指 導 案

1　日　　時　平成２９年１１月１１日（土）　１校時

2　授 業 者　和田　亜矢子

3　学　　級　２年４組　４１名（男子２０名　女子２１名）

4　場　　所　理科実験室

5　学級所見　落ち着いて授業に集中し，課題にも真剣に考え取り組むことができる。理科を苦手と感じていたり，意見を出すことが苦手な生徒も少なくない。班内での話し合いであれば，自分の意見を発表でき，また多様な意見を受け入れる雰囲気もできている。話し合いや実験の場面でも男女とも協力して活動する。

6　単 元 名　単元２　植物の体のつくりとはたらき

7　単元の構成

1. 根のつくりとはたらき	観察：タンポポ，スズメノカタビラの根
	実習：毛管現象
2. 茎のつくりとはたらき	観察：セロリ，ブロッコリー，アスパラガスの茎
3. 葉のつくりとはたらき	観察：ツバキの葉の断面，ハマユウの葉の表面
4. 根茎葉のつくり・まとめ	講義：道管，師管，維管束など
5. 維管束の広がり	実習：葉脈標本づくり
6. 師管のはたらき 本時	実験：師管で運ばれる物質
7. 光合成（1）	実験：光合成と二酸化炭素
8. 光合成（2）	実験：光合成と酸素
9. 光合成と呼吸	講義：補償点など
10. 蒸散	実験：蒸散量の測定

8　単元設定の趣旨

（1）学習指導要領改訂との関連

　　今回の学習指導要領の改訂では，学習内容の見直しが行われ，植物については「葉・茎・根のつくりと働き」が第２学年に移行となる。また，第２学年においては，「解決する方法を立案し，その結果を分析して解釈する」ことを重視することも明示された。

> 学習指導要領　理科　解説（平成 29 年 6 月）より
> （3）生物の体のつくりと働き
> 　生物の体のつくりと働きについての観察，実験などを通して，次の事項を身に付けることができるよう指導する。
> 　ア　生物の体のつくりと働きとの関係に着目しながら，次のことを理解するとともに，それらの観察，実験などに関する技能を身に付けること。

3．指導の結果の検討と記録の作成－学習指導の評価 ｜ *119*

> イ 身近な植物や動物の体のつくりと働きについて，見通しをもって解決する方法を立案して観察，実験などを行い，その結果を分析して解釈し，生物の体のつくりと働きについての規則性や関係性を見いだして表現すること。

　本校では長年にわたり，第1学年で「植物のなかま」「動物のなかま」，第2学年で「植物の体のつくりとはたらき」「動物の体のつくりとはたらき」という順序で学習を進めてきた。このような配置にしてきた理由は，第1学年では身のまわりにはたくさんの生物が存在することに気づかせ，生物について興味を持たせるようにし，多様な生物の中に共通点や相違点を見いだすことを目標とし，第2学年でより細かな実験観察や機能的なことの理解を深めることを目標としているためである。また，「植物」「動物」を一緒に扱うことで，それぞれを別物と考えるのではなく，植物にも動物にも共通することがあることに気づかせ，大きな視点で考えられるようにさせたいと考えている。
　多くの学校で，植物単元は1学期（春から夏）に扱われることが多い。入学して間もない1年生にとって，茎や葉の断面の細かい観察や，光合成・蒸散などの条件制御が多い実験は難しいものである。しかし2年生であれば，実験観察の技能も向上し，見通しをもって実験観察を行い，考えながら活動することができるようになることが期待できる。第2学年で行いたい「自分たちで実験を計画・立案する」探究的な活動も，第1学年で積み重ねた経験があってこそ充実したものになると考える。

（2）本時の題材について
　本時の題材は「師管のはたらき」である。小学校では，根から吸収した水が茎を通って葉まで届くことを，色水を使って確かめている。中学校においても，同様の観察を顕微鏡を使って行い，道管のつくり・はたらきを確かめている。一方，師管はというと，道管と同時に観察するものの，はたらきについては説明と環状除皮の紹介で済ませ，実際に確かめることはほとんど行われてはいない。また，葉で生成される栄養分が「デンプン」であることは確かめるが，それがどのような形で各細胞へ届けられるかまでは扱っていない。しかし，大きな物質（デンプン）を小さな物質（糖）に変えて全体に運び，各細胞でエネルギーが生み出されることは，動物も植物にも共通することである。生命活動の根幹ともいえるはたらきに気づかせたい。

（3）「深い学び」について
　今年度の2年生は動物単元を先に学習をしている。食物に含まれる栄養分が小さな物質へと分解されることによって体内に取り込めることや，血管というとても細い管によって物質が体中に運ばれていることを，生徒は十分に理解している。また，1分野でもデンプンは水に溶けないこと，糖の分子の大きさについて学んでいる。これらの既習事項をもとにし，単元や分野の垣根を越えて，師管のはたらきを確かめる方法を見いだしてほしい。
　このような他の概念と既にある知識を結び付けたり，理解の質が一段深くなるような「学びの深まり」は，生徒が積極的に考え出すときに起こるものだと考えている（参照：研究協議会発表要項）。本時の課題は「師管のはたらきを確かめる（にはどうしたらよいか）」であるが，ほとんどの生徒が「葉では栄養分（デンプン）が作られる」「師管は栄養分を運ぶ」という既習事項から，「デンプンが師管を通って運ばれる」と考え，「ヨウ素液で確かめる」という方法を挙げる。この方法がうまくいかないことを目の当たりにしたとき，生徒は真剣に考え始める。
　常にうまくいく実験を準備してあげるのではなく，時には失敗させることが生徒の心に火をつけ，主体的に考える仕掛けとなるのではないだろうか。
　生徒自身が積極的に課題について考え，計画・立案し，既習事項と関連させて，生物に対する

認識が広がるような授業にしたい。

9 本時の評価規準 （◎本時の重点項目）

ア 自然事象への 関心・意欲・態度	イ 科学的思考・表現	ウ 観察・実験の技能	エ 自然事象についての 知識・理解
・師管のはたらきを確かめる方法を考え，意見を出すことができる。 ・活動に意欲的に取り組み，すすんで記録したり，話し合ったりしようとする。	◎実験結果や既習事項をもとに，見通しをもって，課題について考えることができる。	・安全に実験を行い，的確に記録することができる。 ・デンプンや糖の検出方法を正しく立案することができる。	・師管のはたらきを理解することができる。

10 本時の学習指導

（1）題　　「師管のはたらき」

（2）本時のねらい
　　①関・意・態　植物のつくりやはたらきに関心を持ち，師管のはたらきを確かめる実験を
　　　　　　　　　考えることができる。
　　②思考・表現　実験結果をもとに，他の考えを参考にして，実験計画を柔軟に修正すること
　　　　　　　　　ができる。
　　③思考・表現　既習事項をもとに，デンプンと糖の性質の違いに気づくことができる。
　　④実験技能　　糖を検出する実験を安全に正しく行い，的確に記録することができる。
　　⑤知識・理解　葉で作られたデンプンが糖に変わり，師管を通って運ばれていくことを理
　　　　　　　　　解することができる。

（3）準備
　　・葉脈標本，投影装置（テレビ，カメラ，ケーブル）
　　・演示実験　葉（よく日に当てる，柔らかい葉（コリウス）），ヨウ素液，ろ紙（大），
　　　　　　　　500mL ビーカー，熱湯，300mL ビーカー，エタノール，三脚，金網，
　　　　　　　　ピンセット，トレー
　　・生徒実験　葉（アジサイ，クワ，イタドリ），はさみ，試験管，ガラス棒，
　　　　　　　　ベネジクト液，スポイト，はさみ，ガスバーナー，マッチ，燃えさし入れ，
　　　　　　　　ぬれ雑巾，試験管ばさみ，沸騰石

（4）学習指導の過程

指導項目	指導過程	・指導内容　→生徒の反応　＊備考　◆評価［方法］
前時の指導	葉脈標本づくり ・葉脈標本，道管，師管のはたらき（復習）	・葉脈＝維管束であり，葉全体に細かく枝分かれしている。 ・葉脈標本作りをしていると，葉脈が２つにはがれてしまうことがある。丈夫な方が道管で，柔らかい方が師管である。 ・道管は，水と水に溶けた養分を運ぶ。 ・師管は，葉でできた栄養分を運ぶ。
	1．課題の提示 「師管のはたらきを確かめる」	
	2．実験方法を考える ・師管が栄養分を運んでいることを確かめる方法を考える。	◆関・意・態　植物のつくりや働きに関心を持ち，師管のはたらきを確かめる実験を考えようとする。
	3．発表	→ヨウ素デンプン反応で確かめる。 ・理由も述べさせる。 ＊ベネジクト反応があがった場合，その理由を丁寧に説明させる。
導入 （10分）	前時の確認 ・課題とそれを確かめる方法（ヨウ素デンプン反応）の手順を確認する。 4．予想	→師管がデンプンを運ぶなら，葉脈（師管）の部分が最も濃く反応するはずである。 ＊斑入りのコリウスを使い，斑の部分の葉脈などがどうなるかに注目させる。
展開1 （10分）	5．実験① 演示実験 ヨウ素デンプン反応で師管にデンプンがあるかを確かめる。 ↓ 結果：葉の緑色の部分には反応があるが，葉脈（師管）には反応がない。 6．実験①の考察 ・葉脈(師管)にはデンプンはない。	・演示実験 　お湯に葉（コリウス）をつけて置き，エタノールで脱色後，葉全体にヨウ素液をかける。 ＊葉が小さい場合は，カメラでテレビに投影する。

122　第6章　理科の授業と教材研究

(10分)	7. 結果から実験を再検討する [話し合い] なぜうまくいかなかったのか，実験方法を考え直す。	・机間指導をしながら，話し合いが円滑に進むよう支援する。 ＊ノートや教科書を参考にしてもよいとする。 ＊なかなか気づけない場合は，デンプンの性質（水に溶けにくいこと）を示唆する。
	[発表]	→デンプンではなく，糖を検出すべきである。 ・理由も述べさせる。 ◆関・意・態　植物のつくりや働きに関心を持ち，師管のはたらきを確かめる実験を考えようとする。 [ワークシート，机間指導] ◆思考・表現　既習事項をもとに，デンプンと糖の性質の違いに気づくことができる。実験結果をもとに，他の考えなどを参考にして，実験計画を柔軟に修正することができる。[発言，ワークシート]
展開2 (15分)	8. 実験② [生徒実験] ベネジクト反応で葉脈（師管）に糖があるかを確かめる。	・準備，手順の確認をする。 ・安全に配慮し，机間指導をする。 ◆実験技能　安全に実験を行い，的確に記録することができる。[机間指導，ワークシート]
まとめ (5分)	9. 結果と考察 ・結果：葉脈にも葉肉にも糖がある。 ・考察：葉の緑色の部分で作られたデンプンが糖に変わって師管を通り，葉全体に運ばれる。	・考察は実験①と合わせて考えさせる。 ◆知識・理解　葉で作られたデンプンが糖に変わり師管を通って運ばれていくことを理解することができる。[ワークシート] ＊余裕があれば・・・ 　なぜ糖に変わって運ばれるのか， 　動物との共通点，を問いかけて終わりにする。

（5）板書計画

11/11（土）　[師管のはたらき]	実験2　ベネジクト反応
課題　師管のはたらきを確かめる 実験1　ヨウ素デンプン反応 予想	準備　・葉（アジサイ），ガラス棒， 　　　　・試験管，ガラス棒，ベネジクト液，スポイト 　　　　・ガスバーナー，マッチ，燃えさし入れ， 　　　　　ぬれ雑巾 方法　①葉から葉脈を切り取る 　　　②試験管A　葉脈＋ベネジクト 　　　　試験管B　葉肉＋ベネジクト
結果 ・葉脈（師管）→ヨウ素反応なし…デンプンが無い ・葉肉（緑色）→ヨウ素反応有り…デンプンがある 考察 →葉肉ではデンプンができているが， 　葉脈（師管）にデンプンは通っていない。	結果 A葉脈→ベネジクト反応有り・・・糖がある B葉肉→ベネジクト反応有り・・・糖がある 考察 　葉の緑色の部分でできたデンプンが糖に変わり 葉脈（師管）を通って葉全体に運ばれる。

[指導案例３]　高校第１学年理科総合Ａ「物質と人間生活」

高校理科 総合 A 学習指導案　（筑波大学附属高等学校　山田　剛）

１．本時の位置づけ

　学年・科目：１年・理科総合Ａ（必修科目）

　指導内容：単元（3）物質と人間生活　イ　物質の利用（イ）生物のつくる物質

　　　　　　１．植物による物質生産

　　　　　　２．生体内の化学反応（酵素）

　　　　　　３．微生物の利用（発酵）　　← 本時はこの１時間目

　　　　　　４．生物と環境

２．本時の目標

　(1) 身近な食品などの生成に微生物がかかわり，人間生活を豊かにしていることを理解
させる。網羅的にならないよう，アルコール発酵の簡単な実験を行う。実物を見せる
ことで，微生物の存在を実感させる。

　(2) 発展的な学習として，発酵の反応経路を扱い，これらが既習の酵素による化学反応
であること，生活活動のエネルギーを得るために行っていることをイメージさせる。
また「なぜ，酵母菌，乳酸菌はアルコールや乳酸をつくるのか」という問題にも迫る。

３．本時の展開

展開		学習活動	指導上の留意点
導入	5分	＜生徒実験開始（仕込み）＞ ・始業前から装置，温浴の準備 ・実習プリントに従って，３種類の試料を準備し，装置にセットする ・酵母菌について復習（DVD）	・生徒全員が参加しているか巡視 ・この実習で何をするのかを認識させる（あらかじめ実習内容を記した教科書を読ませておく）
展開	5分	＜生徒実験（二酸化炭素の検出）＞ ・気体が発生している試験管のみ，石灰水に通す	・机上の発酵の様子を観察し，適当な時間に検出を行うよう調整する（展開の間に挿入する）
	15分	＜ビール・ワイン・パンの製造過程＞ ・プリント配布（パン等のレシピ） ・醸造過程の解説（プリント） ・ビール工場のようす（DVD） ・ブドウ，麦汁を発酵させている容器を観察する（実物を見せる） ・発酵栓の機能 ・発酵容器中に酸素は存在するか？	・<u>酒類を扱うことに関して，社会的常識，生徒の実情に配慮する</u> ・長時間気体を放出し続けていることをあげ，酸素が追い出されて無くなっていることを示唆 ・容器中に酸素が存在しないことを実感できるよう発酵栓を使う

124　第６章　理科の授業と教材研究

展開	(続き)	<演示> ・発酵容器の内部から二酸化炭素を検出する ・パンづくりにおける酵母のはたらきを調べるには，どうすればよいか（実物提示）	・生徒実験と同じであることを認識させる ・発生するCO$_2$も利用していることに気づかせる
展開	15分	・酵母菌は酸素が無い環境で，なぜ生きていられるのか <アルコール発酵の反応経路> ・プリント配布（反応経路） ・発酵の反応経路（DVD） 作業　プリント中のATPとNADを彩色する ・ATPとエネルギー（DVD） ・補酵素NAD（DVD）	・一連の化学反応が，エネルギーを得る目的で行われること，この反応が酸素を必要としないことをイメージさせる ・DVDアニメーションは，プリントの補助を主な目的として用いる
まとめ	10分	<反応経路のまとめ> ・NADの消費と，ピルビン酸以降の反応との関係について（DVD） ・板書（反応の概要，用語のまとめ）	・嫌気呼吸のイメージをまとめる ・板書をノートに写させることでイメージを定着させる

4．評価の観点
(1) 授業の内容が的確に理解され，定着できたか。
(2) 実験やノート上での作業を，生徒が主体的に行っていたか。
(3) 学習の遅れている生徒が，興味関心を持続できていたか。

《資料プリントの一部》

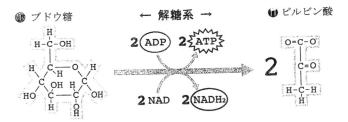

《実験プリント－アルコール発酵》

〔目　的〕酵母菌にアルコール発酵を行わせ，発酵のようすを観察する。
〔準　備〕酵母菌（ドライイースト），10％ブドウ糖水溶液，
　　　　　試験管×4，ガラス管を挿したゴム栓×3，大きめのビーカー（湯を張る），
　　　　　ゴム管×3，ピンチコック×3，温度計，メスシリンダー
〔方　法〕
(1) 大きめのビーカーに40～45℃くらいの湯を半分ほど入れる。

(2) 試験管a，bに10％ブドウ糖水溶液を，cに
　水を八分目ほど（準備した試験管の場合 25ml）
　入れ，湯を張ったビーカーに入れて暖めておく。
　湯温は30℃くらいまで下がっても気にしなく
　てよい。

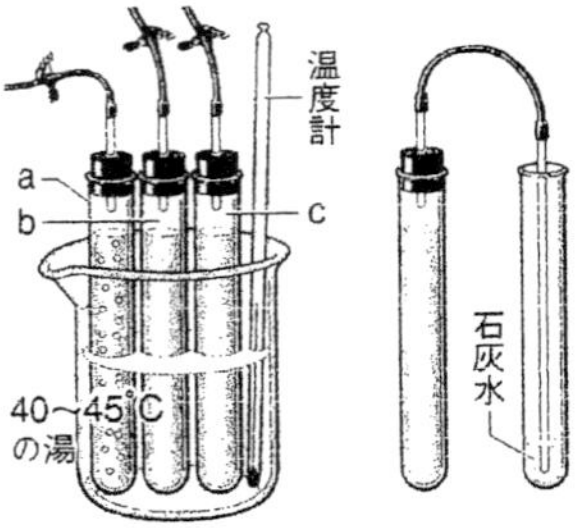

(2) 試験管a，cにドライイースト1gずつを加
　え，よく撹拌する。

(3) 右図のように，ゴム管をつけたゴム栓でふた
　をする。ゴム管はピンチコックで栓をする。

(4) 試験管を湯にもどし，試験管内のようすを観察する。

(5) 気泡が勢いよく発生した試験管は，気体を石灰水に通して，変化を観察する。
　吹き出したあわが，石灰水を入れた試験管に入らないように注意すること。

〔問　題〕
(1) 発生した気体は何か

(2) b，cの試験管を準備したのはなぜか

(3) ピンチコックをつけたのはなぜか

(4) 温度を30～40℃くらいに保つようにしたのはなぜか

(5) アルコールの有無を調べるにはどうしたらよいか，調べてみよう。

第7章
理科の授業と観察・実験

1 観察と実験

　理科の授業の特徴といえば，観察や実験があることが一番に挙げられるだろう。では，理科でいう観察・実験とは，どのようなものなのだろうか。

　自然科学の研究は観察から始まるといわれるが，ここでいう観察は自然の事象を単に眺めることではなく，視点を定めて見ることである。そして，観察によって把握した自然の事物・現象の仕組みや原因を解明するために，意図的に取り組む活動が実験である。

　例えば，花や種子のつくりを調べるのは観察で，種子の発芽と温度・光などの環境条件との関係を調べるのは実験ということになる。また，食塩とホウ酸の結晶をルーペで見たり，水に溶ける様子を調べたりするのは観察であるが，一定量の水に溶ける量を比較したり，水温を上げたときの溶け方を調べたりするのは実験である。このとき要求されるのが条件統一で，溶ける量と水温の関係を調べようとするなら，水の量など水温以外の要因を同じにしなければならない。つまり，調べようとする要因の1つだけを除いて他は一定に保ち，その要因の変化によって起こる現象を観察するのが実験である。

　しかし，実際に授業の中で行われる活動では，観察と実験を区別することは難しい。例えば高校で行われることが多い「カエルの解剖」も，ふつうは「観察」とされているが，脊髄反射や電気刺激で筋肉の収縮を調べるような部分は実験になる。そこで，「カエルの解剖実験」などと呼ぶこともある。

　活動の順としては観察が先で，実験がこれに続くのが一般的である。しかし，観察にも単に見るだけのものか

■カエルの解剖実験

1．観察と実験　　127

ら，視点・観点を定めた綿密なものまであるし，簡単な観察程度の実験もある。その時間の授業だけについていえば，観察の段階がないまま，実験から学習に入るようなことも少なくない。

　そもそも実験にしても，その過程や結果についての観察が当然含まれるわけなので，観察と実験の順についても，あまりこだわる必要はなさそうである。

　また，観察・実験という言葉の組み合わせも，どちらが先かということが問題にされることもある。学習指導要領や学習指導要録の評価項目でも，昭和30年代までは「実験・観察」，「実験と観察」となっているが，10年後からは，逆に「観察や実験を通して」，「観察，実験を行い」というように，観察が前におかれるようになっている。先生方の中にはこの順にこだわる方もいるが，あまり難しく考える必要はなく，観察も実験も同列で，どちらも理科の授業にとって大切なものとしておけばよいのではないか。こんな議論よりも，できるだけたくさんの観察や実験を授業に取り入れて実践することが大切である。

　学習指導要領の中でも観察や実験の重視が強調されているが，現場ではいろいろな雑務に追われて，思うように観察や実験ができないことも事実である。

　しかし，p.129〜131の資料からわかるように，専科の先生が少ない小学校でも，基礎的な観察や実験がかなり行われているし，理科が好きな子どもも多い。これは先生方の大変な努力の結果であるが，日本の理科教育にとって喜ばしいことである。

128 　第7章　理科の授業と観察・実験

郵便はがき

１１３８７９０

料金受取人払郵便

本郷局
承認

2274

差出有効期間
2020年２月
29日まで

東京都文京区本駒込5丁目
　　　　　　　　16番7号

東洋館出版社
営業部 読者カード係 行

ご芳名	
メール アドレス	＠ ※弊社よりお得な新刊情報をお送りします。案内不要、既にメールアドレス登録済の方は 　右記にチェックして下さい。□
年　齢 性　別	①10代　②20代　③30代　④40代　⑤50代　⑥60代　⑦70代〜 男　・　女
勤務先	①幼稚園・保育所　②小学校　③中学校　④高校 ⑤大学　⑥教育委員会　⑦その他（　　　　　　　　）
役　職	①教諭　②主任・主幹教諭　③教頭・副校長　④校長 ⑤指導主事　⑥学生　⑦大学職員　⑧その他（　　　　　）
お買い求め 書店	

■ご記入いただいた個人情報は、当社の出版・企画の参考及び新刊等のご案内
のために活用させていただくものです。第三者には一切開示いたしません。

Q **ご購入いただいた書名をご記入ください**

（書名）

Q **本書をご購入いただいた決め手は何ですか**（1つ選択）

①勉強になる　②仕事に使える　③気楽に読める　④新聞・雑誌等の紹介
⑤価格が安い　⑥知人からの薦め　⑦内容が面白そう　⑧その他（　　　　　　　）

Q **本書へのご感想をお聞かせください**（数字に○をつけてください）

4：たいへん良い　3：良い　2：あまり良くない　1：悪い

本書全体の印象	4—3—2—1	内容の程度/レベル	4—3—2—1
本書の内容の質	4—3—2—1	仕事への実用度	4—3—2—1
内容のわかりやすさ	4—3—2—1	本書の使い勝手	4—3—2—1
文章の読みやすさ	4—3—2—1	本書の装丁	4—3—2—1

Q **本書へのご意見・ご感想を具体的にご記入ください。**

Q **電子書籍の教育書を購入したことがありますか?**

Q **業務でスマートフォンを使用しますか?**

Q **弊社へのご意見ご要望をご記入ください。**

ご協力ありがとうございました。頂きましたご意見・ご感想などを SNS、広告、
宣伝等に使用させて頂く事がありますが、その場合は必ず匿名とし、お名前など
個人情報を公開いたしません。ご了承下さい。

◆資料　観察・実験の実施状況など

[小学校で経験した実験・観察]

［調査対象］　中学1年　31名　　高校1年　84名　　大学1年　64名

《物理・化学領域》　　　　　　　　　　　　　　　　　　　　（数字は％）

実 験 ・ 観 察 等	中学1年		高校1年		大学1年	
	自分たちで	先生が	自分たちで	先生が	自分たちで	先生が
紙玉鉄砲を作って、紙の玉を飛ばす	81	3	36	10	63	6
ゴムで動くおもちゃを作って遊ぶ	77	3	81	5	94	
糸でんわを作って、遊ぶ	87		86		100	
磁石に、どんな物がくっつくか調べる	97	6	100		100	
ばねの伸び方と、つるしたおもりの重さとの関係を調べる	67	6	74	19	97	6
棒の両側におもりをつるし、てこの釣り合いを調べる	77	10	74	14	78	19
水が沸騰するようすを調べる	61	6	86		84	9
電池のつなぎかたと、豆電球の明るさとの関係を調べる	93	6	90		100	
電磁石を作って、鉄をくっつける力の強さを調べる	84	6	62	7	69	13
てんびんで、いろいろな物の重さをはかる	94	3	98	2	100	
凸レンズで光を集めたり、像のできかたを調べたりする	29		74	10	88	3
食塩やホウ酸が、水に溶けるようすを調べる	81	6	79	7	78	6
酸素の中で、物がよく燃えることを調べる	77	10	81	7	81	9
二酸化炭素を発生させ、石灰水などで性質を調べる	87	3	79	10	91	13
水素を発生させ、燃えるようすなどを調べる	32	16	45	19	47	31
鉄やアルミを塩酸などにつけて、変化を調べる	81	6	43	7	72	9
水溶液の酸性・アルカリ性を、リトマス紙で調べる	90	3	88	5	94	2
ミョウバンなどの結晶をつくる	6	13	33	12	50	13
ろうそくやアルコールランプの炎のようすを調べる	74		79	5	94	
割り箸などを蒸し焼きにして、変化を調べる	67	6	29	5	56	6
	⇩		⇩		⇩	
経験した観察・実験数の平均	14.5		14.8		16.3	

1．観察と実験　129

《生物・地学領域》　　　　　　　　　　　　　　　　　　（数字は％）

実　験・観　察　等	中学1年		高校1年		大学1年	
	自分たちで	先生が	自分たちで	先生が	自分たちで	先生が
アサガオやヒマワリなどの種をまいて育てる	97	3	93	2	72	
花のつくりを、ルーペなどを使って観察する	65		86	2	81	6
ヘチマなどの花が、実になるようすを調べる	90	6	83	2	91	
ウサギやニワトリを飼って、観察する	35	3	33	4	56	9
メダカやキンギョを飼って、卵がかえるようすを観察する	81		55	4	69	3
トンボ、チョウ、カブトムシなどのコン虫を観察する	35	3	36	10	59	3
ジャガイモのデンプンを、ヨウ素液で調べる	90	10	88	7	91	3
葉に光が当たると、デンプンができることを調べる	90	3	76	7	75	16
顕微鏡で、花粉を観察する	52	3	55	7	59	6
茎を赤インクにさし、水を吸い上げるようすを調べる	55	23	57	19	81	6
だ液のはたらきを、ヨウ素液を使って調べる	74	3	43	4	69	
顕微鏡で、水中のゾウリムシなどを観察する	58	6	71	2	81	
息を石灰水にとおして、二酸化炭素があることを調べた	71	13	69	4	91	6
温度計で、気温をはかる	87	3	86	2	97	3
1日の気温の変化を調べる	81	6	79	2	84	6
雲のようすを観察する	58	3	31	3	75	
季節によって、同時刻の影の長さがちがうことを調べる	55	6	60		81	3
地層のようすを、実際に観察する	39		14		66	3
透明半球を使って、太陽の動きを調べる	48	19	57	12	84	9
月の満ち欠けを調べる（宿題でもいい）	81		57	5	56	
	⇩		⇩		⇩	
経験した観察・実験数の平均	13.4		12.9		15.2	
（4領域の合計）	(27.9)		(27.7)		(31.5)	

中学新入生の理科に関する基礎調査　調査対象：７０名（女子）

1．小学校で、理科の勉強は得意で
　　したか。
　　① とても得意だった　　　0
　　② まあ得意だった　　　23
　　③ どちらともいえない　25
　　④ やや不得意だった　　15
　　⑤ 不得意だった　　　　　7
2．小学校の理科の勉強は、好きで
　　したか。
　　① 大好きだった　　　　　6
　　② まあ好きだった　　　33
　　③ どちらともいえない　13
　　④ きらいだった　　　　17
　　⑤ 大きらいだった　　　　1
3．小学校の理科の勉強は、おもし
　　ろかったですか。
　　① とてもおもしろかった　13
　　② まあおもしろかった　28
　　③ どちらともいえない　　9
　　④ あまり　　　　　　　14
　　⑤ つまらなかった　　　　6
4．小学校の理科で勉強したことは、
　　どのくらいわかりましたか。
　　① 大変よくわかった　　　4
　　② だいたいわかった　　40
　　③ どちらともいえない　15
　　④ あまり　　　　　　　10
　　⑤ ほとんど　　　　　　　1
5．小学校の理科で、実験や観察を
　　どのくらいやりましたか。
　　① 毎時間のようにやった　4
　　② かなりたくさんやった　33
　　③ どちらともいえない　21
　　④ 少ししか　　　　　　12
　　⑤ ほとんど　　　　　　　0

（目白学園女子中学校　1996.4）

6．あなたは実験や観察についてど
　　うでしたか。
　　① 大好きだった　　　　18
　　② かなり好きだった　　33
　　③ どちらともいえない　13
　　④ あまり　　　　　　　　5
　　⑤ きらいだった　　　　　1
7．顕微鏡の正しい扱い方について
　　はどうですか。
　　① 正しく扱う自信がある　3
　　② まあ自信がある　　　21
　　③ どちらともいえない　25
　　④ あまり自信がない　　20
　　⑤ ぜんぜん自信がない　　1
　　・ 使ったことがない　　　0
8．メスシリンダーの正しい扱い方
　　についてはどうですか。
　　① 正しく扱う自信がある　10
　　② まあ自信がある　　　26
　　③ どちらともいえない　16
　　④ あまり自信がない　　14
　　⑤ ぜんぜん自信がない　　1
　　・ 使ったことがない　　　3
9．ろうとやろ紙の正しい扱い方に
　　ついてはどうですか。
　　① 正しく扱う自信がある　8
　　② まあ自信がある　　　18
　　③ どちらともいえない　23
　　④ あまり自信がない　　14
　　⑤ ぜんぜん自信がない　　3
　　・ 使ったことがない　　　4
10．ガスバーナーの正しい扱い方に
　　ついてはどうですか。
　　① 正しく扱う自信がある　4
　　② まあ自信がある　　　16
　　③ どちらともいえない　17
　　④ あまり自信がない　　16
　　⑤ ぜんぜん自信がない　　8
　　・ 使ったことがない　　　9

1．観察と実験

② 観察・実験の意義

　理科の授業で観察・実験を行うねらい，あるいは意義は，ひと言でいえば学習を効果的に進め，子どもの理解を深めることである。

　理科が好きだという子どもに聞いてみると，観察や実験ができるからというものが多い。もっとも最近は，「観察や実験は面倒くさい」，「結果や結論だけきちんと教えてくれればいい」といった子どもが増えているようで，まことに残念なことである。

　このような観察・実験の機能，あるいは意義，効果として，発見，確認，検証，補助，定着，発展などが挙げられる。これらは内容が互いに重複する面もあるし，一つの観察や実験がいくつもの機能をもっていることも多い。また，観察と実験とでは，その機能，役割，あるいは性格が異なる面もあるが，ここでは「観察・実験」をひとまとめにして，その機能・意義を次のように整理してみた。

① **問題を発見したり，問題の本質を把握したりする機能**

　観察・実験によって，新しい科学的な事実や現象，法則などを見いだすとともに，問題をはっきり意識させる機能である。

　・キンギョやイモリを，氷を浮かべたビーカーに入れたら，動きが鈍くなった。さあ，どうしてだろう。

② **予想したり，推論したりしたことを確かめる機能**

　・空気中でスチールウールを燃やす実験：鉄が酸素と結びつくから質量が増えるであろうという予想を立て，これを確かめる。

③ **仮説やモデルを検証する機能**

　・銅と酸素の化合：銅粉を加熱したとき，質量の増加の割合が一定になることから，規則性についての仮説（定比例の法則）を確かめる。

　・電圧と電流の関係：電圧を２倍にしたら，電流も２倍になるという仮説を立てて，実際に実験してみたら，その通りになった。

④ **問題を解決するための情報や資料を収集する機能**

　・葉のつくりの観察：いろいろな葉の切片を観察して，多数の細胞でできて

132　第７章　理科の授業と観察・実験

いること，細胞の中に葉緑体があることなどを確かめ，葉が緑色であることの理由を知るとともに，光合成の学習のための情報を集める。

・気温の測定：時間や場所を変えて気温を測り，１日の変化の規則性を発見するためのデータを収集する。

⑤ **学習した事項を確かめ，定着させる機能**

・気孔の観察：葉には気孔という穴があり，蒸散が行われている。顕微鏡で観察したら，その通りだった。

⑥ **観察・実験の基本的な方法や器具の操作について学習させる機能**

・実験器具の扱い方の学習：ガスバーナーの使い方，顕微鏡の扱い方，試薬の調整法の指導などがこれにあたる。このような学習に独立した時間をとるのはもったいない，他の観察や実験の中でやれば十分という意見もあるが，はじめに時間をとってしっかりと指導しておく方が，これに続く観察や実験がスムースに進むので，結局は効率がよいことになる。

⑦ **学習の補助・補充・発展の機能**

・葉緑素の抽出：温めたエタノールにシダや海藻の小片を浸すと，エタノールが緑色になる。このことから葉緑素の存在を一般化するとともに，光合成が植物の世界に普遍的なものであることを認識する。

・マグネシウムの燃焼の実験：質量を変えてマグネシウムを燃焼させ，質量の変化の割合が一定になることから，銅粉の酸化の実験などとあわせて，定比例の法則が一般化できるものであることを理解する。

[一般的な学習指導の中での観察・実験]

上記では観察や実験を理科の授業における機能としてまとめてみたが，一般的な学習指導という面から見た役割というものも考えられる。内容的には重複するところもあるが，あえて次のように３つの役割にまとめてみた。

① **共通経験を得ることができる**

子どもたちの生活経験は様々で，自然現象や科学的な事象についての知識・体験も一人ひとり異なる。草花や昆虫に関心はあっても，薬品については全く知らない，電気には強いが天体には弱いなどである。このように子どもたちのばらばらな経験や知識をまとめて学習を進めるのは大変だが，授業で行う観察

や実験は，どの子どもにとっても共通の実体験となるので，効率のよい学習指導を展開することができる。

② **学習に対する興味・関心，意欲を高めることができる**

導入段階でのおもしろい観察やちょっとした実験がきっかけになって，子どもがその後の学習に意欲的に取り組んだというようなことはよくある。説明だけで考えさせたり事実を記憶させたりするだけでは，学習意欲の向上は望めない。適切な観察や実験によって教材への興味が深まり，もっと先を学習しようという意欲も高められるのである

③ **動作を伴う学習活動により，効果的に学習の定着を図ることができる**

観察や実験の授業は，講義中心の受け身の授業と違って，順序を考えながら手足を動かして自分で学習を進めなければならない。また，観察したことを自分なりに整理し，記録することも必要になる。こうした動作を伴う学習に参加することで，知識がより確かなものとして定着される。

③ 生徒実験と演示実験

観察や実験の意義や機能はこれまで述べた通りであるが，子どもが自分の手でこれらの活動を行う学習では，観察や実験の意義をより一層確かなものにするとともに，子どもの学習意欲も高められる。この効果こそ，生徒実験の一番のねらいである。

ところで，生徒実験とか演示実験（昔は講義実験と呼んでいた）という言葉はあるが，生徒観察とか演示観察といった言葉は使われない。先生がカエルの体やブタの心臓を開いて子どもに説明してやるような場合は，演示観察になるのかもしれないが，ここでは，先生がやってみせる観察や実験を「演示実験」，子ども自身が行う観察や実験を「生徒実験」として話を進めることにしたい。

生徒実験は，できるだけ小グループで，できれば子どもたち一人ひとりでやらせるのが望ましいが，なかなかその通りにいかないことも多い。先生の方が忙しくて準備が間に合わない，器具がそろわないといったこともあるし，危険が大きいとか費用がかかって無理だというようなこともある。

第7章　理科の授業と観察・実験

例えば，混合気体の燃焼（爆発）実験，液体窒素を扱う実験などは危険を伴うし，真空放電のように器具が高価で危険なこともある。また，演示実験の方がずっと効果的であるといった実験も多い。例えば，カエルの筋肉の筋電図をとる実験，心臓による血液の還流の実験なども，子どもにやらせるのは無理ではないが，先生がやった方が能率的で失敗も少ない。熟練した先生が実施するからよい結果が得られるし，先生なら短時間でできるので，限られた授業時間の中にも効果的に位置づけることができる。

■生徒と一緒に演示実験

　いわゆる演示実験の方が望ましいのはどのような場合か，以下に整理してみる。

（1） 演示実験が効果的な場合
① 操作が複雑で難しい
　器具の取り扱いが複雑だったり難しかったりして，子どもには無理な場合である。中学校で，大気圧の存在とその大きさの測定を目的として行うトリチェリーの実験などもこれに当たる。ガラス管に水銀を満たし，水銀の入った容器に逆さに立てるという操作が必要になるが，この操作はベテランの先生でも難しい。密度の大きい水銀はかなりの重さになり，ガラス管が折れる，指で水銀を押さえきれなくなり，実験台にあふれさせてしまうなどの事故が起こりやすい。

② 時間がかかる
　生徒実験では時間がかかって，その時間内に結果を出すことが無理な実験もある。しかし，あらかじめ準備して操作にも慣れておけば，先生なら十分にその時間の授業に組み入れられるような場合である。

③ 危険が大きい
　前述したように，酸素と水素の混合気体の燃焼（爆発）実験，液体窒素を扱

う実験，真空放電の実験などは危険が大きい。日光に当てた葉の葉緑素を加熱したエタノールで溶かし出し，デンプンの生成を確かめる実験なども，引火の危険や時間の関係から，小学校では演示実験にした方がよい。

④　器具や材料に制限がある

　高価であったり大型であったりして，学校に1台しかないような器具を使うものは，当然，演示実験ということになる。力学で加速度の測定に使う大型の斜面（滑走台）とか，フーコーの振り子の原理を示す実験装置などがこの例である。生物のカエルの解剖などでも，業者を通して入手しようとすると，かなり高価になるため，とても班ごとの実験というわけにはいかなくなる。

　このように，演示実験にした方がよい，演示実験にせざるを得ないという場合もあるが，葉緑素を溶かし出してデンプンを検出する実験のように，小学生では無理であっても中学生や高校生なら生徒実験として実施できるものもある。また，やや困難な観察や実験でも，2つに分ければ生徒実験で対応できるものもあるので，このあたりは生徒の実態を考慮して，先生が判断し工夫する必要がある。

　また，生徒実験の前に先生が同じ実験をやってみせる演示実験もある。演示することによって観察・実験の要領とかポイントがつかめるので，子どもは無駄なところで時間をとられることなく，失敗のない効率的な実験ができることになる。とくに加熱や燃焼を伴うような危険な実験の場合は，ていねいな演示が必要である。しかし，ていねいすぎても子どもの学習意欲をそぐ結果になるのでポイントだけを演示して，その先は子どもに任せるということが大切であろう。

■大気圧の実験

(2)　実験十則

　ずいぶん昔のことになるが，旧制東京高等師範学校（現筑波大学）教授であった藤木源吾先生は，その著書『化学講義実験法』の中で，次のような講義実験（演示実験）の心得を「実験十則」として挙げられている。観察や実

験を指導するものの心構えとして，現在でも通用するものなので，ここに紹介しておきたい．

| 安全第一　百発百中　準備迅速　装置簡易　現象顕著 |
| 観察徹底　装置存続　改良工夫　材料経済　整頓清潔 |

　読んで字の通りであるが，この中の「準備迅速」は，日ごろから準備室の整理・整頓に心掛け，迅速に実験の準備ができるようにしておくこと，「装置簡易」は高価で複雑な実験装置より，仕組みや原理がわかりやすい簡単な構造のものを上手に活用しなさいということである．子どもを実験机の前に集めて，実験を注意深く観察させるべしというのが「観察徹底」で，使用した装置は，次に備えてきちんと整備し保存しておこうというのが「装置存続」である．

　全体をひと言でいえば，実験は安全を第一とし，できるだけ簡単な装置で，結果がはっきりわかるようなものを心掛けよ．また，日ごろから実験室や器具は整理・整頓し，実験方法を改善する努力も忘れないようにということであろう．考えてみれば，この「実験十則」は演示実験に限らず，理科の先生の心構えそのものにも通じることである．

 ## 望ましい観察・実験とは

　小学校から高校までで扱う観察や実験は，それこそたくさんあるが，よい観察・実験とはどのようなものを指すのだろうか．次は，それを簡単にまとめたものである．

① 学習の目的，内容にあっていること
② 子どもの実態にあっていること
③ 大きな危険がなく安全であること
④ 子どもの興味・関心に応えるものであること
⑤ 結果が明快で，わかりやすいこと
⑥ 装置や操作が簡単であること
⑦ 授業時間内に結果が得られること
⑧ その後の授業に生かせるものであること

この他にもいろいろ考えられるが，計画した観察や実験が必ずしもこの条件に合わないこともある。安全が第一だからといって火を使わせないわけにはいかないし，操作が難しくても，失敗させながら技術を習得させようということもある。要は，上に挙げたような視点で観察や実験をチェックし，自分なりに判断し納得した上で，あとは十分な予備実験の裏づけをもって積極的に取り組むことが大切である。

《ドライラボ》

　実際の器具や薬品を使わない実験のことで，コンピュータや模型，モデル図，記号などを利用して，それと同じ効果を挙げようというものである。ドライラボというのは「dry laboratory」の略で，実際に薬品などを使う「wet laboratory」に対する言葉である。

　分子構造を組み立て模型で理解したり，遺伝形質の分離比を赤や白の玉を無作為に取り出す作業で理解したりすることなどがこれに当たる。パスツールが白鳥首のフラスコを使い，自然発生説を否定した実験から探究の方法を学んだり，パソコンによるシミュレーションソフトを利用したりする学習も，科学史を利用するドライラボの一つである。観察や実験は，できるだけウェットラボでやりたいが，大規模な大気や海流の動き，天体の運動などの指導にはパソコンを利用したドライラボも効果的である。

　なお，最近は理科の授業でも利用されることが多くなったICT「Information and Communication Technology」もドライラボの一つと考えられる。

■分子モデルによる学習

５ 観察・実験の計画と準備

　教科書にはたくさんの観察や実験があって，授業では，これらを次々にこなしていかなければならない。では，観察や実験を計画し準備する段階で検討し

なければならないことは何だろう。以下，大切なことをいくつか挙げてみよう。

（1） 観察・実験の TPO を明確にすること

TPO というのは，その観察や実験は「何のために」「いつ」「どのように」実施するのか，授業の計画の中にどのように位置づけるのかということである。

観察や実験の TPO の中で，まず心がけたいことは，何のために観察するのか，なぜこの実験をやった方がよいのかという目的をはっきりさせることである。これが先生の頭の中で明確になっていれば，子どもにも十分その意図が伝わり，彼らも目的意識をしっかりもって観察や実験に取り組むようになる。

次に検討することは，その観察や実験を授業のどこに位置づけるかということである。導入の段階におくのがよいのか，展開の段階においてじっくり取り組ませる方が効果的なのか，あるいは，授業の最後にもってきて，結果を利用して学習をまとめるのが効果的なのかなどである。

さらに，どのような形の観察や実験にするかを検討する。生徒実験か演示実験，あるいは両方の併用かなどを判断し，それに見合った準備をするわけである。

最後に，前述したような望ましい観察や実験の条件に照らして，計画しているものをチェックする。そして，授業の中で無理なく実施できるかどうか，子どもが記録をとる時間，まとめや片付けの時間なども考慮して 1 時間の授業にまとめていけばよい。

（2） 予備実験や観察を十分に行うこと

教科書の観察や実験には，準備や方法から注意事項まで載っているので，子どもがその通りにやれば，よい結果が得られるはずである。しかし教科書はスペースの都合もあるので説明が不十分になり，先生が補足しないとわかりにくいことも多い。また，「注意して加熱する」とか「数滴加えてよく振る」というような指示も，経験が浅い子どもには具体的にイメージしにくい。

こうした点に適切なアドバイスをするには，先生自身がその観察や実験を体験し，それに習熟し，実際にどのように危険なのか，その試薬を何滴加えるの

5．観察・実験の計画と準備 | *139*

がよいのかなどを熟知していることが何より大切である。そのための教材研究が予備実験である。引火や爆発、突沸などの危険が予想される実験では、とくに念入りな予備実験を繰り返し、事前に適切な指示ができるようにしておきたい。

■器具と薬品の準備

また、準備の中では、在庫の点検や試薬の調整なども手のかかる仕事である。とくに生徒実験や観察の場合は、器具の数や薬品の量も多くなるので、授業のときに混乱しないよう、配付の仕方から片付けの指示まで考えておく必要がある。確かに観察や実験にはこうした労力がかかるが、子どもたちが目を輝かして取り組む姿を頭に描きながら頑張りたい。

6 観察・実験の実施

計画した観察や実験のねらいと位置づけが明確になり、予備実験や準備が終わると、いよいよ授業ということになる。観察や実験の授業での留意事項にはいろいろあるが、その主なものを以下に示す。

① 目的、ねらいを徹底させること
② 安全を第一に、危険防止に留意すること
③ 常に全体の進行状態をチェックすること
④ やり方が間違っているグループがないか、チェックすること
⑤ できるだけ全員の子どもに参加させること

(1) ねらいの徹底

まず、目的やねらいの徹底ということであるが、先生の頭の中では、当然のことながら観察や実験のねらいが明確になっている。それを子どもに十分徹底し、納得させることが観察や実験を成功させるための第一歩である。何を調べ

るために実験するのか，何を見いだすために観察するのかという目的意識をしっかりもたせることが，子どもにとっても満足できる結果をもたらす鍵になる。ひと通りの説明が終わって，「何か質問はないか，では始めよう」といったときに，子どもがすぐに席を立って器具や材料を取りに来たり，電源装置をコンセントにつないだりしたときは，その観察や実験に対する目的意識が確立されている証拠である。

（２） 実験中の指示

　観察や実験が始まれば，全体の進行状態はどうか，方法が間違っているグループがないか，危ないことをやっている子どもがいないかなどをチェックしながら，必要に応じて指示を出すことになる。

　しかし，観察や実験に夢中になっている子どもには，このような指示が聞こえにくい。必要なものは事前に徹底させておき，事故防止の注意のような場合は別として，実験中の指示はなるべく少なくしたい。そのかわり，実験中に先生が何かいったら，それはとても大切な指示である，すぐ静かにして注意を聞かないと危険なのだというようなことを，十分に習慣づけておく必要がある。

（３） 机間巡視

　観察・実験の授業のとき，机間巡視をこまめに行うことが大切だといわれる。しかし，ただ実験机の間をうろうろすればいいわけではない。先に挙げた観察や実験中の留意事項の確認など，しっかりした目的をもった巡回でなければならない。場合によっては教壇のところを動かないまま，各グループの様子を注意深く見回し，必要に応じて，そのグループのところに行って指導するという方法でもいい。

　例えば加熱や気体の発生のような危険を伴う実験の場合，あるグループで事故が起こると，その対応に気をとられて，全体への目配りが疎かになりや

■机間巡視でグループ指導

6．観察・実験の実施

すい。ところが，このようなときには同じ事故が他のグループでも起こりうる状態になっている。まず全員に行動のストップを指示した上で，落ち着いて事故の処理に当たるような心構えをもちたい。机間巡視は回る道筋に沿った，いわば「線の指導」であるが，全体に気を配る「面の指導」も忘れてはならない。

　一方，机間巡視は個別指導のよい機会でもある。もちろん，観察や実験がうまく進むようにするのが本来の目的ではあるが，理科が好きな子どもには，やや程度の高い疑問を投げかけたり操作をやらせたりする，理科に興味のない子どもには，うまくいくようなヒントを与えたり手助けをするなど，子どもとのコミュニケーションを図るよい機会となるのである。講義中心の授業では難しい生活指導のようなものも，このような機会に取り入れてみたい。

■机間巡視は個別指導の機会

近年，個性・能力に応じた指導というものが強調されているが，子どもたちを別々の教室に分けて，違う教科を選択させるだけがそれではない。こうした毎時間の授業の中で一人ひとりの子どもに声をかけ，学ぶ喜びを与えていくのが本当の個性尊重なのではないかと思う。

（4）次の時間の準備

　観察や実験の授業は神経を使うものだが，その合間にもう一つやらなければならないことがある。それは，次の時間の準備である。子どもの様子を見なが

理科室の約束
- 先生の話をよく聞き，指示を守る。
- 大声を出したり，ふざけたりしない。
- 走らないで，落ち着いて行動する。
- 机の上は，きれいに片づける。
- グループの中で協力して実験する。
- 実験・観察の順番を守る。
- 後片づけをきちんとする。

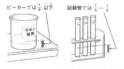

啓林館小学校理科指導書付録ポスターより

第7章　理科の授業と観察・実験

ら，足りない薬品や壊れた試験管などを補充し，子どもが返却してくる器具を整理し，その授業が終わった時点で次の授業の用意ができ上がっていなくてはならないのである。そのためには，事前に片付けについて細かく指示すること，日頃からガラス器具の洗い方や器具の返却の仕方など，基本的な指導をしっかりやっておくことである。

 観察・実験に関するその他の事項

(1) 観察・実験の事後指導

観察や実験が終わると，結果の確認や考察などのまとめをすることになる。これが事後指導であるが，多くの場合，観察してわかったこと，実験で得た結果をもとに次の学習が展開されるのであるから，事後指導は単なるまとめではなく次の学習への導入であり，新しい学習そのものであるともいえる。観察や実験結果の検討だけでなく，授業そのものに対する取り組み方についても話題にして，今後に生かすよう心がけたい。

(2) 指導する立場でのまとめ

子どもたちに対するまとめの指導とともに，観察・実験の準備からまとめを通して何か問題はなかったか，指導した立場でのまとめも忘れてはならない。
・望ましい観察・実験の条件に照らして問題はなかったか。
・期待したような結果が得られたか。
・時間的に問題はなかったか。
・学習指導の中の位置づけに問題はなかったか。
・子どもの取り組み方，反応はどうであったか。
・事故や危険な状態がなかったか。
・器具や薬品，材料の準備に不備はなかったか。

これらの記録は，指導案や指導ノートなどに簡単にメモしておく程度で十分だが，板書された班ごとのデータや，きちんとまとめられている子どものノートなどもコピーしておくといい。こうした記録は，次に指導するときにどれほど役立つかわからない。

（3） 実験プリントや観察ノートの利用など

　観察や実験は時間がかかるので，その時間のはじめに説明してから取りかかるのでは，時間内に終わらないといったことも少なくない。そこで，能率を上げるために実験プリントや観察ノートなどを利用することになるわけである。

　しかし，あまり親切に操作の仕方から考察までが印刷されていると，子どもの自発的な活動や思考が制限されて，観察・実験の本来の目的が果たされないことになってしまう。もし説明の時間が足りそうになかったら，前の時間に説明を終え，その時間には，あらかじめ板書しておいた観察・実験のポイントを見ながら取り組ませるのも一つの方法である。

　ところで観察や実験は，いつも期待した通りの結果が得られるとは限らない。どの教科書にも取り上げられている観察や実験でも，教科書によって方法が異なり，また操作が難しいものもある。

　例えば，タマネギの根を使った細胞分裂の観察では，切り取った根を60℃の塩酸につけて1分間温め，これを水洗いしてから酢酸オルセインで染色するというものだが，教科書によって方法は様々である。結局，どの方法を採用するにしても，自分で何回も練習し材料を十分用意すればうまくいく。中学生の場合は，市販のプレパラートやあらかじめ作っておいた一時プレパラートを用意するなどのフォローも必要になる。

　中学校1年の地学に，サリチル酸フェニルをゆっくり冷やしたり急に冷やしたりしたときの結晶の違いから，火山岩と深成岩の成因を推論させる実験がある。なかなかうまくいかないが，他に適当なものがなくて悩んでいる先生も多く，最近ではあまり取り上げられなくなってしまった。

　しかし，藤木源吾先生の実験十則にある「改良工夫」のように，自身で工夫・改善することも必要である。そのためには，研究会や実技講習の会にも積極的に参加したい。こうした努力を重ねることによって観察や実験の手際もよくなり，それこそ「百発百中」の

■研究会での教材研究

レベルに達することになる。

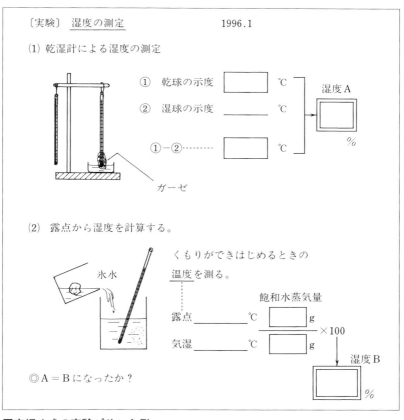

■穴埋め式の実験プリント例

■主な試薬の調整

水は蒸留水，Nは規定度（溶液1L中のグラム当量）

試 薬 名	調 整 法	使 用 法
5％塩酸　　HCl （1.5 mol/L）	市販の濃塩酸(約35％，密度 1.18 g/cm³) 14.1 cm³ を水 100 cm³ に加える。	うすい塩酸として使用する。
2.5％塩酸 （0.73 mol/L）	市販の濃塩酸 6.5 cm³ を水 100 cm³ に加える。または 5％塩酸 50 cm³ に水 51.5 cm³ を加える。	**注意**：濃塩酸の試薬びん内は，発生した塩化水素ガスのため，加圧状態になっていることがある。びんの栓を開けるときに注意する。
2％塩酸 （0.58 mol/L）	市販の濃塩酸 5.1 cm³ を水 100 cm³ に加える。または 5％塩酸 50 cm³ に水 72.2 cm³ を加える。	
5％硫酸　H_2SO_4 （0.52 mol/L）	市販の濃硫酸(約95％，密度 1.83 g/cm³) 3 cm³ を水 100 cm³ に加える。	**注意**：濃硫酸を水でうすめると，激しく発熱する。大量の水に少しずつ濃硫酸を加え，ガラス棒でたえずかくはんしながらうすめる。
4％酢酸 CH_3COOH （0.63 mol/L）	市販の氷酢酸(約99％，密度 1.05 g/cm³) 4 cm³ を水 100 cm³ に加える。	食酢の濃度である。
5％アンモニア水 NH_3 （2.9 mol/L）	市販のアンモニア水(約28％，密度 0.90 g/cm³) 12 cm³ を水 50 cm³ に加える。 保存　ポリエチレンびんに入れて冷蔵庫または冷所で保存する。	うすいアンモニア水として使用する。
5％水酸化ナトリウム水溶液 NaOH （1.3 mol/L）	水酸化ナトリウム 5 g を水 95 cm³ に溶かす。 保存　ポリエチレンびんに入れて保存する。	うすい水酸化ナトリウム水溶液として使用する。

啓林館中学校理科指導書より

146　第7章　理科の授業と観察・実験

試　薬　名	調　整　法	使　用　法
2.5％水酸化ナトリウム水溶液 （0.64 mol/L）	水酸化ナトリウム 2.5 g を水 97.5 cm³ に溶かす。または，5 ％水酸化ナトリウム水溶液 47.2 cm³ に水 50 cm³ を加える。 保存　ポリエチレンびんに入れて保存する。	中和の実験で使用する。
5％水酸化カリウム水溶液　KOH （0.94 mol/L）	水酸化カリウム 5 g を，水 95 cm³ に溶かす。 保存　ポリエチレンびんに入れて保存する。	うすい水酸化カリウム水溶液として使用する。
5％塩化ナトリウム水溶液　NaCl （0.90 mol/L）	塩化ナトリウム 5 g を，水 95 cm³ に溶かす。	うすい塩化ナトリウム水溶液（食塩水）として使用する。
フェノールフタレイン液	95％エタノール 90 cm³ に 0.1〜1 g のフェノールフタレインを溶かし，これに水を加えて全体を 100 cm³ にする。	酸・アルカリの指示薬として用いる。酸性では無色，アルカリ性では赤色を示す（変色域は pH 8.3〜10.0）。
BTB 液（ブロモチモールブルー液）	10％エタノール 100 cm³ に BTB 粉末 0.1 g を溶かす。 呼吸や光合成の実験では，この液を水で 10 倍にうすめて 0.1％水酸化ナトリウム水溶液を少しずつ加え，弱アルカリ性（青緑色〜青色）にして使う。pH 7 前後の水に加えたとき，緑色を示すように調整する。 保存　茶色の試薬びんに入れ，暗所で保存する。	酸性で黄色，中性で緑色，アルカリ性で青色を示す（変色域は pH 6.0〜7.6）。 中性または弱アルカリ性にした BTB 液に二酸化炭素が溶けると，炭酸ができて液が酸性となり，黄色に変色する。これは，呼吸による二酸化炭素の放出の検証に利用される。呼気を吹きこんで中性か酸性にした液は，二酸化炭素を失うと青色にもどる。これは，水草の光合成による二酸化炭素の吸収の検証に利用される。

7．観察・実験に関するその他の事項

試 薬 名	調 整 法	使 用 法
石灰水 Ca(OH)$_2$	水 500 cm^3 に水酸化カルシウム(消石灰) 50 g を入れてよく振り，静置しておいて，その上澄み液を使う。飽和水溶液は約 0.17％(約 0.023 mol/L)である。 保存 試薬びんに入れ，ゴム栓をしておく。	石灰水に二酸化炭素を吹きこむと，炭酸カルシウム CaCO$_3$ の白色沈殿ができて，白濁する。これにより，二酸化炭素の検出ができる。 $$Ca(OH)_2 + CO_2$$ $$\longrightarrow CaCO_3\downarrow + H_2O$$
硝酸銀水溶液 AgNO$_3$	硝酸銀 1.7 g に水 100 cm^3 を加えて，約 1.7％の水溶液をつくる(0.1 mol/L)。 保存 茶色の試薬びんに入れ，暗所で保存する。	銀イオン Ag$^+$ が塩化物イオン Cl$^-$ と反応して，塩化銀 AgCl の白色沈殿ができる。これにより，塩化物イオンの検出ができる。 $$Ag^+ + Cl^- \longrightarrow AgCl\downarrow$$
ヨウ素液(ヨウ素ヨウ化カリウム溶液)	水 250 cm^3 に，ヨウ化カリウム 1 g とヨウ素 0.3 g を溶かす。 保存 茶色の試薬びんに入れ，暗所で保存する。	デンプンを含むものに加えると，デンプンが青紫色になる。これにより，デンプンの検出ができる。やや分解の進んだデンプンは，赤紫色を示す。この色は，加熱すると消え，冷やすと再び現れる。
ベネジクト液	硫酸銅 1.7 g，クエン酸ナトリウム 17.3 g，無水炭酸ナトリウム 10.0 g を蒸留水に溶かし，100 cm^3 にする。 保存 試薬びんに入れ，ゴム栓をしておく。	還元性のある糖(ブドウ糖や麦芽糖など)を含む液に，ベネジクト液を 1，2 滴加えて煮沸すると，液中の糖の量により，緑→黄→橙→赤色を示す。加熱後の液を静置すると，黄〜赤かっ色の沈殿を生じる。これにより，還元糖の検出ができる。
酢酸カーミン液 (鉄酢酸カーミン液)	氷酢酸 45 cm^3 と水 55 cm^3 をビーカーに入れ，加熱しながらカーミン粉末 1 g を加える。沸とうしたら火を止め，さびた鉄くぎを 2，3 本入れ，冷めてからろ過する。 保存 茶色の試薬びんに入れ，暗所で保存する。	細胞の核・染色体・細胞質を赤く染めるのに用いる。スライドガラスにのせた材料に，この液を 1 滴たらし，2，3 分後にカバーガラスをかけて検鏡する。カバーガラスをかける前に，アルコールランプの炎で少しあたためるとよく染まる。

試　薬　名	調　整　法	使　用　法
酢酸オルセイン液	氷酢酸 55 cm³ をあたためながらこれにオルセイン粉末 1 g を加えて溶かし，冷やした後，水 55 cm³ を加えてろ過する。 保存　茶色の試薬びんに入れ，暗所で保存する。	酢酸カーミン液と同じようにして使用する。細胞の核・染色体が赤紫色に染まる。染色力は酢酸カーミンより強い。
エオシン液	70 % エタノール 100 cm³ にエオシン粉末 1 g を溶かす。溶液は，蛍光を出すので緑色がかって見える。 保存　茶色の試薬びんに入れ，暗所で保存する。	細胞の細胞質を赤く染色する。生体染色も可能で，ほおの内側の粘膜の細胞の染色などに使用する。また，70 % アルコールで保存したカエルや魚の筋肉をよくほぐし，エオシン液をたらして検鏡すると，横紋がよく観察できる。
メチレンブルー液	30 % エタノール 100 cm³ にメチレンブルー粉末 0.2 g を溶かす。 保存　茶色の試薬びんに入れ，暗所で保存する。	細胞の核，血球，植物の茎の切片，花粉，コウボ菌，菌糸，細菌などを青く染色するのに用いる。細菌やコウボ菌は，スライドガラスにうすくのばすようにして塗りつけ，メチレンブルー液を 1 滴たらして，乾くまでアルコールランプの炎であたためる。その後，水をたらして検鏡する。
カルノア液	エタノール 30 cm³ に氷酢酸 10 cm³ を加えて，混合する。保存液は，これを水で 5 倍にうすめて使用する。	細胞分裂の観察で，根の先端を約 1 時間この液につけてから水洗いして使うと，染色体がはっきり見えるようになる。保存液は，根・茎などの固定と保存に便利である。
ニュートラルレッド	ニュートラルレッド 0.1 g を水 10 cm³ に溶かしたものの 2 cm³ を，生理食塩水 30 cm³ に混和する。	原生生物の食胞，細胞質の顆粒，核を赤く染色する。生体に害が少ないので，タマネギの根ののびるようすの実験にも利用できる。
チョークレー液	塩化ナトリウム 5 g，塩化カリウム 0.2 g，塩化カルシウム 0.3 g を水 500 cm³ に溶かし，原液として保存する。	アメーバ・ゾウリムシなど，水中の原生動物の培養に使用する。原液を 100 倍にうすめてペトリ皿に入れ，生の米粒を数個落としておく。これに，微小動物のいる液を少量加えておくと細菌の繁殖とともに，アメーバやゾウリムシなどが繁殖する。

7．観察・実験に関するその他の事項　149

試　薬　名	調　整　法	使　用　法
インジゴカーミン液	インジゴカーミン粉末0.2gと炭酸ナトリウム0.5gを，水200 cm³に溶かしてつくる。ふつう，この液を水で10倍にうすめて使用する。	光合成で発生する酸素の検出に使用する。10倍にうすめた液に，1％ハイドロサルファイト水溶液を少しずつ加えて，液の青色を無色にする。この液に水草を入れて光をあてると，光合成により発生した酸素によって酸化され，液は再び青色になる。
1％ハイドロサルファイト液　　　　$Na_2S_2O_4$	ハイドロサルファイト（亜二チオン酸ナトリウム）1gを，水99 cm³に溶かす。使用する直前に調整する。（1時間で効力が半減する）	還元性が強く，インジゴカーミンを還元することにより，青色を無色に変化させる。酸素と反応すると，$NaHSO_3$と$NaHSO_4$に変化する。
蒸留水　　　H_2O	イオン交換膜を使ってイオンを除去し，加熱して蒸留する。薬局で「精製水」が市販されている。これを蒸留水として使用することができる。	硝酸銀水溶液をつくるときには，蒸留水を使用する。水道水を使用すると，水道水に含まれている塩化物イオンが銀イオンと反応して塩化銀ができるため白濁するからである。 第1分野第5単元の「水溶液から電流をとり出してみよう」や「電流を通す水溶液と通さない水溶液」の実験では，蒸留水を使用する。水道水中に電解質がわずかに溶けているからである。 蒸留水は，空気中の二酸化炭素が溶けているためpH 6.0程度になっているので，煮沸して二酸化炭素を追い出しておくとよい。

参・考・文・献

新訂 小学校・中学校 理科薬品ハンドブック —— 東洋館出版社
中学校理科室ハンドブック —— 東洋館出版社
理科実験ガイドブック 試薬編 —— 大阪府科学教育センター

第8章
理科の授業と ICT

　以前は視聴覚教育とか視聴覚教材という言葉が盛んに使われたが，現在では死語になってしまったようだ。しかしスライド映写機やOHPなどの情報機器を利用した視聴覚教育がもととなり，数十年の歳月を経て現在のIT（Information Technology）やICT（Information and Communication Technology）による教育へと発展したことはいうまでもない。このITとICTはほぼ同じと考えてよいが，現在では世界的にもICTという呼び名が主流となっている。

　2009（平成21）年度の学校ICT環境整備事業において，全国の学校にデジタルテレビやパソコンなどのICT機器が導入された。ICT機器や教材を適切に利用することは子どもたちの学習意欲を高め，わかりやすい授業を展開する上に効果的であるが，それぞれの特性を理解し，それを生かした利用が望ましい。

　2016年度（平成28）の文部科学省白書では，「教育におけるICT（情報通信技術）の活用は，子供たちの学習への興味・関心を高め，分かりやすい授業や子供たちの主体的・協働的な学びを実現する上で効果的であり，確かな学力の育成に資するもの」として，その推進を呼びかけている。また，中学校学習指導要領の「第3指導計画の作成と内容の取扱い」には次のような説明が加わり，文部科学省がICT教育の推進に力を入れ始めていることがわかる。なお，小学校，高等学校にも同様の説明が加えられている。

　各分野の指導に当たっては，観察，実験の過程での情報の検索，実験，データの処理，実験の計測などにおいて，コンピュータや情報通信ネットワークなどを積極的かつ適切に活用するようにすること。

　このように情報機器やそのシステムを利用する教育が大きく変わろうとしている現状を踏まえ，本章では，その原点ともいえる16ミリ映画やスライドプロジェクターの利用から新しいICT機器の活用に至るまで，それぞれの特性と利用上の留意点なども踏まえながら考えてみたい。

1．初期の情報機器　　*151*

初期の情報機器

　情報機器は16ミリ映写機やスライド映写機に始まり，テレビやビデオを経て現在へとつながった。この間に使われた情報機器と教材には，それぞれに固有の特性があるが，主な長所と短所を挙げると次のようになる。

　　◇：長所と考えられる点　　◆：短所と考えられる点

■16ミリ映写機

《**16ミリ映写機**》　16ミリ映写機による映画は，ビデオが普及する以前はスライドとともに情報機器の花形であった。

　◇画面が大きく，多人数で見ることができる。
　◇動きのある映像は迫力があり，子どもに訴える力が大きい。
　◆完成教材なので，途中で教師の指導を加えにくい。
　◆映写するとき，暗室にしなければならない。
　◆高価なので購入は困難，フィルムの借り出しや返却に手間がかかる。

《**スライド映写機**》　今はビデオやパワーポイントに代わってしまったが，日本の視聴覚教育はスライドから始まったといっても過言ではない。

■スライド映写機

　◇自由な大きさに拡大映写ができ，多人数で見られる。
　◇指導の意図に応じて一部を選んだり，順序を変えたりすることができる。
　◇子どもの理解の程度に応じた間隔で，ゆっくり画面を提示できる。
　◇見てほしいポイントを，静止した画面の中で落ち着いて指導できる。
　◇安価で自作が可能である。

◆教室をやや暗くしなければならない
◆一コマずつに区切られているので,連続した動きなどは示しにくい。

《OHP》 OHP は Over Head Projector の略で,これで映し出す原画をトランスペアレンシー(Transparency)とよぶ。学校ばかりではなく研究会や学会での発表にも広く使われていたが,現在はプロジェクタに代わってしまった。

■OHP

2 現在の ICT 機器

《テレビ・ビデオ》
　ひと昔前から現在に至るまで,一番授業に使われている情報機器はテレビである。これらが ICT 機器といえるのかという異論も出そうだが,広い意味では ICT の仲間といえるであろう。今でも頻繁に使われる理由ともいえる利点を挙げると次のようになる。

■テレビを利用した授業

◇画面に動きがあり,魅力的なコンテンツが多数放映・市販もされている。
◇放映された番組から簡単に録画・編集して利用できる。
◇機器の操作が簡単で,授業に応じて一部をカットしたり,静止画像で指導したりすることもできる。
◇ビデオカメラを利用して,簡単に教材が自作できる。

　とくに短所といったものはないが,他の ICT 機器と同様,これに頼り過ぎて実験・観察が疎かになることがないよう,心しておきたい。

《プロジェクタ》
　最近の研究会や学会では,パワーポイントなどで作成した資料をプロジェクタで投影するという発表形式がほとんどといってもいいくらい普及している。授業で使う先生も少なくないが,子どもの見る方の立場からすると複雑な画像

を多用しないでほしいという意見もあるだろう。板書の代わりに映し出して，どんどん授業を進めてしまう。子どもたちは必死になってノートに写す，しかも，画像は毎年使い回しというのでは子どもたちはかなわない。先生が手を抜くためにこれを使うのでは，本末転倒である。

《コンピュータ・インターネット通信》

■コンピュータを利用した授業

　パソコンやタブレット端末などの電子機器やインターネット通信を活用した方法で，インターネットで得られる資料の利用，学校間をネットワークでつないだ子どもどうしの交流もできるようになった。

　今後ますます普及が進むといわれているが，その長所を挙げると次のようになる。

◇複雑な板書や図版での解説が，わかりやすい動画などに置き換えられる。
◇指導の目的に応じて様々な情報を瞬時に提示できる。
◇個々の子どもが学習に参加できる。
◇子どもが自分で多様な資料を検索・入手できる。
◇画面を通して個別指導ができる。
◇自ら操作し情報を収集できることから，学習意欲の向上が期待できる。

　その詳細については専門書に譲るとして，活用の仕方や場面について簡単にまとめると次のようになる。

① 授業の方法としての利用
　・音波や電流の波形の提示　・天体の動きの説明　・前線通過の天気変化
② パソコンの画面を利用した観察・実験の指示や結果の考察
③ 計測や表示機器としての利用
　・電流や電圧の計測　・溶液の温度変化の計測　・気温の計測
④ シミュレーション機器としての利用
　・天気変化や食物連鎖による個体数の変動予想
⑤ 情報収集や検索のツールとしての利用

- インターネットによる関連資料や参考データの検索と収集
- リアルタイムの情報収集と提示
⑥ 情報の処理や加工のツールとしての利用
- 測定値の整理や集計　・測定値のグラフ化　・レポートの作成
- 写真やデータの挿入
⑦ 考察や討論，情報交換のための利用
- 教室内でのパソコンを使った交流
- 他校の子どもや博物館・研究機関の専門家との討論や情報交換

このように，多くの長所や活用方法が挙げられるが，以下のような短所も考えられる。

◆操作や検索の能力が伴わないと，希望する結果に到達できないこともあり，つまずきのある子どもへの個別指導が必要である。

◆理科の基本である自然に触れ，実際に体感することなどは望めない。自然事象と離れた，画面上だけの理科学習に終わることがないよう留意する必要がある。

◆画面を長時間見ることになるのでドライアイや肩こり，倦怠感などの障害が出る可能性がある。

◆ノートに手書きする機会が減少する。

◆パソコンやタブレットなどの機器類と周辺環境の整備，管理・運用に費用がかかる。

◆システムを使いこなせる先生の育成という課題がある。

③ ICT 機器や教材の利用上の留意点

以上述べたような ICT 機器や教材は，理科の指導にとっても有効な手段であるが，面倒な板書や観察・実験を避けるために使われるのでは本末転倒といえる。何のために利用するのかという目的をはっきりさせるとともに，それぞれの特徴をわきまえた上での利用が望ましい。

以下は，ICT とそのシステムを活用する上での留意点をまとめたものである。

（1）　事前に，利用する目的を十分検討する

　利用する目的と，それを導入に使うのか，授業の中心に位置づけるのか，まとめとして後半に使うのかなどをはっきりさせることが必要である。また，教材として本当に価値があるか，子どもが関心をもって見るだろうかなども検討しておきたい。場合によっては，授業に関係が深い部分だけを利用することも考えられる。

（2）　事前の指導を徹底する

　画像や動画などを使う場合では，何のために見るのか，どの点に注意して見てほしいのか，こんな点はメモをとるなどといった事前の指導が大切である。

　それらを見るにあたって，さっさと教科書やノートを閉じてしまう子どももいるが，いま学習したこと，これから学習することとのつながりを十分に説明し，課題意識を高めた上で視聴させたい。

（3）　利用している間にも，適切な指導を加える

　理科の学習用につくられた教材でも，授業の流れの通りになっているとは限らない。また，難しい用語や場面が出てくることもある。進み方が速すぎて，子どもの理解が追いつかないようなこともあるだろう。したがって，途中で止めて解説を入れたり，ノートに記入する時間をとったりすることも必要になる。やはり事前に内容を検討し，どの程度の補足説明が必要かなどの見通しをつけておくようにしたい。

（4）　事後のまとめをする

　画像や動画を使った学習やタブレットによる学習は，そのときの印象は強くても案外忘れてしまうものである。画面を見ながら大事な点をメモさせるようにするとよい。また，見たあとに時間をとって，内容についての質問をしたり，感想や疑問に思った点を発表させたりするなど，何らかの記録が子どもの手元に残るようにすることも大切である。

　また，2020（平成32）年度の新学習指導要領の実施に合わせ，デジタル教科書の併用に向けた動きがある。紙の教科書のように無償ではなく，タブレット

156　　第8章　理科の授業とICT教育

端末などの経費はかかるが，文字の拡大や音声の併用などが可能になるため，視覚障害のある子どもたちにはとっては朗報である。

このような ICT 機器の進歩は，私たちの想像以上の速度である。いたずらに新製品や新システムに振り回されるのは問題だが，常にアンテナを立てて情報を探るように心掛けたい。そうでないと，デジタル機器を使い慣れている現代の子どもたちのレベルについていけなくなってしまう。

ICT 機器や教材に関するその他の問題

(1) 昔からの情報教材の利用

社会科の授業などでは，大きな世界地図や各国の産業などの掛け図が使われる。理科でも模造紙に図をかいて黒板に掲示したり，DNA のらせん構造のモデルや分子模型などを見せたりしながら，そのしくみを説明するようなことがある。

ICT 教材とはいえないが，黒板に貼った手作りの1枚の図を先生がていねいに説明する，子どももその図を見て質問する，それに先生が答えるというような授業では，目まぐるしく変わるパソコンやタブレットの画面より，かえって子どもの理解が深まるということもあるのではないだろうか。これを機会に，昔からの掛け図や模型などを ICT 教材の視点から見直してみるのもよいと思う。

■これも情報教材

(2) 著作権の問題

授業中にインターネットで得られた資料をコピーして配るという場面があるだろう。インターネット上の著作物も当然ながら著作権を有しているため，本来は著作権者の許諾が必要となる。しかしながら，著作権法第35条により，学校その他の教育機関における複製等においては，許諾を必要としない。ただ

し，これはあくまで「授業の過程」での使用であって，授業に関連のない資料は該当しない。また，例えば学校のホームページや学校便りなどに掲載する，教科研究会で使用するという場合にも当てはまらないので，注意が必要である。どうしても必要な場合は著作権者の許諾を得ること，きちんとした手続きをとることを心がけたい。

　なお，教材用に販売されている CD や DVD などをコピーすることは，著作権者の利益を不当に害するため，違法である。

（3）今後の課題

　ICT 機器やシステムの進歩が，学校教育に与える影響は大きく，黒板は電子黒板に，教科書もデジタル教科書に変わろうという時代である。すでに教科書会社の指導書にも，電子黒板用の板書例を収めた DVD を付録としたものがあり，多くの教科書会社ではデジタル教科書の開発も行われている。さらに，2019（平成31）年４月からデジタル教科書の併用が認められる見込みとなっている。

　電子黒板も，子どもの学びが深まることを目的とすべきであり，子どもの反応を見ながらの活用が望ましいのは当然である。

　また，ある会社のデジタル教科書（見本）には，「次の溶液の中で，リトマス試験紙を浸けると赤く変わるものを選びなさい」という例題があり，正解の選択肢にタッチするとランプが赤く点灯する。実際に溶液を準備して子どもがリトマス試験紙をつけて色の変化をみる，酢などはなめてみる，そして酸というものを自分の感覚で学習するといった方法と比べてみて，果たしてこれが理科教育なのかという疑問が残る。

　ICT の利用によって理科の教育も変わらざるをえないが，手を使い，水や火を使いながら，自分の感覚を伴った授業というものも，理科教育の原点として忘れてはならない。

第 8 章　理科の授業と ICT 教育

第9章
理科の授業と指導技術

　授業は導入から始まってまとめで終わるが，その間には発問や板書，ノート指導など様々な子どもへの働きかけがある。適切な発問は授業を生き生きとさせ，整理された板書は学習の定着に効果的である。

　また，わかりやすい授業にするためには，教壇に立つ先生の態度や話し方にも，それなりの工夫がいる。こうした授業を進める上に必要なテクニックが，指導技術といわれるものである。

　指導技術は何も理科に限ったものではないが，ここでは理科の授業を念頭に，学習指導の基本的な技術について取り上げることにする。

1　導　入

　授業の最初の段階に当たる導入は，文字通り授業に子どもたちを導き，学習への方向づけをするものである。教材に対する興味を呼び起こし，もっと知りたい，よく調べてみたいという意欲が十分に高まった状態で活動を始められるかどうかは，この導入にかかっているといってよい。

　導入は授業のはじめに置かれるものであるが，その1回だけで終わりというものではない。授業はいくつかの段階を経て進められるものであるから，ある段階から次の段階に進むときには，そこにも小さな導入がある。「アサガオもタンポポも，光合成をしていることがわかった」，では「どんな植物でも，光合成をしているのだろうか」というような簡単な問いかけも，次の段階への導入といえる。このように，意識されないような小さな導入を積み重ね，子どもの関心や意欲を保ちながら進められていく。

　導入の意義そのものは，他の教科と変わることはない。しかし，自然の事象の観察が理科の基本であるならば，やはり何か具体的な物の提示などを取り入れて，導入にも理科らしさを出したいものである。

　第6章理科の教材研究でも述べたように，葉っぱ1枚でも角砂糖1つでもよい。「葉っぱの表は緑色だが，裏は白っぽい，どうしてなのだろう」「確かめる

■ものを提示しての導入

にはどうするか」「では切って調べてみよう」というように，葉の構造や働きに話を進めることができる。角砂糖ならば「水に溶けるね。では，いくらでも溶けるのか，やってみよう」「もっと速く溶かすには……」というようなやりとりから溶解の学習に導いていくのである。

以下，導入の機能と，いろいろな場面での理科の導入の方法について考えてみたい。

(1) 導入の役目，機能

導入は子どもたちの学習に対する関心を高め，本論に導くきっかけをつくるものであるが，その主な役割を次のようにまとめてみた。

① 興味・関心，学習意欲を高める
② 学習の課題を明確にし，はっきりした目的意識をもたせる
③ 学習の方向づけをする。
④ 子どもの経験を共有化し，学習内容と結びつける

子どもたちの知識や生活経験は多様であり，程度の差も大きい。これを導入の段階で，ほぼ同じレベルの知識にまとめて共有化させると，その後の学習が進めやすくなる。

⑤ 子どもの実態を把握する

これまでの授業の復習や確認を導入にして，授業に入ることも多い。これは子どもたちの実態を把握するとともに，次の学習への手がかりを得ようとしているわけだが，子どもにとっては知識の整理になり，新しい学習への関心・意欲が高められることになる。

実際の授業での導入は，ここに挙げた機能のいくつかを兼ねていることが多く，また，そういう複数の機能をもつ導入が多様な学習の展開につながるのである。

（2） 導入のいろいろな方法

　導入のやり方にもいろいろあって，前に述べたように，何かを提示することも理科らしい導入の一つである。次に，このような導入の方法についてまとめる。

① 教師の説明による導入

　これからの学習に関する先生の説明による導入で，子どもは説明を聞きながら，自分の生活体験や学習経験を思い出し，新しい学習への見通しをもつようになる。

② 教師の発問による導入

　学習内容についての簡単な問いかけと応答によって，関心と意欲を高めようとするものである。意外性のある発問，子どもが興味のある発問で，しかも多くの子どもが答えられるような問いかけが望ましい。

③ 前時の復習による導入

　導入には，一番よく使われる方法である。これまでの学習について思い出させ，そのポイントを確認するとともに，その日の授業と関連づけて新しい学習への見通しを与えていく。教師にとっては，これまでの学習がどのくらい定着したかを評価し，指導の仕方を工夫する手掛かりともなる。

④ いろいろな物の提示による導入

　自然の事象を対象としている理科では，何か自然のものを提示する導入を大切にしたい。葉や季節の花でも，チョウやトンボでもよい。あるいは，自然のものでなくても，新聞の科学記事や科学史上の人物の紹介，先輩の書いたレポートの回覧などでもよい。教育実習生にも，最初の授業にはこのような導入を勧めているが，何かを提示することで子どもの視線が集中し，落ち着いた雰囲気で本論に入ることができるのである。

⑤ 観察や実験，観測による導入

　先生がちょっとやってみせるような簡単な実験なども，効果的な導入になる。例えば腕組みをさせて，どちらの腕が上になるか手を挙げさせる。今度は組み方を逆にしてみると，うまく腕を組むことができなくなる。「こんなことも，生まれつき決まっている形質の1つなのだ」という話から遺伝の学習に入るというわけである。

1．導　入

■校庭での自然観察による導入

少し時間はかかるが，生物や地学の学習では，校庭の生物観察や屋上での簡単な気象観測も，やはり自然の事象と結びついた理科らしい導入である。

⑥　ICT機器を利用した導入

教材によっては，ビデオやコンピュータなどのICT機器を利用するのも効果的である。学校放送の番組だけでなく，科学ドキュメント，地震や噴火のニュース，天気予報などをビデオに収録しておけば，導入ばかりでなく授業そのものにも活用できる。

⑦　教科書による導入

教科書は学習の手引きとしての役割をもっているので，これも導入にうまく利用したい。とくに単元の最初の学習内容が子どもの生活経験から離れたものであるときには，教科書の一部を通読することによって学習のポイントをつかませ，見通しをもたせることができる。

このほかにも，前の時間に出しておいた課題について発表させてから本論に入るような導入もある。どのような導入が効果的であるかという判断は，やはり綿密な教材研究によるところが大きい。子どもの実態を踏まえて教材の内容や指導の順序を検討することで，はじめて導入が見えてくる。どのようなレベル，どのような形の導入が適切か明確になるのである。

(3)　特別な授業での導入

日常の授業のほかに，入学した最初の理科の授業，今日から新しい単元に入る授業など，特別な意味をもつ授業がある。このような授業の導入には，何か工夫がいるのではないだろうか。

[入学時の導入]

小学校では3年生の4月，中学校と高等学校では1年生の4月が，それぞれの学校での最初の理科の授業になる。通常の授業の導入とは違い，理科という

教科についての説明，理科室の使い方，観察・実験の心構えなどが導入の中身になることが多い。理科が好きになるかどうかが決まるかもしれない大切な時期なので，「理科の授業とは……」といった難しい話でなく，簡単な演示実験や科学史上のエピソードなどを加えた魅力ある導入を工夫したい。

■顕微鏡観察による導入

中学校の入学時なら，最初の数時間を顕微鏡観察だけに当て，好きなものを自由に観察させるのもよいだろう。極微の世界の面白さを体験するとともに，顕微鏡の操作を通して，中学生になったのだという自身の成長を改めて認識することができるだろう。身近な池や川，学校の飲み水の水質検査，食品の添加物の検出なども，中・高を問わず導入に利用できる題材であり，こうした活動を通して理科の学習に対する興味・関心が高まり，観察・実験の基礎も身につくことになる。

[新しい単元の導入]

学期ごとに2，3回は訪れる新しい単元の導入の機会は，先生方が最も工夫を凝らすところである。やはり，その単元の核につながる何かを導入に使いたい。

例えば，電気に関する単元なら，「電気は見えるか」というようなテーマで，静電気による火花や高圧放電の実験を導入に使うのもいいし，ユネスコモーターの制作から学習に入ってもいいだろう。また，単元の内容をまとめた予定表を配り，その説明を導入にするのも今後の学習への関心を高めることになって効果的である。しかし，この場合も何か簡単な実験などを入れて，子どもが新しい教材をイメージしやすいような工夫が欲しい。

以上，導入について述べてきたが，理科の学習は身の回りの事象に目を向

■ユネスコモーター

1．導　入

けさせることから始まる。子どもたちが何気なく見過ごしていること，不思議に思っていること，新聞の切り抜きなど，導入に使えるものはいくらでもある。あまり構えすぎないで，ちょっとした話題を気軽に利用するのが導入のコツである。

2 発問

　考えてみると，先生は授業中に随分いろいろな問いかけをしている。「この前の時間どんな実験をやったか」というような簡単なものから，「電圧と電流の関係について，どのような法則が成り立つか」というような少し難しいものまで様々である。もっとも前者は単なる質問で，発問ではないといわれるかもしれない。
　ふつう，「君は何歳ですか」とか，「教科書を忘れたのは誰ですか」というように，単に客観的な事実を確かめるだけのものは質問である。これに対して授業の中の発問は，何らかの意図をもって計画的に発せられているはずである。
　発問と質問の違いは難しいが，ここでは，「学習指導の中に，意図的に設けられた問いかけ」を発問としたい。発問は，ただ子どもに事実を問いただすだけのものではなく，その応答を通して知識を定着し考えを深め，また，学習意欲を高めるなどの多様な目的をもっている。つまり発問は，子どもたちを育てるための豊かな指導性を含む意図的な質問なのである。
　概して私たち教師は，授業中の発問が多すぎるといわれる。確かに安易な発問を繰り返していると，その刺激に子どもが慣れてしまい，真剣に考えようとしなくなる。

　したがって，発問の内容と程度，タイミング，発問する先生の態度などには十分注意する必要がある。また，子どもの答えの扱いにも配慮し，無神経な対応によって学習効果を半減させたり，子どもを傷つけたりすることのないよう注意したい。
　効果的な発問は，その目的に沿って

検討され精選されたものでなければならない。このような「よい発問」のもとになるのは，綿密な教材研究である。教材研究の過程で考えられる多くの発問が，指導の目的に応じて精選され，はじめて指導計画に位置づけられるのである。

　また，1時間の授業の中でも，発問の型やレベルは，導入，展開，まとめという授業の段階によって違ってくる。子どもの様子によって，発問する際の態度や声，タイミングにも配慮しなければならない。

　ここでは，学習指導に大きく影響する授業の中での発問について，いろいろな面から考えてみたい。

（1）　発問の目的

　授業中の発問には，子どもの実態をつかもうとするものから学力の評価まで，いろいろな目的がある。以下は，これらを簡単にまとめたものである。

①　学習経験や興味・関心の程度を把握するための発問

　これまでの学習経験や生活経験を把握し，学習指導の手掛かりを得ようとするものである。新しい単元に入るときなどにはよく行われる発問で，簡単なプレテストの役目をもつ。

②　復習のための発問

　毎時間の授業のはじめに利用されることが多く，子どもにとってはこれまでの学習の確認と定着になり，教師にとっては新しい学習に入るための子どもの実態把握になる。

③　興味・関心・意欲を高めるための発問

　このねらいの発問が活躍するのは，何といっても導入の際である。昔から小学校や中学校の授業でよく使われた「鉄1キロと綿1キロと，どっちが重いだろう」などは，このような発問の例である。あまり奇をてらったものはよくないが，活気が出るような楽しいものを工夫したい。

　　例：クジラは海で生活しているのに，なぜ，魚のなかまには入れられないのだろう。

④　課題意識をもたせるための発問

　導入から本論に入る段階で，よく使われる発問である。ひと通りの説明が終わった後，これから何を明らかにしたいのか，何を確かめたいのかというよう

2．発　問 165

に，問題をはっきりさせるために使われる。特に観察・実験では，こうした発問によって課題意識を明確にしてから取り組ませることが大切である。

⑤ 矛盾・対立・葛藤を生むための発問

あえて子どもの思考を混乱させるような発問によって，学習の定着・深化を図ろうとするものである。

例：雲は，水や氷の粒からできている。水も氷も空気より重いのに，なぜ雲は空気中に浮かんでいられるのだろう。

⑥ 問題の整理のための発問

指導の流れの中で，そこまでの学習をまとめ，次の学習に進むために挿入する発問である。わかりやすく問いかけて，子どもの答えをきちんとした言葉で繰り返すとともに，場合によっては板書でまとめるとよい。

⑦ 一般化，抽象化のための発問

これは整理のための発問とともに，学習のまとめの段階におかれることが多い。言葉を選び，子どもが頭の中で知識をまとめ，それを抽象化するスピードに合わせて，ゆったりした口調で問いかけたい。

⑧ 定着・練習のための発問

知識として定着させたい事項を発問の形で念押しする，口頭で簡単な問題演習をさせるといった場合である。

例：電圧と電流の関係はどうだったかな。では，電圧が2倍になったら？
　：顕微鏡の倍率は，接眼レンズと対物レンズの倍率をかけたものである。では，5倍の接眼レンズと10倍の対物レンズでは？　10倍と40倍では？
　：花こう岩は白っぽく，せん緑岩は黒っぽい。色がまったく違うのに，なぜ同じ深成岩に入れられるのだろう。

⑨ 評価のための発問

学習の効果を判断する発問で，学習指導の途中で子どもの理解の程度を知る（診断的評価）ための発問や，学習の終わりで学習の総合的な効果を把握する（総括的評価）ための発問などがある。そして，これらの発問は，先生にとっては自身の指導の仕方を評価していることにもなる。

授業中のこれらの発問は，単純に知識を問う記憶発問と思考発問，予定発問

166　第9章　理科の授業と指導技術

と即時発問というように区分されることもある。

記憶発問は，テストでいえば単純再生や再認の問題に当たり，いくつかの知識を組み合わせて答える思考発問の方が難しい。また，予定発問は学習指導の計画にあらかじめ組み込まれているもので，学習の鍵になる重要な問いかけである。授業の導入の段階で1つ，展開で3つ，整理の段階で1つというように，教材研究のときに検討して，指導案に位置づけておくとよい。

即時発問は子どもの反応によって即応的に出されるものであるが，乱発は避けたい。あくまでも核となる発問を補い，学習の効果を高めるものであることを忘れてはならない。

（2）　発問の条件－よい発問とは

発問は，単に文章を問いかけの形にすればよいというわけではない。学習の効果を高めるよい発問には，次のような条件が求められる。

①　明快であること

よい発問の条件の第1は，発問の意味が子どもによくわかることである。そのためには，発問の意図が明快で具体的であること，子どもにわかりやすい言葉でまとめられていることである。

②　計画的であること

授業には，こちらが意図している一つの流れがあり，発問もこれに沿って計画され，位置づけられたものでなければならない。もちろん，予定通りに授業が進むとは限らず，即応的な発問も必要になるが，少なくとも核となる発問は前もって検討しておきたい。このような核となる発問の流れがあって，始めてアドリブ的な発問も生きてくるのである。

③　子どもの興味・関心を高めるものであること

発問は，子どもに考えさせて，よい答えを引き出そうとするものである。したがって，発問をよく聞こう，考えよう，答えようという意欲を呼び起こさせるようなものでありたい。つまらない発問がつづくと子どもは意欲を失い，かえって授業の妨げになりかねない。

④　子どもの実態に合っていること

子どもの学力や関心・興味は，一人ひとり違う。全員に合った発問というの

2．発　問　　167

は無理かもしれないが，できるだけ多くの子どもが参加できるような配慮も必要である。それとともに，学習の進んだ子どもが満足できるようなレベルの高い発問，遅れた子どもでも答えられるような基礎的な発問を適当にとり混ぜて，自分も授業に参加したという満足感を全員にもたせるような配慮をしていきたい。

⑤ **タイムリーであること**

　発問の質の問題ではないが，タイミングよく発問するということも，せっかくの発問を生かすための大切な条件である。子どもが落ち着かない状態で思考的な問いかけをしても，発問そのものが耳に入らないため，よい答えは期待できない。このような場合には，単純な発問や意外性のある発問によって落ち着いた雰囲気をつくり，少しずつ本格的な発問・応答へと導いていくことになる。

（3）　授業の段階と発問

　発問には多くの機能があり，授業のいろいろな段階で利用される。（1）の発問の目的と重複する点もあるが，以下は，導入〜展開〜整理のそれぞれの段階で発問が果たす役割を整理したものである。

① **導入の段階での発問**

　これからの授業に対する興味や関心を高め，学習の方向づけをするのが導入であるが，教師にとっては子どもの実態を把握する機会でもある。このような観点から，導入時の発問を次のようにまとめてみた。

　　ア　子どもの興味や関心，学習経験を把握するための発問
　　イ　これまでの学習事項を復習するための発問
　　ウ　興味・関心を呼び起こし，学習意欲を高めるための発問
　　エ　学習の方向づけをするための発問

　学年のはじめや新しい単元に入るとき，特に重視されるのはアの発問である。新しく取り組む教材に子どもがどのくらい興味や関心をもち，どの程度の学習経験があるかなどを問う事前調査的な役割をもっている。

　イの発問は，前回の授業とその日の授業をつなぐとともに，前時の学習の確認と定着を目指している。ウとエの発問は，事後の学習にもっとも大きな影響を及ぼすもので，その答えが本論にうまくつながるよう，十分検討されたもの

168 ｜ 第9章　理科の授業と指導技術

でありたい。

② 展開の段階での発問

授業の大部分をしめる展開時には，発問の数も多くなり種類も多様になるが，大切なことは，言葉を吟味した核になる発問を計画的に組み入れることである。以下は，授業の展開のところで出されることが多い発問の種類である。

ア　課題をつかませて，問題意識を明確にするための発問

イ　考えるヒントや手掛かりを与えるための発問

ウ　矛盾や対立，葛藤を引き起こすための発問

エ　発想の転換を図るための発問

オ　イメージを広げ，多様な考えを引き出すための発問

展開時の発問で特に大切なのは，発問に流れをつくるということである。せっかくよい発問をしても，それが単発で終わってしまっては学習の進行につながらない。1つの発問の答えを受けて第2，第3の発問が用意されていて，はじめて子どもは学習の流れに乗り，考えを深めていくのである。

③ 整理の段階での発問

授業が終わりに近づくと，発問も学習のまとめを中心としたものになる。その時間にやった実験の結果や結論を確認する発問，学習の効果を評価する発問，次の時間への橋渡しの発問などが考えられる。

ア　問題を整理するための発問

イ　知識を一般化・抽象化するための発問

ウ　知識の定着を図るための発問

エ　学習の成果と指導の仕方を評価するための発問

学習のまとめの段階では，次の時間への導入も念頭におく必要がある。したがって，その時間のまとめの発問とともに，新しい疑問を投げかけるような，あるいは興味を呼び起こすような発問も取り入れて，これを次の授業の導入に生かすような工夫もしてみたい。

これまで述べたように，いろいろな性格をもつ発問が，実際の授業の中でどのように機能していくのだろうか。次は，発問を中心とした中学校1年の生物の授業例（前半）とその解説である。

2．発問 169

■発問を中心とした授業

〈本時の主題〉 「生物の研究」 第1学年 第2分野

単元 「自然の中の生物」 8時間中の第1時

〈指導過程〉

(1) 春の生物——春になって特に目につく生物をあげさせ，季節の変化が生物と特につながりが深いことを想起させる。

(2) 生物と環境——生物の活動が，気温，光の強さ，日照時間の長短などの環境の変化と密接なつながりをもつことを理解させる。

(3) 生物の姿とその変化——タンポポ，カエルなどを例に，生物には今の姿と時間とともに変化する姿との2つがあることに気づかせる。

(4) 生物の研究——ここまでの学習をもとに，生物の研究のあり方，心構え（生命の尊重）などについてまとめる。

〈授業過程の実際〉 指導過程(3)を例として

Q_1 「今は春だ，タンポポの黄色い花がたくさん咲いている。では夏にタンポポの花を見た人はいないかな」

A_1 ……（考え込んで，答えがないことが多い）

Q_2 「タンポポは，花が咲き終わったら枯れてしまうのだろうか」

A_2 「枯れてしまう」「枯れないで，葉がしげる」など。

Q_1 は，発問としては生徒の意表をつくもので，案外身近なものでも知らないなという気持ちを起こさせる効果をもつ。事実は夏でも花を咲かせる株があり，そう珍しいことではない。春と違って葉が大きく上に伸び，株をたらせることなどを含めて説明し，次に進む。

Q_3 「タンポポの花が咲き終わったら，花はどうなるのだろう」

A_3 「たねになる」「実になる」など。（正しくは果実）

Q_4 「タンポポのたねは見たことがあるね。では，たねをまいたら芽を出してタンポポに育つのかな」

A_4 ……（これも答がでないことが多い）

Q_5 「では，オタマジャクシが今たくさんいるね。これはやがてどうなるのだろう」

A_5 「あしが生えて，カエルになる」

Q_6 「そのとおり。カエルは卵を生んで，またオタマジャクシが生まれる。タンポポだって同じような繰り返しがあるはずだね」「これを確かめるにはどうしたらいいかな」

A_6 「たねをまいて，調べてみたらいい」

---

170 第9章 理科の授業と指導技術

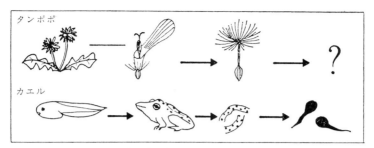

　Q_3 はやさしい問いであるが,次の Q_4 で生徒はすっかり自信を失ってしまう。しかし,Q_5,Q_6 で考える方向が与えられ,生物には時間とともに変化する姿があること,これに目を向けることの大切さが認識されていく。

　この場合,Q_4 だけで変化をみることの必要性につなげるのは,生徒の意欲をそぐことになりかねない。やはり,Q_5 から Q_6 のような回り道が必要であろう。

　また,ときには Q_4 に対して,「たねをまいて,調べたことがある」という答えが返ってくることもある。この場合は,その生徒に黒板に自分の見たタンポポの芽の姿をかかせて,これをもとに学習を進める。しかし,教材を植物だけでなく,動物にもひろげることを考えて,Q_5,Q_6 を省略する必要はないだろう。

Q_7 「先生がこれからいうことがわかるのかな。"生物は,2つの姿をもっている"ということなんだが……」
〈答えがない場合は〉
Q_8 「タンポポの花だけくわしく調べて,タンポポのことがわかったといえるかな」「オタマジャクシしか知らなかったら,カエルとは別の動物だと思ってしまうのではないかな」
A_7 「いまの姿としだいに変わっていく姿の2つだと思う」

　Q_7 は,問題の意味がつかみにくい。しかし,生物の研究には生物が2つの姿をもっていることを十分認識する必要がある。そこで,先生が何をいっているのかよくわからないような問いかけに,あえてしてある。ゆっくり,2,3回繰り返していると,生徒はしだいにこちらの意図を理解し,正しい回答がでてくるようになる。発問は明快でありたいが,ときにはこのようなものもあってよいのではないだろうか。

　このあとは,A_7 をもとに,生物の研究に必要なこと,心構えのまとめへと続く。

筑波大学附属中学校『新しい学習指導の基礎技術』第一法規,1982より

（4） 発問に伴う様々な問題
　発問は，先生から子どもへの問いかけであるが，先生はどのような態度で問いかけたらよいのだろう。ここでは，このような問題について考えてみたい。
① 発問する先生の態度
　先生からの問いかけに対して，子どもは一種の緊張感をもつ。穏やかな口調で，子どもが聞き取りやすい速さで問いかけることがまず大切である。できるだけ明瞭な声で，語尾をはっきりと発音するよう心掛けたい。場合によっては身振りも加えて，とにかく発問の意図が子どもに十分通ずるようにする。発問がきちんとした文になっていないために，何回も同じような発問を繰り返すことは避けたい。

■答えやすい発問も加えて

② 応答での留意点
　発問に対する答えには，その子どもが満足するような態度で応じてやることが基本である。大切な事項については，子どもの答えを繰り返し，それが正しいことを裏づけるとともに，板書して全員に徹底させることも必要になる。
　また，答えられない子どもにはヒントを出したりやさしく言い換えたりして，その子なりの答えができるよう援助する。できない子どもを次々に立たせて，結局はできる子どもに答えさせて終わりというのは最悪である。"当てられたって，もう答えてやるものか"というムードだけが残ってしまう。考えようとしない子どもは別として，できるだけ多くの子どもが参加できるよう日頃から心掛けたいものである。
　発問は，授業の指導技術として難易度が高い方である。あれだけ小学生のときは手を挙げたのに，中学生や高校生になるとなかなか手を挙げてくれない。とくに，女子生徒はこの傾向が強い。しかし，改まって質問すると答えない生徒も，観察や実験の合間に問いかけると，案外答えが返ってくるものである。こうした小さな働きかけや，生徒との好ましい人間関係をつくる努力が，みんなが発問に対して手を挙げるようになる鍵である。

❸ 板　書

　学校というと，時計台や百葉箱とともに黒板のイメージが強いが，この黒板にチョークで文字や図を書くことが板書である。「板書」は特別な用語なのだが，現在は大辞泉にも収録され，かなり一般的な言葉になっている。

　効果的な板書となると，ただ黒板に書けばいいという簡単なものではなく，それなりの技術や注意事項がいろいろある。

　教育実習生の授業を見ていると，黒板に書いた文章を途中で消して書き直したり，横にやたらと長くなったり，図が思わぬ方に発展したりして，子ども泣かせの板書もある。ICT機器が発達しても，まだまだ板書は健在である。ここでは，板書の意義，生かし方，よい板書にするための留意点などについて考えてみたい。

　また，現在では電子黒板も普及してきている。基本的な機能については従来の板書と大きく変わるところはないが，子どもが板書に参加できるなど優れた機能も備えている。さらに普及することも予想されるので，その長所と短所について十分認識した上での活用も考えたい（第8章参照）。

（1）　板書の機能

　板書は教師の説明の補助として使われることが多いが，学習指導の上でどのような役目を果たしているのだろうか。以下に，その主なものをまとめた。

①　学習指導を補助するはたらき

　学習のポイントを板書することによって，先生の言葉による説明が視覚化され，子どもの理解を助けることになる。

②　伝達し，定着させるはたらき

　板書によって学習の内容が明確になるとともに，これをノートにまとめることで知識が定着し，理解が一層深め

■子どもがノートにまとめやすい板書

られる。

③　**保留のはたらき**

　先生の言葉と違って，板書は消さない限りそのまま残っている。必要に応じて，その授業の中で何回でも全員で見て利用することができる。

④　**構成のはたらき**

　教科書や資料のプリントなどは，文章と図を組み合わせて完成された教材である。したがって，それが作られていく過程を見ることはできない。これに対して板書は，先生が授業の進行とともに少しずつ書き加えて完成させるようになっている。子どもは，この板書をノートに写していくことによって，個々の内容が次第に構造化され，一つのまとまりに構成されていく過程に参加していることになる。この手づくりの過程が子どもの思考を方向づけ，知識をまとまった概念として頭の中に定着させるのに役立っているのである。

⑤　**加除のはたらき**

　板書は，必要に応じて一部を消したり，新たに書き加えたりすることが自由にできる。これも板書の便利な点である。

　板書というと，何か古めかしい印象を受けるかもしれないが，文章だけでなく図や表，グラフなど何でも提示できる大変優れた機器でもある。マグネットでいろいろな補助教材を貼り付けることもできるので，黒板は学校教育の中で重要な位置を保ち続けることと思われる。

（2）　板書の条件－よい板書とは

　板書は学習指導に役立ついろいろな機能をもっているが，子どもにとってよい板書とは何だろうか。以下は，板書に対する子どもの希望を調べた結果，特に多かったものである。

　　・図や文字を大きくしてほしい。

　　・字をくずさないで，ていねいに書いてほしい。

　　・番号や記号をつけて，箇条書きに整理して書いてほしい。

　　・はじめから，順に書いてほしい。

　　・ゆっくり書いてほしい。

174　　第9章　理科の授業と指導技術

・書いてもすぐ消さないでほしい。

・黒板の下の方や，端の方に書かないでほしい。

このような希望は，そのまま望ましい板書の条件となるわけである。板書の基本は，子どもにわかりやすくノートに写しやすいということであるが，以下は望ましい板書についてまとめたものである。

① 見やすい大きさと書体で，はっきり書く

これは，板書の第一歩である。理科の板書では図が入ることが多くなるが，なるべく大きくはっきり書くようにしたい。きれいな図はわかりやすいだけでなく，子どももていねいに写すようになるので，学習効果を高めることにもなる。

② すべての子どもが見やすいように考えて書く

字の大きさや行間，文字や図の配置などを考えるとともに，最前列の左右の子どもにも，最後の列の子どもにもよく見えるように書く。自分の位置にも気を配って，いつも同じ子どもの視線を遮ってしまうことがないようにする。

③ 子どもの様子を見ながら，速さや量，消すタイミングを考える

先生の方は，板書の見通しがあるのでどんどん書いてしまうが，子どもは板書の内容を理解しながら追いかけていくので，当然のことだが時間がかかる。子どもの様子を見ながら，十分に時間をおいて次の板書に移るようにする。複雑な図のような場合は，全員がノートしたのを確かめてから次に進むくらいの配慮が欲しい。

④ 色チョークを効果的に使う

実験の図などは，色チョークを使うとわかりやすくなる。しかし，子どもは色鉛筆を何色も持っているわけではないので，赤と青を中心に考えたい。

⑤ 板書の原稿をつくり，レイアウトも考えておく

無計画な板書は，子どもにとって大変迷惑である。1行が長すぎたり，図が思わぬ方向に拡大したり，子どもが写している途中で書き直したり，これでは子どもはたまらない。できるだけ指導案や指導のノートに板書の原稿をつくり，レイアウトも考えた上で授業に臨みたい。こうすると，先生自身にとっても授業の流れが明確になるので，よい授業ができる。このとき，番号や記号を効果的に使うことも考えておくといい。

⑥ 子どもといっしょに自分の板書を眺める

　子どもがノートに写す様子を見回るときに，子どもの立場になって自分の板書を眺めることも，板書の技術を高めるのに役立つ。たまには子どもの意見を聞いてみたり，自分でも気に入った板書をノートにメモしたり，カメラに収めておくのもいい。

　なお，ハーバード大学の教師用案内書には板書に関する冊子もあって，適切な文字の大きさから文章の長さ，行数までが指示されている。

その他の指導技術

　学習指導の技術には，この他にもいろいろあるが，ここでは話し合いとノート指導について，簡単に触れることにしたい。

（1） 話し合い

　日本の学生は，ディベートが下手だといわれる。西欧では，できるだけ機会をとらえて積極的に自分の考えを主張しないと存在を認めてもらえない。大学でも，先生と学生が意見を言い合うことで授業が進められることが多い。

　しかし，日本の理科授業では進度に追われ，話し合いや討論などやっているゆとりがなく，先生の一方的な講義で授業が終わってしまうことも多い。子どもの方も，先生が結論を言ってくれる方がワーワー話し合うよりもわかりやすいということで，話し合いが敬遠されてしまうのが実態のようである。

　しかし，自分の意見を述べることは，主体的に学習に参加することであり，これからの時代には欠くことのできない自己学習能力の育成にもつながるものである。理科の学習でも，実験や観察結果の考察などを利用して，できるだけディベートの力をつけさせる努力をしていきたい。

（2） ノート

　どの教科でもノートをとるが，その意義は何か，次のように5つにまとめてみた。

① **学習の定着**

手を動かし考えながらノートにまとめることによって，耳から聞くだけの学習より，しっかりした知識として定着される。

② **学習の過程の把握**

ノートは授業の流れにしたがって書かれ，次第に一つのまとまりに構成される。その作業に参加することによって，学習の筋道が理解される。

③ **学習のポイントの把握**

考えながらノートすることによって，何が学習のポイントであるかが明確になるとともに，自分が理解できなかった点もはっきりする。

④ **学習の記録**

授業の内容を記録したノートは，子どもが学習の流れを思い出しながら復習し，思考することによって，確かな知識として記憶する手掛かりになる。

⑤ **観察・実験のまとめ**

授業中ばかりでなく，自宅でも観察や実験，観測などの結果を処理し，考察を加えてまとめる場とすることができる。

このように，ノートには学習指導上のいろいろな機能がある。では，よいノートとはどのようなノートなのだろうか。そのいくつかをまとめてみた。

・板書したことが正確に書かれていること。

・先生が言葉で説明した中で，大切なポイントが注記されていること。

・自分で判断した重要な部分が，アンダーラインや色鉛筆でチェックされていること。

・友達が見ても，その授業の内容が理解できること。

・適当な余白があって，復習するときなどに書き込みができること。

したがって，ここに挙げたことが満たされるようなノートを作らせるのが，ノート指導ということになる。しかし，子どもによいノートをとらせるには，先生の側でも努力が必要である。それはノートしやすいように板書すること，学習のポイントやまとめの言葉は，子どもがノートしやすいようゆっくりとした口調で説明することなどである。

4．その他の指導技術 | *177*

[記録ノート]

　私が長く在籍した筑波大学附属中学校では，以前から学級ごとに１冊ずつ「理科の記録ノート」と名付けたものをつくり，毎時間の授業を順番に記録させるようにしている。その日の当番になった生徒は，板書事項の他，おおよその先生の説明，観察や実験のデータ，自分の感想，わかりにくかったことや質問などを，いつもより詳しく自分のノートに記録する。これを家で整理しながら記録ノートにまとめ，翌日に提出するというものである。

　学年の最初の時間には，このノートのねらいと書き方を説明する。主なねらいは次の通りであるが，ノート指導の一つの方法として参考にしていただければと思う。

- ・ノートの取り方の練習：友達の書いたものがいろいろ見られるので，自分のノートの取り方を改善する参考になる。
- ・欠席者への配慮：欠席した生徒が見れば，授業の内容をかなり詳しく知ることができる。コピーすることもできて都合がよい。
- ・授業の記録と資料：その年度の自分の授業がどのように進んだか，生徒がどのように理解し，どこでつまずいたかなどが読み取れるので，先生の側の資料としても貴重なものになる。
- ・参観者への資料：参観する先生や保護者などが，これまでの授業の流れを踏まえて，その時間の授業のねらいや進め方を理解しやすくなる。

中学生の記録ノート例

5月16日 (火)

第2章 生物の生殖と遺伝 　教科書 P44〜

1. 生物のふえ方
<1> 動物の有性生殖
Male: カエル:

精子( )をつくる
精巣がある

Female: カエル:

卵(◎)をつくる
卵巣がある

卵や精子のように、子どもをつくる
ための細胞を 生殖細胞 という。

生物の特徴
・呼吸をする。
・栄養をとる。
❀ 自分と同じものをつくる。
　つまり子孫をのこす。

受精卵 → 胚 → 幼生 → 成体

両親の遺伝子をもつ。

発生

〔発生〕受精卵が成体になるまでの過程。

○ → ◍ → ◍ │ → ◍ → 　　皮ふ・神経 … 外胚葉
細胞分裂をくりかえし、│ 細胞が分化して、　消化器・えら … 内胚葉
細胞の数がふえる。　　│ いろいろな器官をつくる。　筋肉・骨格・循環器
　　　　　　　　　　　　　　　　　　　… 中胚葉

→ 　 → 　 → 　
外えらができる　　内えらができる　　かえる

くわしくは 教科書P45 を見よう!!

━感想━
前のときと比べて、図や絵がたくさんあったので
たいへんだった。カエルがうまくかけなかった…
つかれた。

4. その他の指導技術 　179

高校生の記録ノート例

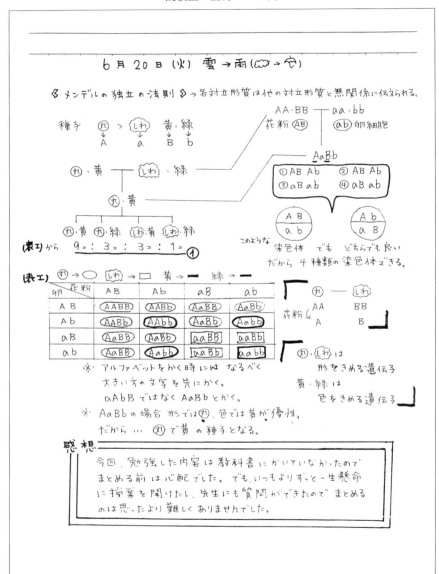

（3）　課題研究

　夏休みの前になると，「何かテーマを決めて研究してみよう」というような課題を出すことがある。ここでは夏休みの自由研究のように，子どもに自宅で取り組ませる宿題としての課題研究の意義や指導の仕方，提出された作品の扱い方などについて考えてみたい。

①　宿題としての課題研究のねらい

　授業での学習の定着と発展を図るとともに，自主的な学習能力や態度・習慣を身につけさせ，何か自分でテーマを見つけて研究しようという意欲を育てることがねらいである。したがって，課題を与えて終わりではなく，子どもにも取り組ませる意義を理解させるとともに，きちんと成果を評価し，授業に生かすような配慮が必要になる。

②　適切な課題の条件や指導上の留意点

　自宅での取り組みが主になるといっても，学習指導の一部として与えるものである。自由研究ではなく全員に課題として出す場合には，あまり時間や労力がかかるものは適当でない。だれでも取り組めて，しかも創造性が発揮できるようなものにしたい。

　以下は，テーマと作品の扱いについての留意点である。

- ・その研究のねらいや学校の授業とのつながりが，子どもにも納得できるものであること。
- ・時間的にも労力的にも，あまり無理がないこと。
- ・事前の指導をしっかり行い，研究の方法や資料の集め方などをよく理解させておくこと。
- ・提出された作品を大切に扱うこと。
- ・事後指導をきちんと行い，ていねいに評価すること。
- ・よい点を指摘したり，感想を書いたりして返却すること。
- ・なるべく発表の機会を設け，授業の中でも活用すること。

③　レポートの評価

　課題研究にしても自由研究にしても，自宅での取り組みであり，子どもの能力も家庭環境も様々であるから，あまり厳密な評価をしても意味がない。まじめに取り組んでいて，ある程度の結果が出ていれば，なるべくよい評価をした

い。

　段階はＡ，Ｂ，Ｃくらいにして，とくに優れているものには，Ａに○をつける程度がよいのではないだろうか。

　p.183〜184の例は，「天体」が中学校１年におかれていた頃の「冬の星と太陽」の課題プリントと生徒の作品である。この課題のねらいは星の動きの学習への導入と資料集めで，天気図は２年の気象の学習につなぐことを考えている。これを受けた２年の夏休みの課題は，夏型の天気図と台風がある天気図の切り抜きである。

─《冬休みの課題－1年》─
冬の星と太陽

1. 冬の星空をながめよう。
   - オリオン座をスケッチしなさい。日時を書くこと

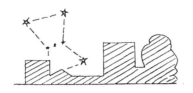

スケッチ例

年 1 月 5 日 20時

2. 日の出、日の入りの時刻を調べ、グラフにまとめよう。
   - 冬至を過ぎると、本当に日の出が早くなり、日の入りが遅くなって、昼が長くなるのだろうか。

3. 典型的な冬型の新聞天気図を1枚はりなさい。

☆ 以上をB5レポート用紙1枚にまとめ、1月14日（ ）に提出する。

4. その他の指導技術 | 183

冬休みの課題

1

1月7日9:30の空
雲がなく冬の大三角形がよく見えた。
しかし、ぼくの家からは北の方向が見えず、
オリオン座の正しい位置がわからなかった。

方位…南？ 高度…約40°
赤…見えたオリオン座の星　青…冬の大三角形

2①

6時
日の出

日の入り
16時
分

日の出
日の入り
昼の長さ

昼の長さ（9時間＋α）

19 20 冬至 25 30 31 1 5 10

2②
・確かに昼は長くなるが、日の出が早くなり、
　日の入りが遅くなるわけではない。
・日の出は遅くなるが、日の入りの遅くなる方が
　はげしいので、結局は
　昼が長くなる。

3

29日後9時

第10章
理科の授業の実践

　指導計画にしたがって綿密な指導案をつくり，観察や実験の準備も十分にしておけば，授業は順調に進むはずである。しかし，期待したように子どもが動かなかったり，実験に手間がかかったりして，指導案の通りに進まないことも多い。
　ここでは中学校1年の実験の授業を例に，指導案と比べながら実際の授業がどのように進められるか，授業中にどのような問題が起こるか，それにどう対応したらよいかなどについて考えてみたい。

授業の計画と実際の授業の進め方

（1）　学習指導例［私たちの耳と音］（筑波大学附属中学校実践記録より）
　学習指導要領では，音の学習は第1学年第1分野の単元「身近な物理現象」の中に，小単元「光と音」として位置づけられている。この指導事例は音の教材を自分の目や耳のはたらきと関連づけて扱い，生徒に音をより身近なものとしてとらえさせるよう，第2分野の内容も加えて構成されている。
　その第1時にあたる本時の授業は，2つの演示実験と生徒実験を中心に，実験プリントの利用，生徒との応答によるまとめなど，かなり内容の濃い1時間になっている。
［本時の題材］　1．音の性質
［本時のねらい］
　1．音を出している物体が，振動していることを理解させる。
　2．音の強弱が何によって決まるかを，音の波形の観察から理解させる。
　3．音を伝えるには媒体が必要であること，媒体によって，音の伝わり方が異なることを理解させる。
　4．ヒトの声が，様々な基本音の混じった複雑な音であることを理解させるとともに，音や耳に対する興味と関心を高める。

[指導過程と実践記録]

指　導　過　程	実際の生徒の反応，活動など
発問 「前回までは，光の性質と私たちの目について勉強した。今日からは，視覚情報と同じくらい大切なもう一つの情報について勉強しよう。では，その情報とはなんだろう」 ・指名して答えさせる。 「視覚情報と一緒になることが多いがそれは聴覚による情報だね」 「では，聴覚情報のもとになる音の性質について勉強していこう。それから，この小単元の名前を［私たちの耳と音］ということにしよう」 **板書** 　小単元2　私たちの耳と音 　　1．音の性質（1） **演示実験ー1** 「まず，音叉を使った実験を見てもら	・隣どうしで話しはじめ，ざわめきが起こる。 ・指名された生徒が「音」と答える。 ・生徒はノートをとり始める。 ◆一斉に集まったので，やや混乱す

■音叉による音の授業の始まり

■声の波形を見る

おう。教卓の周りに集まりなさい」
「音叉を，この棒でたたいてみよう。
音が出るね。音叉の音は，一番基本に
なる音です」

「今度は，音叉の木の箱をはずして
たたいてみよう。音はどうなるかな。
では，鳴っている音叉を，もとの箱に
つけると……」

「このような現象を共鳴というけれど
共鳴をうまく利用しているものを知ら
ないかな」

「いろいろな楽器が，この共鳴現象を
うまく利用しているんだね」「では，
君たちも音叉を使って，音の性質を調
べる実験をしてみよう」
・実験プリントを配る。
・実験について，説明する。
「わからないところはないかな」
「いくつか注意をします」
・音叉はていねいに扱う。
・水に触れた後は，よく拭くこと。
「では，器具を用意して始めなさい」
・器具の配付を見守る。

る。
・先生が，音叉の本体をたたきそこ
　なってにぎやかになる。（音叉の
　たたき方を指示）
・その後は，音叉の音に熱心に耳を
　傾ける。
（ずっと小さい音になる）

（はるかに大きな音になる）
・生徒はワーと驚きの声をあげる。
（関心を高める演示実験のねらい
　は，十分達成された）
・生徒は，なかなか思いつかない。
　（「君たちの中で，いろんな楽器
　を習っている人がいるだろう」－
　ヒントを出す）
・指名されてバイオリンやギターと
　いう答えが出る。

◆プリントの配付で，少しざわつ
　く。
・静かに説明を聞く。

◆教卓の上の器具を，グループごと
　に取りにくる。

1．授業の計画と実際の授業の進め方

	（少し混乱する）
－机間巡視－	・音叉が共鳴箱からはずれにくかったり，水面への触れ方がよくないグループがあったが順調に進む。
・時間を見て，器具の片づけを指示	・実験が終わったグループから後片づけをする。
「では，実験からどのようなことがわかったか発表してもらおう」 ・生徒の答えを整理しながら板書 **板書**	◆グループを指名して，代表に答えさせる。

《実験結果》	
① 強くたたく⇨大きな音 　　箱がない⇨音叉の音が小さい。 　　箱をつける⇨音が大きくなる。 ② 音を出している物体⇨振動している。	③ 机やスタンドも音を伝える。 　　音は空気中を伝わっていく。

「では，今度は音叉の音を，目で見ることにしよう」 ・増幅装置について簡単に説明 ・テレビの画面に注目させる。	・生徒は，どうして見るのかなど話し始める。期待が大きいようだ。 ・装置の仕組みは，よく理解できない生徒もある。
演示実験 「音が波の形で見える。音叉の音は，このように単純な波になる」	・うまく波形が出なくて，調整する。
「では，音叉を強くたたいたときの波はどうなるだろう……」	・多くの生徒が正しく予想する。
・波長と振幅など，波形について簡単に説明して板書する。	・波長などの言葉を知っている生徒と全く知らない生徒との差が大きいようだ。

音の性質（１）

［実験］音を出す物体・音を伝えるもの

① 音叉を鳴らしてみよう。
・音叉をたたき棒でたたき、音を出す。
・音叉を箱から取り外し、たたき棒でたたき、音を出す。
・鳴っている音叉を箱（共鳴箱という）につけてみよう。

② 鳴っている音叉を調べてみよう。
・音叉をたたき棒でたたき、指で軽くさわってみる。
・音叉をたたき棒でたたき、画用紙を触れてみる。
・音叉をたたき棒でたたき、水槽の水につけてみる。→どんな現象が見られるだろうか。

③ 音を伝えるものを調べてみよう。
・机に耳をつけ、指で軽く机をたたいてみる。
・スタンドに耳をつけ、指で軽くスタンドをたたいてみる。
・隣の班と共同で、２つの音叉（共鳴箱つき）を向かい合わせ、片方の音叉を鳴らす。しばらくしてから、鳴らした方の音叉を止める。

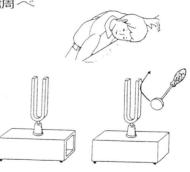

＜実験の結果＞
①で分かったこと：

②で分かったこと：

③で分かったこと：

1．授業の計画と実際の授業の進め方　189

板書

振動数：１秒間にくりかえし現れる　　　　　波の数	・生徒はノートをとる。

「今度は，人間の声の波形を見てみよう。だれかやってみたい人は手を挙げなさい」

・テレビに生徒の声の波形を示す。

◆やってみたいけれど，生徒はなかなか手を挙げない。

・希望者がないので，男子を指名する。

・指名された生徒は，懸命に高音や低音を出して，友達から拍手が起こった。

説明

「音叉の波形とはずいぶん違って複雑だ。基準になるいろいろな音が混じり合って，その人らしい声になるのです。楽器の音色もこれと同じです」

「では，今日の実験でわかったことを整理してみよう」

・グループを指名して，自分たちのまとめたものを発表させる。

・静かに説明を聞く。

・指名されたグループが発表するが，時間が足りなくなって先生主導のまとめになる。

板書

《まとめ》 ①音を出している物体は振動している。 ②音は空気・机・スタンドなどの物体の中を伝わる。 ③音の大きさは，振幅の大小で決まる。	◆この間に，チャイムが鳴る。

190　　第10章　理科の授業の実践

「次回の授業では、音の高さが何によって決まるのか、実験で調べることにしよう」 「では、終わりにしよう」	◆自分の教科書やノートの後片づけに気をとられ、聞いていない生徒もいる。 ・挨拶をして解散

② 授業を進める上での問題点とその対策

1で紹介した授業例の記録の中で、◆印をつけた部分は実際に授業を進めるときに問題になる点、指導上の工夫を要する点である。どのように対応したらよいか、これに類する問題も含めて考えてみよう。

以下、◆は問題点、⇨はそれに対する指導上の工夫を示す。

(1) 演示実験を見せるために、生徒を前に集める

◆一斉に教卓の回りに集まると、後ろの生徒は演示が見えない。混乱して危険なこともある。

⇨あらかじめ、教卓から1mくらい間をおいて集まるよう指示する。日頃から、簡単な演示のときに何回か経験させておくとよい。教卓を囲む輪を大きくした方が、全員が見やすくなる。薬品を扱う演示、加熱を伴う演示の際は、特に注意したい。中には「演示なんかどうでもいい」ということで、自分の席を立とうとしない生徒もいる。日頃の生活指導の問題でもあるが、こんなときは指名して教師の両脇に来させるとよい。

(2) 授業に使うプリントを配る

◆授業の途中で配ると、ざわついてしまうことも多い。そのプリントを使うときに配るのが本来だが、落ち着いた状態を乱してしまうことになる。かといって、後で使うプリント

■生徒を教卓の近くに集める

を最初に配ると，それに気をとられてなかなか落ち着いてくれない。
⇨配付する前に，何のためにプリントを配るのか，プリントにはこんなことが書いてあるという目的と内容を，きちんと説明することが大切である。実際に使うとき，もう一度説明するので二重に手間と時間がかかるわけだが，生徒にはプリントの内容がよくわかり，かえって学習効果が高くなる。
⇨「よく見ておきなさい，やっておきなさい」などといって，授業の終わりにプリントを配ることもあるが，いつまでにとか，どんな点に注意してとか，きちんと時間をとって生徒に目的と内容を説明することが望ましい。配れば終わりでは効果はない。

（3） グループによって，観察や実験の進み方が違う

◆グループで観察や実験をやると，どうしても速いグループと遅いグループができる。遅れたグループが時間内に終わりそうもないときは，本当に困ってしまう。

⇨生徒の能力を考えて，はじめからグループの構成を均等にすることが考えられるが，実際の授業では期待した通りにいかないことが少なくない。意図的なグループ分けは生徒に変な疑念を与える恐れもあり，労多くして益少なしとなることも多い。以下のように，積極的な対策をとった方がよい。

⇨机間巡視によって遅れがちなグループを援助し，全体の進み方を調整する。まずヒントを与え，それでも進まなかったら手を出して援助する。こうした場合でも，実験室全体に目を配ることを忘れないようにしたい。

⇨観察や実験を２つか３つの段階に分け，段階ごとに結果を確認しながら進める。時間はかかるが，全体の進度が大きくずれることはなくなる。こうした進め方の間に遅れがちなグループの指導に力を入れ，少しずつ本来のやり方にもっていけばいい。

■遅れているグループの指導

（4） 観察や実験の結果をノートにまとめる

◆どのように記録していいかわからない，だれかが書くのを待って写す。

⇨穴埋め式の実験プリントなどで練習させ，早く自分でまとめて記録できるように導く。はじめから実験ノートなどを持たせている学校もある。確かに多くの実験を能率的にこなすことはできるかもしれないが，あまり頼りすぎては科学の方法，探究の能力が十分身につくだろうかと心配になる。創意工夫などの余地も，せばめられてしまうのではないだろうか。

（5） 演示実験の希望者が出ない，質問に答えない，手を挙げない

◆だ液の実験のときなどは恥ずかしがって，だれのだ液で実験するのか決まらなくて困ることがある。

⇨まず先生がやってみせると，生徒の抵抗もなくなってうまくいく。前の時間に実験について説明し，担当の生徒も決めておけば，当日の混乱は避けることができる。

⇨その観察や実験の趣旨をよく説明して納得させ，意欲を高めておく。やはり日頃の生徒との信頼関係，観察や実験に対する意欲を育てておくことがポイントになる。

（6） 実験が終わらないうちに，チャイムが鳴る

◆実験が遅れて，終わらないうちにチャイムが鳴ってしまったというようなことはよくある。生徒は落ち着かなくなるし，次のクラスが実験室の外で待っているときなどは泣きたくなる。

⇨なかなか難しいことだが，早い段階で予定を打ち切る決断をして，ゆとりをもって終わる。やり切れなかった部分は次の時間に回すのが基本的な対応である。あわててやっても定着しないし，事故にもつながりかねない。

⇨実験が遅れているときには活動を中断させて，現在の進行状況と急ぐ理由，どんなことを急いでやったらいいのかを十分理解させることである。生徒は，勘所がわからないからこそ遅れてしまうのである。大声で急かすだけでは，生徒は混乱するばかりである。

⇨大幅に遅れるときは，同僚の理科の先生に応援を求め，次の時間の先生に遅

2．授業を進める上での問題点とその対策

れることを連絡する。日頃から授業を見学し合ったり，ティーム・ティーチングの授業を試みたりしておくと，このようなときに気軽に応援してもらえるだろう。

⇒時間内に収まるよう授業の計画を立てることが第一である。失敗は失敗として，今回の授業が遅れた原因を分析する，解決策を検討する，予備実験をやり直してみる，そしてこれを次に生かすことである。

（7）　後片づけの指示をどうするか

◆どうしても雑になる，時間切れで十分な後片づけができない。

⇒観察・実験の説明の中で，必ず後片づけについての説明をしておくこと。たいてい授業の途中で進み方を確認したり，注意をしたりする機会があるので，ここで後片づけのことを徹底させるとよい。いずれにしても，いい加減な後始末は許さないという毅然とした態度で，日頃の指導をしておくことである。

（8）　器具の扱いが悪い，器具を壊した

◆「先生割れました」と言う生徒に対し，割れたんじゃなくて割ったんだなどと，つい怒りたくなる。

⇒まず簡単に事情を確かめたら，後片づけを指示する。ふざけたり不注意で壊したりした場合は，その場で叱るとともに，後で壊した原因を十分納得させ，迷惑をかけたことを反省させる。

⇒加熱しているときに試験管が割れたり，顕微鏡の対物レンズをプレパラートにぶつけたりという事故は，確かに不注意によるものだが，考えてみると我々もしてしまうことがある。まして，慣れていない生徒には無理からぬ事故である。同じ生徒が何回もしているようでは困るが，はじめての場合は，扱いの間違いをていねいに教えてやることが第一である。ただ怒るだけでは，理科に対する学習意欲を失わせてしまうことにもなりかねない。

　私が教えていた大学生の1人は，中学校時代の理科では「器具を壊さないか，いつもびくびくしていたそうだ。理科の実験が，こんなにのびのびやれるものだとは知らなかった」と感想に書いていた。

⇨メスシリンダーなどを割られると，その生徒の1年分の実験費が飛んでしまうほどの損失なので，そうそういい顔ばかりはしていられない。しかし，叱ることも学習指導の一部であること，事故なく積極的に実験に取り組む生徒を育てるのが，本来の目的であることを忘れないようにしたい。

（9） 私語が多く，ざわついている

◆説明していても気になるし，実験中は事故につながりかねない。

⇨授業に関係のある話なら，場合によっては時間をとって話し合わせ，これを授業につなげてもいい。ただの私語なら止めさせる。しかし，私語が目立ったり落ち着きがなかったりするのは，その授業に対する動機づけができていない，まだ目的意識がもてないでいる，つまり，こちらの責任であることも多い。こんなときは気を取り直して，導入からやり直すことである。

（10） 実験中に遅刻してきた

◆授業の流れが中断されてしまい，他の生徒も落ち着かなくなる。

⇨観察や実験が始まっていたら，教卓のそばで待たせ，区切りのいいところで事情を聞く。次に，簡単な説明をしてから参加させる。

　この他にも授業中には，やけどや切り傷などの事故（第11章参照）が起こることもあるし，気分が悪いと訴える生徒が出ることもある。ブタの心臓の観察などで，貧血を起こす例も珍しくない。10年ほど非常勤で教えていたある大学で，指先から自分の血液を採って顕微鏡で観察する授業のとき，体の大きな空手部の学生が貧血で椅子から転げ落ちたことがあった。頭を打ったことも考えられたので病院に検査入院させたが，とくに問題がなく，一晩だけで退院してほっとした。不思議なことに，このような授業で貧血を起こすのは，すべて男子の学生であった。

　いずれにしても，日頃から事故への対応の仕方を考え，しっかりした心構えをもっていること，落ち着いて適切な処置ができるよう準備をしておくことである。

第11章
理科の授業と安全指導

　理科の授業で一番気を使うのは，当然のことながら事故が起こらないようにすることである。小学校や中学校の光合成の実験から，葉緑素を除くのに葉をエタノールに浸けて加熱する方法が教科書から消えてしまったのは，引火の危険があるからということである。水浴（湯せん）にすれば引火など考えられないが，毎年事故が起きていたのも事実である。危険だからやらせないのと，危険を防ぐ方法を教えるのと，果たしてどちらがよいのだろうか。ヒトである条件は直立二足歩行，そして道具と火の使用であるといわれる。すると，安全に火が使えない現代人は，もはやヒトとしての資格を失ってしまったということなのだろうか。

　ここでは事故が起こることがないよう，安全に授業を進めるにはどうしたらよいか，事故防止の基本と理科室の安全管理などについて考えてみたい。

　なお，学習指導要領解説理科編の「指導計画の作成と内容の取扱い」に「事故防止，薬品などの管理」として，事故を防ぐための注意事項が示されている。

観察・実験と事故防止

　安全に観察や実験をさせるには，次の２つの面から考えておかねばならない。一つは事故が起こらないようにするにはどうするか，もう一つは事故が起きたときにどうするかということである。もちろん，事故が起こらないように万全を期するのが第一であるが，安全なはずの光合成のたたき染めの実験でも，よそ見をしていて木づちで自分の指をたたいたり，ふざけて振り回した木づちが友達の顔に当たったりする事故が現に起きている。

　同じ事故でも，装置を壊したりガラス器具を割ったりした場合，けがややけどにならなければまだよいともいえる。しかし，器具の破損が起こるということは，気がゆるんでいる，扱い方がよくない，方法が間違っているということで，その先の事故につながることも多い。また買えばいい，直せばいいといっ

た安易な考えも捨てさせなければならない。

（1） よく起こる事故
① よく起こる身体の事故
・液体を加熱していたら，突沸した液に触れてやけどした。
・欠けたガラス器具の縁で，手を切ってしまった。
・ゴムせんの穴にガラス管を無理にねじ込んだら，ガラス管が折れて手を切った。
・まだ冷めていない試験管にさわって，やけどしてしまった。
・硫酸などの薬品が手についた。
・ガスバーナーの炎で，髪の毛が焦げた。
・解剖をしていて，貧血を起こした。
② よく起こる器具の事故
・顕微鏡の対物レンズがぶつかって，プレパラートを割った。
・電流計と電圧計の接続を逆にして，針が振り切れた。
・メスシリンダーを倒したら割れた。
・水の入ったビーカーを，ちょっと乱暴に机においたら割れた。
・ブラシで試験管を洗っていたら，底が抜けてしまった。
・ガラス器具を洗っているとき，流しにぶつけて割った。
・電圧を上げすぎて，豆電球が切れてしまった。
③ よく起こる薬品の事故
・過酸化水素水を濃いまま使ったので，酸素のあわが吹き出した。
・水栓からの水でうすめようとしたら，水勢が強くて原液が飛び散った。

（2） 事故が起こらないようにするにはどうするか
① 予備実験を十分に行い，器具，薬品等の状態をよく把握する
　事故防止の第一のポイントは，当然のことだが予備実験を十分やっておくことである。器具や薬品を使って実際に観察や実験をしてみるのであるから，どの段階で薬品が手についたり突沸が起こったり，器具が倒れそうになったりするかなどが予想できる。したがって，事前にどんな注意をするか，こうすれば

1．観察・実験と事故防止

安全になる，ここは演示でやる方がいいといったことがわかってくるはずである。

　また，器具や薬品のチェックも大切である。ビーカーや試験管のひび割れ，活栓の不備，試薬びんのラベルと中身の違い（ラベルの誤記），電源装置や電流計の作動状態など，準備する物品のチェックを兼ねて安全面についても点検しておきたい。また，危険な薬品の収納庫には施錠し，転倒防止の処置をとること，その他の薬品についても，危険物の取り扱いに関する法令にしたがって管理をすることが必要である。

　こうした予備実験や器具・薬品のチェックは安全対策であるとともに，先生自身が観察や実験に習熟することにも通ずるので，実際の指導もうまくいき，事故もなくなる。

② **理科室での基本的な学習習慣を身につけさせる**

　子どもたちを理科室に連れてくると，大変にぎやかになることが多い。普通教室では1人ずつ前を向いているのが，理科室では2人ずつ，4人が向かい合って座ることが多いので，つい話が弾んで落ち着かなくなる。ふだん見ることのない電解装置とか天体望遠鏡，人体模型などに集まり，なかなか席に着かない。安全に観察や実験を行うためにも，落ち着いて観察や実験に取り組むという基本的な態度，習慣を，日頃から身につけさせておきたい。

③ **先生の指示を守る習慣を身につけさせる**

　理科室では指示を守り，勝手なことはしないという指導を徹底する。事前の注意をよく聞く，実験方法や薬品の分量，器具の扱い方などについての細かい指示もきちんと守るという習慣をつけさせる。理科室では毅然とした態度で子どもに接することが大切である。

④ **事前の安全指導を徹底する**

　観察や実験の説明をするとき，予想される危険と防止策についても十分認識させ，真剣に取り組む心構えをつくらせることである。教科書にも観察や実験のときの注意が書かれているので，これもあわせて確認させるようにする。

⑤ **身だしなみをきちんとさせる**

　セーラー服のネクタイがこぼれた薬品に触れて穴があく，バーナーの炎で髪の毛が焦げるといった事故も少なくない。上着のボタンを外しただらしない服

装で薬品を扱ったり，セーラー服の袖口をひらひらさせたまま加熱の操作をさせたりすることのないよう注意する。実験着を着用させればいいのだが，費用の点や使用の頻度などで無理なことが多い。腕を露出させる夏場には，とくにやけどに注意したい。

　また，薬品を使う実験は立って行うという原則も守らせたい。上履きのかかとをつぶしてサンダルのように履いている子どもも見かけるが，いざというときに素早い動きができないので，これもやめさせたい。当然のことながら，指導する先生のサンダル履きなども論外である。

⑥　基本操作に習熟させておく

　ガラス器具や主な薬品の基本的な扱い方をていねいに指導し，日頃から操作に習熟させておく。失敗や危険が予想される試薬を容器に分け取る操作，ガスバーナーやアルコールランプの点火と調節，試験管で液体を加熱する操作などは，特別に時間を設けて指導しておくのが望ましい。その際，なぜ危険なのか，どんな事故が起こりやすいのか，それを防ぐ方法や起きたときどうするかもあわせて指導する。

　小学校や中学校の教科書には，最初に器具や薬品，ガスバーナー，顕微鏡の扱い方などの基本操作，実験室での態度，心構えなどが載っているので，これも活用したい。わざわざ時間をとるのは，もったいないように思われるかもしれないが，後の授業がスムースに進んで，かえって能率が上がるものである。

⑦　子どもへの目配りと机間巡視の徹底を心掛ける

　子どもがどのように実験に取り組んでいるかをよく見て，その様子を常に把握しておくのも，事故の防止に大切なことである。そのためには机間巡視も必要だが，実験が軌道に乗れば，実験室の前か後ろから子どもの動きをじっと見ていることも，かえって全体の状況が把握できてよい。子どもと一緒になって観察や実験に取り組むのも立派なことだが，一方では，冷静に全体を眺めるクールな姿勢も理科の教師には必要である。

⑧　後片づけは慎重に行わせる

　案外多いのは，後片づけの際の事故である。ガラス器具を割る，ガラスで手を切る，こぼれた試薬が服につく，流しが詰まるなどいろいろある。授業の終わりは何かとあわただしく，子どもも落ち着かない。終わったグループから解

1．観察・実験と事故防止

散といった方法も望ましくない。「理科の先生は，全員の後片づけが終わらないと，授業を終わりにしない」ということを，子どもに日頃から徹底させておくといい。

⑨ **応急処置ができる準備と訓練を怠らない**

簡単な手当ができる救急箱を用意すること，消火器や砂などを所定の場所に整備しておくことなどである。定期的な点検と，防火訓練にも心掛けたい。また，緊急時にどのように保健室と連絡をとるかについても，ルールを決めておくとよい。

整えておきたい理科室の救急箱の中身

殺菌剤（消毒薬）　軟こう（抗生物質入り） ガーゼ　リバノールガーゼ　包帯　手ぬぐい　綿棒 ばんそうこう　はさみ　ピンセット　（保冷剤・氷）

（3）　事故が起こったらどうするか

① **事故の程度を素早く把握する**

まず，手に負える事故か，助けが必要な事故かの判断をすることである。少量の薬品が手についたとか，まだ冷えていない試験管に触ってしまったなど，指導する先生が処置できるものはいいが，切り傷で出血が激しい，広範囲のやけど，ガス中毒などでは対応が違ってくる。

対応が難しいと思うような事故なら，躊躇することなく他の先生に応援を求め，保健室にも連絡してもらう。場合によっては，救急車を要請するといった対応が望ましい。恥ずかしい，不名誉だ，できるだけ内々に済ませたいといった考えは捨てることである。

② **全体への目配りも忘れない**

事故が起こったときの，他の子どもへの指導も大切である。あるグループで事故が起きたということは，他でも同じ事故が起きる状態にあるということである。すぐ実験をストップさせて席に着かせる，ガスバーナーの火を消させるなど，事故の当事者への対応と同時に全体に対して適切な指示をすることを忘れてはならない。事故を最小限に抑え，あわてて2次災害を起こすことのない

200 　第11章　理科の授業と安全指導

よう落ち着いて対処することが必要である。

③　簡単な応急処置をする

　観察や実験の授業では，器具や薬品に不慣れな子どもであれば，小さな事故がおきるのはやむを得ない。理科室専用の救急箱を整備しておくこと，簡単な応急処置の知識と方法に習熟しておくことが大切である。

　事故に対する詳しい対応は専門書に譲るが，以下は，軽いやけどや薬品の事故に対するとりあえずの処置方法である。

[火傷した]

①流水で冷やす。さらに氷水につけるか，氷水を入れたビニール袋か保冷剤を　当てて冷やす。

②滅菌ガーゼかリバノールガーゼを当て，ばんそうこうや包帯で止める。

[薬品がついた]

①流水で十分洗い流す。

②滅菌ガーゼを当て，ばんそうこうで止める。

[切り傷ができた]

①殺菌剤で傷口を消毒し，ばんそうこうで止める。

②出血がひどい場合は滅菌ガーゼを当てて強く押さえ，保健室で処置する。

② 危険を伴う実験と安全対策

　いろいろな観察や実験の中には，事故につながりやすいものもある。しかし，予想される事故とその原因，それを防ぐ方法について理解を深めておけば，事故の危険を避けることができる。以下は，起こりやすい事故とその対策である。

①　水素の爆発

・事故の頻度が高く，また被害が大きいものの一つである。純粋な水素は淡い　炎を出して燃えるだけで危険はないが，問題は酸素（空気）との混合気体に　点火したときの爆発である。

・具体的には，まだ空気が混じって出てくる発生装置の口に火を近づけたた　め，フラスコが爆発するという事故が多い。多量の水素を得ようとして，大

2．危険を伴う実験と安全対策

型のフラスコを使った場合によく起こる。事故を防ぐには，発生する気体を試験管にとり，点火して「ボッ」という低い音を発して燃えることを確かめてから実験に移ればよい。「ピョン」という高い音が出るようなら，まだ空気が混じっている証拠である。

・最近は，いろいろと工夫された安全な発生装置がある。教材会社のカタログや教科書の指導書，研究会の資料なども参考に，日頃から研究しておきたい。水素ボンベを利用してもいいが，少なくとも演示実験では水素の発生の様子を観察させるようにしたい。

②　急激な気体の発生

・過酸化水素水（オキシドール）は，酸素の発生やカタラーゼの実験でよく使われる。5％以上の濃度のものに二酸化マンガンを加えると，急激に酸素が発生して液が吹き出すことがある。どんな溶液についても濃度をきちんと守ること，反応が遅いからといって熱したりしないことなどに注意したい。

③　可燃性の薬品の引火

・実験でよく使う可燃性の薬品には，エタノール，メタノール，エーテル，クロロホルム，ベンゼン，トルエンなどがある。他の容器に移すときにこぼしたり，栓を開けたまま放置したりすると，引火や爆発の事故につながりやすい。

・よく起こるのは，アルコールランプのメタノールの量が少ない状態で点火したら爆発したという事故である。これはメタノールを早めに補充して，いつも半分以上が入っている状態にしておけば問題ない。また，メタノールを補充するときは，口のまわりにこぼさないようにする。知らずに点火すると全体に火が回って，あわてた子どもが思わぬ事故を起こすことがある。

・エタノールで葉緑素を溶かし出すような引火性の薬品を加熱する実験では，当然のことだが直火を使わずに水浴（湯せん）にする。

④　薬品の混合による爆発

・先に述べた過酸化水素水の濃いものに，二酸化マンガンのような金属酸化物や金属粉を加えると，爆発的に酸素が発生して危険である。

・濃硫酸に水を加えると，激しく発熱するとともに混合液が飛び散って危険である。水で薄めるときは，ビーカーのような口の広い容器に水を入れ，かき

202　第11章　理科の授業と安全指導

混ぜながら濃硫酸を少しずつ加えていく。

・塩素酸カリウムの粉末に赤リンやイオウ，木炭の粉末を加えて混ぜる場合は，細心の注意を要する。火薬そのものを作っていることになるので爆発の危険も大きく，少量ずつを柔らかい鳥の羽で混ぜるようにする。高校生であっても，生徒には絶対に扱わせてはならない。

⑤ 突沸による事故

・沸騰石を入れずに液体を加熱すると，液体が爆発的に沸騰して試験管などの口から吹き出す。吹き出した液体によるやけどのほかに，あわてて試験管を放り出したための二次的な事故も少なくない。必ず沸騰石を入れて急激な加熱を避けること，試験管の場合はよく振りながら加熱することなどで防止できる。

⑥ 有毒ガスの吸入

・塩素，塩化水素，硫化水素，一酸化炭素，フッ化水素などは有毒で，吸い込むことは危険である。不完全燃焼で発生する一酸化炭素は無臭で，吸入に気づきにくいので注意したい。事故を防ぐには，窓を開けて換気をよくすることである。

・クロロホルムやエーテル，ホルマリンなどは麻酔性の気体で，多量に吸い込むと危険である。

・エーテル，アンモニア水，過酸化水素水，濃塩酸などの入ったびんは，内部が加圧状態になっているため，栓が飛んだり気体が吹き出したりすることがある。慎重に栓を開けること，びんの口を顔に向けないことなどに留意する。気温が高い夏には，特に注意したい。

⑦ 皮膚に触れると危険な薬品

・濃塩酸，濃硫酸，氷酢酸，濃度の高い水酸化ナトリウムや水酸化カリウムの溶液が皮膚につくと，組織をおかしたり水疱ができたりして危険である。

・過酸化水素水の濃いものが皮膚につくと，皮膚は白く変色するとともに，水疱ができて激しく痛む。

・これらの薬品の扱いには細心の注意をはらい，絶対に皮膚につけないことが安全対策の基本である。皮膚が露出することの多い夏には，特に注意したい。

2．危険を伴う実験と安全対策　　*203*

⑧　ガラス器具によるけが

・ガラス管の切り口が丸めていなかったために指を切ったり，ゴム栓にガラス管を無理にねじ込んだために折れて，手を切ったりする事故が多い。

・顕微鏡観察でも，スライドガラスの縁で切ったり，雑巾で机をふいたら，カバーガラスのかけらが手のひらに刺さったりする事故が起こる。

・ガラスによる切り傷は複雑で傷跡が残ることも多く，刺さったガラス片もとれにくい。保健室で手当するなり医師の診断を受けるなり，慎重に対処したい。

・割れたガラス器具や破片は，専用の容器を決めておいて速やかに処理する。流しに捨てられた破片で手を切るような二次的な事故が起こらないよう，日頃からの指導が大切である。

⑨　衣服に火がつく事故

・ガスバーナーの炎で実験着の袖口に火がついた，髪の毛が焦げたというような事故も少なくない。袖口をきちんと縛る，長い髪の子どもは髪をまとめるなど，指導を心掛けたい。

・火がついて，衣服が燃え上がったときは床に転がして消すこと，あわてずに水をかけることである。実験のときには水で濡らしたタオルなどを手元に置いておくと，火を消すだけでなく，皮膚についた薬品をとりあえずふき取るようなときにも大変役立つ。

⑩　予期しない大きな事故への対応

・きちんと注意していれば，大勢の子どもがガス中毒になった，爆発事故で何人も負傷者が出たというような大事故は起こるものではない。しかし，理科の教師としては，何が起こってもいいような対策だけは考えておきたい。理科の授業に限らず，学校でこのような事故が起こったら，科学の知識を生かして，緊急処置の先頭に立つのは理科の先生である。

・まず養護教諭のもとに，次に他の理科の先生，校長室と職員室に連絡して応援を求める，救急車の手配をするなどの連絡系統を決め，日頃から連絡をとる訓練をしておく。

・事故を恥ずかしがったり隠そうとしたりして初期の対応に遅れをとり，かえって事故を大きくしてしまうようなことは，絶対に避けなければならない。

204　　第11章　理科の授業と安全指導

第12章
理科の授業と野外学習

　理科教育の基本は，自然の事象の観察である。自分たちを取り巻く自然を観察し，その結果をもとに自然の仕組みを明らかにしていくのが理科である。したがって，本来は教室での学習の前に野外での観察や観測，つまり野外学習が位置づけられることになる。

　野外学習といっても，校庭での生物観察や屋上での気象観測，望遠鏡による太陽の黒点観測のようなものから，宿泊を伴う地学の巡検までいろいろある。また，宇宙線や自然放射能の測定などを除くと，ほとんどの野外学習が生物と地学の領域になる。

　ここでは，生物や地学の野外での観察，測定，調査などを野外学習ととらえ，その基本的な進め方や指導上の留意点について考えてみたい。

野外学習の意義

　教室の外で行う自然の観察や観測，調査などの野外学習の意義やねらいは，次のようにまとめることができる。
- ・自然の事象への興味・関心を育て，理科の学習意欲を高める。
- ・多様な自然の観察や調査を通して，探究の方法を身につけるとともに，自ら学ぶ意欲をもつ。
- ・環境保全についての理解を深める。
- ・自然の事象について，共通経験を得る。
- ・学習の定着と応用，発展の場となる。

[学習指導要領での野外学習の扱い]

　このような野外学習について，小学校から高等学校までの学習指導要領では次のように扱われている。
- ・小学校

　理科の目標の書き出しにある「自然に親しみ」という言葉が示すように，学

校で飼育・栽培している動物や植物の観察をはじめ，日なたと日陰の温度や湿り具合の観察，川の流れや石の観察，太陽や月の動きの観察，季節と生物の様子の観察など，多くの野外学習が指示されている。校庭や学校近辺での簡単な野外学習の機会は，小学校の理科の時間が最も多いのではないだろうか。

　さらに解説では，「自然に親しむ」とは「単に自然に触れたり，慣れ親しんだりするということだけではない。児童が関心や意欲をもって対象と関わることにより，自ら問題を見いだし，それを追究していく活動を行うとともに，見いだした問題を追究し，解決していく中で，新たな問題を見いだし，繰り返し自然の事象・現象に関わっていくこと含意している」と説明されている。

・中学校
　特に第2分野について，学習指導要領には次のような野外での観察や調査の活動が示されている。

　　1年「いろいろな生物とその共通点」　校庭や学校周辺の生物観察
　　　　「大地の成り立ちと変化」　地層や堆積岩の野外観察　建築の石材観察
　　2年「生物の体のつくりと働き」
　　　　身近な植物や動物の観察　動物園や水族館での観察
　　2年「気象とその変化」
　　　　校庭や屋上での気象観測　雲や霧の観察　前線通過時の天気変化
　　3年「地球と宇宙」　太陽・星・金星の動きや見え方　太陽の高度の変化
　　　　季節による星座の移り変わり
　　3年「自然と人間」　学校周辺の環境観察　身近に生活する動植物の生態調査　大気の状態や河川・湖沼の水質調査

・高等学校
　地学基礎の「内容の取扱い」に野外観察への言及があり，地学の「地層の観察」では，「地層に関する野外観察や実験など」を行うことが示されている。

　また，「各科目にわたる指導計画の作成と内容の取扱い」には，「観察，実験などの体験的な学習活動を充実させること」という一文がある。

　なお，平成11年版学習指導要領の生物IIと地学IIの課題研究解説に挙げられている次の観察・調査例は，生物基礎と地学基礎で野外観察を積極的に取り入れたいという先生には参考になりそうである。

・地域に生息する特定の生物の生活や分布の調査

・身近な林や空地における植生調査

・指標生物による環境の調査

・学校や居住地周辺の地形，地質の調査

・校内や居住地の局地気象の調査

・河川水や地下水などの状態とその水質の調査

　さらに，小・中・高の学習指導要領の「指導計画の作成と内容の取扱い」には，次のような説明が載っている。

[体験的な学習活動の充実]

・小学校「生物，天気，川，土地などの指導に当たっては，野外に出掛け地域の自然に親しむ活動や体験的な活動を多く取り入れるとともに，生命を尊重し，自然環境の保全に寄与する態度を養うようにすること」

・中学校「観察，実験，野外観察などの体験的な学習活動の充実に配慮すること」

・高等学校「観察，実験，野外観察などの体験的な学習活動を充実させること」

[継続的な観察などの充実]

中学校「継続的な観察や季節を変えての定点観測を，各内容の特質に応じて適宜行うようにすること」

[博物館や科学センターなどとの連携]

小学校「博物館や科学学習センターなどと連携，協力を図りながら，それらを積極的に活用すること」

中学校「博物館や科学学習センターなどと積極的に連携，協力を図るようにすること」

高等学校「各科目の指導に当たっては，大学や研究機関，博物館や科学学習センターなどと積極的に連携，協力を図るようにすること」

❷ 野外学習の進め方

（1）　進め方の基本

　教室の外での学習といっても，校庭での生物観察や気象観測と校外での地学巡検などでは，その指導の仕方がかなり異なる。しかし，次のような野外学習を進める上での基本的な事項に変わりはない。

①　ねらいを明確にし，これを子どもにも徹底しておくこと

②　事前の調査を十分に行うこと

③　十分な事前の準備をすること

④　事後の指導をしっかりすること

　これらは，通常の授業についてもいえることであるが，野外学習の場合は教室での観察や実験と違って，学習の対象となる自然はずっと複雑で多様である。したがって，自然のどこに目を向けて，何をどのように観察し記録したらよいかなど，学習の目的や観察のポイントを子どもに十分理解させ，はっきりした課題意識をもたせておかないと効果が期待できない。

　また，子どもの自主的な行動が中心となり，行動範囲も広くなることから，たとえ校庭での学習であっても，事前の下調査を念入りに行って，危険箇所や行動範囲のチェックをしておくことが必要である。

（2）　校庭での野外学習例　［初夏の野草調査］

　中学校１年の植物の学習では校庭の野草の観察が，高校の生物では方形区調査が取り入れられることも多い。次はその進め方の１例で，初夏の野草の生態を調べるとともに，授業で学習した検索法の実習をさせようとするものである。

208　　第12章　理科の授業と野外学習

［目的］

　・校庭の野草の種類，生育状態を明らかにする。

　・野外観察の基本的な方法を理解させる。

　・植物の種類を検索する方法を身につけさせる。

　・調査の結果を，適切にレポートにまとめる能力を身につけさせる。

　・身近な植物についての興味・関心を育てる。

［事前の調査］

　・野草の生育状態と主な種類を調べ，子どもの行動範囲などを確認する。

［当日の準備］

　・プリント－調査結果の記入用紙

　・検索図鑑類

　・主な野草の見本（教卓に並べ，参考にさせる）

［事前指導］

　・調査と記録方法の説明

　・行動についての注意－行動範囲と時間

［学習中の指導］

　・子どもの観察活動の援助，行動上の指導など

　・カメラやビデオで子どもが観察している様子や主な植物の種類を撮影しておくと，事後指導のときに大変役立つ。

［事後指導］

　・学習のまとめ　疑問に答え，観察の成果を確認する。

　・レポート作成　まとめ方や考察のポイントを説明する。

　・レポートの評価　子どもどうしの評価　教師による評価

（3）　理科の行事としての野外学習例［地学巡検］

　理科の行事としての野外学習には，海岸での生物観察や地学の巡検が挙げられる。この場合は学校行事として認めてもらう手続きから交通機関の手配，予算，関係機関との連絡まで，様々な問題がある。

　次は，その主なものであるが，食事やトイレの問題，雨天対策，危険箇所な

どについては，予備調査のときに現地で十分チェックしておかなければならない。

企　画：	事前調査　実施計画案の策定　学校行事としての承認　予算措置
準　備：	実施計画の作成　現地関係機関への連絡・諸届　予備調査　指導計画の作成　事前指導　観察・調査用具の整備　交通機関の手配　フィールドノートの作成　事前指導
実　施：	指導形態と指導者　休憩・昼食場所　救急対策
事　後：	事後指導　レポートの作成　発表　報告書の作成

■地学巡検（埼玉県長瀞）

p.211〜212は，秩父・長瀞方面の地学巡検の準備から事後指導，評価までの例（筑波大学附属中学校）である。地形や岩石の学習とともに沿線の生物や産業の観察も取り入れて，理科の総合学習的な行事になっている。実施の時期は教育実習期間の5月に設定しているが，これは実習生に野外学習の指導を経験させるためである。

［野外学習－地学巡検（埼玉県・長瀞）例］

(1) **生徒に対する事前指導（合計３時間）**
- 学年指導……ねらい，当日の行動要領，持ち物などを知り，スライドなどによって現地の様子を学ぶ。理科の担当の教師が中心となって指導し，学年の担任がこれに協力する。
- クラスごとの指導１……フィールドノート（資料参照）を用い，学習内容を把握する。その後に，班に分かれ，教育実習生を囲み，自己紹介を行ない，行動上の注意事項を確認する。
- クラスごとの指導２……火成岩・堆積岩・変成岩それぞれの岩石のできかたを学び，長瀞の荒川の川原でよく見られる12種類の岩石の観察・分類を行なう。

(2) **理科の教育実習生に対する事前指導**
- スライドによって現地や当日の様子を知る。　・前年度の教育実習生の反省，感想を知る。
- フィールドノートをもとに学習内容を把握する。　・生活指導上のポイントを知る。
- 岩石の観察，分類を行ない，その特徴を学ぶ。

(3) **下見調査－実地踏査**
　　ここでは，学習事項を確認するとともに，危険区域や当日の行動上の注意事項を知り，安全に配慮しつつ指導できるようにする。また，埼玉県立自然史博物館の学芸員の方から岩石の分類の仕方の指導を受けた。

(4) **当日の行動と学習**
　　詳しくは，資料１として載せてあるが，時間をおった学習・行動の概略を示すと以下のようになる。

8：30　池袋駅集合→班ごとに点呼（班活動開始）
8：50　池袋～小川町～寄居～上長瀞
　　　　　→車窓観察－農作物の種類，森林の様子，土地利用状況，川の流れの比較，荒川沿いの地形，秩父の産業などフィールドノートにそってまとめる。
11：10　川原での全体指導
　　　　　→行動上の諸注意
　　　　　→埼玉県立自然史博物館の学芸員の方からのお話－秩父の歴史，川原の岩石など
11：40　班行動開始
　　　　　→昼食→川原の岩石の観察・分類→埼玉県立自然史博物館の見学→岩だたみにおける地形や地質の観察・調査
15：00　長瀞駅集合・点呼
15：14　長瀞～寄居～小川町～池袋　・学習のまとめ
17：23　池袋駅着，解散（自宅でのまとめ）

(5) **事後指導**
　　事後指導として次の４つの事項について実施した。
- 教育実習生によるフィールドノートの点検・評価・および寸評の書きこみ。
- 教師によるフィールドノートの点検。
- 教育実習生へのアンケート調査の実施。
- ９月以降の理科の学習で校外学習の内容を取り扱った。また，定期テストに校外学習で得た知識や概念，科学的思考力等について評価した。
  ① 火成岩・堆積岩の授業では，長瀞で採集した岩石をもってこさせ，観察させた。

2．野外学習の進め方 │ *211*

② 流水のはたらきの授業では，洪水標識や河岸段丘，おう穴，インブリケーションなどを例に取り上げた。

③ 地殻の変動の授業では，長瀞で見られた断層・しゅう曲・河岸段丘・変成岩などを取り上げた。

校外学習－長瀞－の評価

(1) **教育実習生によるフィールドノートに対する評価**

校外学習の次の日に提出されたフィールドノートを，教育実習生が点検し，評価した。評価は，次のような観点からA，B，Cの3段階とした。

A……ていねいに書いている，工夫が見られる，観察がよくされている。

B……普通，平均的。

C……雑である，余白がある，不十分なところがある。

結果は，Aが63人，Bが115人，Cが26人であった。この結果は，教育実習生の指導のもとにほとんどの生徒たちが意欲的に学習に取り組んだことを示している。評価Cをつけられた生徒に対しては個別の指導が必要なのであるが，教育実習生からの報告ではこれらの生徒たちは，当日のグループ学習への取り組みが不真面目であった生徒と一致している。

(2) **「自然に対する親しみや興味・関心が高まり，流水のはたらきや地殻の変動などを推定できたか」について**

自己チェック表に記載した「長瀞での学習を通して，感動できたことがありましたか。また，それはどんなことでしたか」の自由記述の内容は次のように分類できた。

・自然はすごい。大きい。偉大だ……………………………………………………………30人
・自然は長い年月をかけてできてきた。…………………………………………………… 8 人
・大地は変化してきた。昔は海や川底だった。固い岩石が曲げられたりした。しゅう曲や断層はすごい。地下でできたものが地上で見られる。…………………………………………33人
・流水のはたらきやすごさ。特にポットホールのでき方などに感心した。…………………28人
・地球の内部の様子や地殻をつくっている岩石を見られた。「地球の窓」という言葉が実感できた。地球の内部と同じ岩石を見られた。………………………………………………38人
・岩石にもその生い立ちがある。…………………………………………………………… 4 人
・岩石が見分けられ，その名前が分かった。………………………………………………18人
・虎岩や岩石の層，しま模様が美しかった。……………………………………………… 4 人

また，「校外学習－長瀞－の感想を書きなさい。（1日を振り返り，この校外学習についての感想を，できるだけていねいに書きなさい。）」の自由記述の内容を次のようなカテゴリー別に分類した。

1．情緒（・興味　関心　・意欲　欲求　・満足度　達成感　・感動　・有能感）…………151人
2．認知能力（・知識（量と深さ）　・理解　・推察　・関係把握）………………………87人
3．学習方法（・学習の進め方　・情報の収集と処理）…………………………………… 7 人
4．学習態度（・自主性　主体性　・誠実さ　・学習への意欲　積極性）……………………11人
5．社会性（・人間関係－仲間意識，共同，協同－　・信頼関係－対他意識－）………………10人

（4） 学校行事の中での野外学習

　野外学習を理科の行事として実施することは，授業日数や費用，他の教科との関係などから大変難しい。そこで，修学旅行や林間学校などの日程の中に，無理のない程度に自然の観察や観測を入れることも考えたい。山の行事なら星座や山にかかる雲の様子などを見てくるように話しておくだけでも，これらが共通経験となって，天体や気象の学習にどれだけ役立つかわからない。

　以下の例は，山の行事（中学校2年）の冊子に加えた理科の観察と，事前指導の内容である。あまり負担になるものは避け，生徒が登山の合間に観察できるようなものになっている。観察の結果は2学期以後の生物と気象，3年の環境保全などの学習に生かされる。

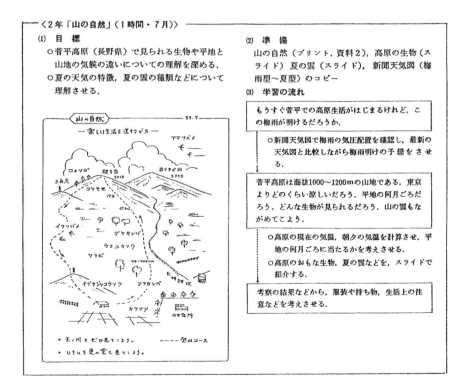

（5）　野外学習を中心とした修学旅行

　最近の修学旅行は，全員が同じコースを回るのではなく，旅行先でグループに分かれて自主的な学習をする学校が増えている。

　ここでは，生徒が5コースの1つを選んで参加する富士山周辺での修学旅行から，理科の学習が中心となる「自然コース」を紹介しておきたい。

筑波大学附属中学校の修学旅行

A	文学	伊豆を中心に川端康成・井上靖らの文学者と足跡研究
B	自然	富士周辺の自然観察と調査　地元中学校との交歓会
C	勤労	朝霧高原での酪農体験　乳業会社・研究所・農協などの見学
D	環境	富士市の産業と環境汚染・環境改善の実態見学と調査
E	美術	山梨県立美術館などの見学　八ヶ岳高原での作品制作と発表

自然コース 『日本一の富士山から学ぶ』
[コース設定の趣旨]

　日本の象徴である富士山の豊かな自然に親しみながら，観察・観測・体験・講演・学校訪問などを通して，美しい自然を大切に守ろうとする心と環境保全のための方法，フィールドワークの基礎などを身につける。

[日程表]

日程・学習の形態	学　習　内　容
第1日（全体学習）	富士ビジターセンター　スバルライン お中道ハイク　山中湖・河口湖水質調査 夜の学習
第2日（コース別学習）	自然保護運動についての講演　芦安村 夜叉神峠ハイク　地元の方の講話　夜の 学習（水質調査等の報告）
第3日（コース別学習）	芦安中学校との交歓会　精進湖・本栖

214 　第12章　理科の授業と野外学習

	湖・西湖の水質調査　自然歩道ハイク 風穴　夜の学習（コースのまとめ）
第4日（全体学習）	箱根火山　関所跡　箱根旧道ハイク

［具体的なねらいと主な活動］

1. 自然観察を通してフィールドワークの基礎を学ぶ
   ・火山としての富士山観察　ビジターセンター見学
   ・スバルライン周辺の植生の変遷，自然破壊と復元状態の観察
   ・スバルラインでの気温と気圧の高度変化の観測
   ・お中道での植生と森林限界観察　気圧と水の沸点測定
   ・富士五湖での水質調査　現状と周囲の環境変化との関連考察
   ・青木が原樹海の植生観察　風穴と氷穴の観察と気温測定
2. 自然保護運動を考える
   ・保護運動を進めている方の講演
   ・自然の開発と水の汚染−富士五湖の水質調査
   ・夜叉神峠とスーパー林道のハイキングと周辺の自然観察
3. 日本における過疎化の問題を考える
   ・開発と保全の問題に悩む地元の方の講演
4. 同世代の仲間との交流
   ・芦安中学校生徒との交歓会
   ・学校としての自然保護活動の紹介
   ・生徒会やクラブ活動，進路などについての意見交換

❸ 野外学習の問題点と対策

　自然から直接学ぶ野外学習は，いくら理科の原点であるといっても都会の学校では適当な場所がない，指導に時間と労力がかかる，事故の心配があるなどの問題点が少なくない。

3．野外学習の問題点と対策　*215*

（1）　野外学習に適した場所や対象の設定

　確かに都市部の学校には緑が少なく，生物の野外観察は難しい。しかし，1本の落葉樹に目を向けても，春には新芽が伸びて花をつけ，秋には冬芽を残して葉を落とすという，季節による変化が観察できる。カタバミやタンポポ，ヒメジョオン，コケのなかまなどは，学校周辺まで範囲を広げれば観察できることが多い。セイヨウタンポポやセイダカアワダチソウなどに目を向けた帰化植物の調査，ツバメやカラス，ムクドリなどの都市鳥の調査も野外学習のテーマになる。あまり大げさに考えないで，窓から季節の移り変わりを眺めさせるなど，ささやかな野外学習を積み重ねていけばよい。

気象観測票（例）

日	2004年　　　　月　　　　日		
時		時　　　　分	
天			記号
気	雲量	雲形	
気温	℃	湿度　　　%	
気圧	hPa		
風向	風力		
備考			

　地学の地層や岩石，地形の観察などは，生物よりさらに学校の立地条件に左右される。どうしてもビデオや写真教材に頼ることが多くなるが，簡単なプリントで事前指導をしておけば，修学旅行や海・山の行事にこれらの観察も加えることができる。また，校内のいろいろな場所の土や砂を採取させ，これを顕微鏡で観察させれば，火山や流水の野外学習の一部に位置づけることもできる。

（2）　季節的な制約

　生物の野外学習は季節に左右されるが，それを考慮して指導計画に組み込むことになる。小学校でも中学校でも，春から夏にかけての授業は生物を中心としている学校が多い。

　地学の野外学習は，生物に比べれば季節的な制約を受けにくい。しかし，中学校の気象の単元のように，3学期に学習することになっていると，春から秋の観測が忘れられてしまう。つまり，単元の順が野外学習の適期を逸してしまうわけである。このような場合は，指導計画の中に何回か気象観測の機会を予定しておき，授業のちょっとした合間に観測させるようにすればよい。その際

は左のような用紙に記録し，ノートに貼っておいて，本来の気象の学習で利用する。

（3） 指導と安全対策

　野外学習は，子どもの自主行動が中心となるので，その指導には教室の授業よりずっと手がかかる。校庭での野外学習にしても，他のクラスの授業の邪魔にならないか気を使うことも多い。まして校外での野外学習は，準備から当日の指導，安全対策まで苦労が多い。

　しかし指導の基本は，日頃から観察や実験にまじめに取り組む態度・習慣を身につけさせておくこと，校内での小さな野外学習を積み重ねておくことである。さらに下調査と事前の指導を十分にしておけば，教室での授業と同じように順調に進むはずである。

　なお，中学校学習指導要領解説理科編の「指導計画の作成と内容の取扱い」には，「野外観察における留意点」として，事前の実地踏査などによって以下の点に配慮するよう示されている。

　・観察場所やそこに至るルートの安全性の確認
　・河川の状態把握
　・当日の天候への注意
　・緊急避難場所と病院の確認

（4） 野外学習の評価

　子どもの自主的な活動が中心となる野外学習では，子どもの活動の様子，記録やレポートが評価の手掛りになる。評価の観点としては，「知識及び技能」，「主体的に学習に取り組む態度」が主になるが，「いろいろな発見があって楽しかった」，「また，こんな学習をやってみたい」という情意面での成長を評価してやることも大切ではないだろうか。

　評価の資料としては，活動の様子を記録したチェックリスト，子どものノートや成果を発表する様子，提出されたレポートなどがあるが，自己評価も取り入れるとよい。感想の内容や自己評価の結果を見ると，興味・関心などの情意面の変容を，かなり正確に把握することができる。

3．野外学習の問題点と対策

第13章
理科の授業と環境・防災教育

　環境教育という言葉は，環境そのものについての学習というより，いわゆる環境問題についての学習指導を指すことが多い。環境について調べ，その仕組みを明らかにしようとすれば，自然環境が人の手で大きく変えられて不健全な状態にある現状が認識される。当然のことながら，環境保全の問題も浮き彫りになるわけである。

　ここでは，環境そのものの学習と環境の保全に関する指導をあわせて環境教育と考え，そのねらいや学習指導要領の環境に関わる内容，授業の中での環境教育などを中心に話を進めるとともに，防災教育についても簡単に取り上げることにしたい。

 環境教育の目標

　地球の環境に関して心配な点は何だろうかと子どもに聞くと，自然破壊や大気汚染，オゾン層の破壊，ゴミの問題などが挙げられる。しかし，なぜそうなってしまったのか，ではどうしたらいいのかと突っ込んで聞いてみると，高校生でも，きちんとした科学的な答えはなかなか返ってこない。つまり子どもの理解は，テレビや新聞の見出しのレベルに止まっていることが多いのである。

　一方，中学校や高等学校の理科の時間では，これらの環境と環境問題に関わる物質や化学反応，物質循環，生態系などについては，かなり詳しく学習しているのである。にもかかわらず明快な答えが出ないのは，理科の学習が環境の問題につながっていない，生かされていないということになる。

　したがって，理科における環境教育は，まず理科の学習をできるだけ環境問題と関連づけ，大気汚染や地球温暖化の問題とその原因を科学的に理解させることである。

　さらに，その問題の解決の方向を見いださせるともに，具体的な行動への意欲にまで高めていくのが，理科における環境教育の目標ということになるのであろう。環境教育は，自分たちを取り巻く環境に目を向けさせ，その姿を理解

させることから始まるが，その成果を環境保全のための行動にまで高めることが要求される。机の上で問題が解けるだけでは，環境教育の成果とはいえないわけである。

環境教育の目標のとらえ方にはいろいろあるが，学校の理科における目標を次のようにまとめてみた。

① 自分たちを取り巻く身近な環境に対する関心を高め，その仕組みについての理解を深める。
② 地球規模での環境に対する関心を高め，その仕組みについての理解を深める。
③ 人類によって引き起こされた環境の変化への関心を高め，それが自分たちの生活にどのような問題として現れているかについて理解させる。
④ 環境変化の原因およびその改善と環境保全についての理解を深める。
⑤ 環境に関わる様々な問題を解決する具体的な方法を理解させるとともに，それに自身も参加しようとする意欲を育てる。

この中の①，②は本来の環境についての学習，③以降がいわゆる環境教育に当たるのだろうか。また小学校では①を，中学校と高等学校では②以降が指導の中心になるが，いずれにしても環境教育は自然に触れることが基本である。ちょっとした時間を利用して，校庭での生物観察，大気や河川の汚染調査を取り入れ，まず身近な環境への関心を高めるような指導を大切にしたい。

このような環境についての学習は，理科の本来の目標である自然の事象への関心，問題解決の力や科学的に探究する力の育成などにつながり，環境という問題を通して子どもたちの社会的な視野を広げることにもなる。

学習指導要領での環境問題の取扱い

小・中・高の学習指導要領には，「環境教育」という言葉そのものは出てこないが，自然に親しみ環境に目を向けよう，環境の保全について考えようという内容は各所に見られる。

次は，その主な部分をまとめたものである。

［小学校］

教科目標の中には，「自然に親しみ」「自然を愛する心情」とある。さらに解説には「周囲の環境との関係の中で生きていることを考えたりすること」や「自然環境と人間との共生の手だてを考えながら自然を見直すこと」など，各所に環境問題に触れた記述がある。

　また，生命・地球を柱とする領域では，次のような教材の項目がおかれ，さらに各学年の目標や解説には「生物を愛護する態度」「環境保全の態度」など環境につながる言葉が含まれている。

　　　第3学年（1）身の回りの生物

　　　　　　　　（ア）身の回りの生物と環境との関わり

　　　第4学年（2）季節と生物

　　　　　　　　（ア）動物の活動と季節

　　　　　　　　（イ）植物の成長と季節

　　　第5学年（1）植物の発芽，成長，結実

　　　　　　　　（3）流れる水の働きと土地の変化

　　　　　　　　（4）天気の変化　（長雨や集中豪雨，台風による災害と対策）

　　　第6学年（3）生物と環境

　　　　　　　　（ア）生物と水，空気との関わり

　　　　　　　　（ウ）人と環境

［中学校］

　第2分野の目標の（3）には「生命や地球に関する事物・現象に進んで関わり，科学的に探究しようとする態度と，生命を尊重し，自然環境の保全に寄与する態度を養うとともに，自然を総合的に見ることができるようにする」と述べられているが，より具体的な学習内容としては次のようなものがある。

　第1分野3年

　（7）科学技術と人間

　（イ）自然環境の保全と科学技術の利用（1・2分野共通）

　第2分野3年

　（7）自然と人間

　（ア）生物と環境

　　　㋐自然界のつり合い

　　　　㋑自然環境の調査と環境保全
　　　　㋒地域の自然災害
　　（イ）自然環境の保全と科学技術の利用（1・2分野共通）
［高等学校］
　生物基礎および生物の目標の中に，「生命を尊重し，自然環境の保全に寄与する態度を養う」という記述があり，各科目の中には次のような環境関連の内容が位置づけられている。
　生物基礎　　（3）生物の多様性と生態系
　　　　　　　　（イ）生態系とその保全　㋑生態系のバランスと保全
　生物　　　　（5）生態と環境　（イ）生態系　㋑生態系と人間生活
　地学基礎　　（2）変動する地球
　　　　　　　　（イ）地球の環境　㋐地球環境の科学　㋑日本の自然環境

　これらの学習においては，自然の観察や調査を取り入れたい。資料による学習が中心では，せっかく小・中学校で育てた環境についての知識や関心の芽が，高校の段階で摘み取られてしまうことが懸念される。

いろいろな場での環境教育

　環境教育の場としては，日常の授業から課題学習，地域のボランティア活動まで様々なものが考えられるが，ここでは学校の理科の授業を中心に，具体的な取り組み方について考えてみたい。

（1）日常の授業の中での環境教育
① 環境を意識して授業を進める
　理科教育は自然の事象の仕組みを探究する学問であるから，ことさら環境教育といわなくても，いくらでも日頃の授業の中で環境問題が取り上げられるはずである。
　例えば，電流の学習でいえば，主流の火力発電では電流そのものが二酸化炭素を大気中に放出しながら作り出されたものであり，消費された電気エネルギ

ーも熱エネルギーに姿を変えて，地球大気の温暖化という深刻な事態につなが
るなど環境との関わりが大きい。また，光合成の授業なら森林の乱伐がもたら
す環境問題につながるし，薬品を扱う化学の授業では，水の汚染の問題を意識
させることができる。

　したがって，日常の授業での環境教育の基本は，環境という問題を常に意識
しながら授業を進めることにある。そして子どもたちには，学習したことの延
長線上に環境の問題があるのだということを認識させることである。

② **野外での活動を取り入れる**

　教科書に載っている観察や実験は，環境に関するものであっても，教室や理
科室が中心になることが多い。できるだけ野外の活動に拡大し，環境を自身の
問題として実感させるような機会を多くもつようにすることが必要である。

　例えば，中学校1年の「生物の観察」では，生物の調査だけでなく，大気中
の NOx や近くの川の水質測定などを加え，学校を取り巻く環境のおおよそを
把握させる。3年の「自然と人間」では，地域のいろいろな場所の大気の状態
や水質の測定，帰化植物の分布や生息する野鳥の調査なども加えて，クラスと
してレポートにまとめさせることが考えられる。

③ **ちょっとした指導を環境問題に関連づける**

　実験後の廃液の処理は，通常は先生の方から指示することが多い。しかし，
その際に処理の方法や，なぜその方法で処理できるかまで考えさせるようにす
れば，これまでの学習が環境の問題に生かされることになる。

④ **自然のできごとや新聞の科学記事などを授業に生かす**

　中学や高校の教科書にも，発展学習の資料やコラムとして環境に関わる内容
が取り上げられているが，検定の関係などから，最新のものというわけにはい
かない。しかし新聞や科学雑誌には，火山の噴火や地震，絶滅が心配されてい
る生物などの新しいトピックスがいろいろと載っている。また，テレビの科学
番組などにも，環境に関するものがいくらでもある。これらの最新の資料をで
きるだけ授業に取り入れて，子どもの環境への関心を高めるようにしたい。

　また，地域の河川・湖の生物や水質の調査を理科の指導計画に組み入れて実
績を重ねている学校も少なくない。これらの学校の研究物を参考に，地域の自
然の中から無理のないテーマを選んで，それぞれの学校なりの取り組みも試み

222　第13章　理科の授業と環境・防災教育

てみたい。とりあえずクラブ活動として取り上げて，少しずつ理科の授業に発展させるのもよい。タンポポなどの帰化植物の生態調査，都市鳥の調査などは，小学生から高校生まで取り組めるテーマである。

(2) いろいろな行事の中での環境教育

海・山の行事，修学旅行などに環境問題を取り入れている学校も少なくない。本来の自然，人の手によって変えられてしまった自然の両方に触れることができるこれらの行事は，環境問題への関心を高め，保全の問題を考えるよい機会である。行事のしおりに自然の観察事項を加える，事前指導の時間に理科として環境観察のポイントを話しておくなど，少しでもこのような機会を生かす努力をしたい。

① 修学旅行での環境学習

p.224は，環境学習を取り入れたコース別修学旅行（3泊4日）の「自然コース」の日程と，その中で学習する環境に関わる内容である。第12章の2（5）「野外学習を中心とした修学旅行」と重複する部分が多いが，環境学習という視点から紹介しておくことにする。

この学校（筑波大学附属中学校）では，3年の修学旅行を文学・自然・勤労・環境・美術の5つのコースに分けているが，その中の「環境」と「自然」の2コースが直接環境学習に関わるものである。他のコースの生徒にも，共通の事前指導や事後の発表会，1日目の全体学習である富士スバルラインやお中道での生態観察を通して，環境に対する関心を高め知識を深める効果が十分期待できる。

「自然コース」のフィールドとなる地域には，我が国で最初に環境破壊が問題になった富士スバルラインや水質汚染が問題になっている富士五湖，地域の開発か自然保護かで激しい論戦がつづいた南アルプススーパー林道もあって，環境についての学習には好適なところである（第12章参照）。

■自然コースの水質調査（西湖）

[「自然コース」の環境学習に関する主な内容]

・富士スバルライン：森林の中に自動車道を通すことによって起こった森林破壊と復元の実状の観察
・お中道：溶岩の小石の裸地に植物が侵入していく様子，風や雪に耐える植物の姿や森林限界についての観察
・富士五湖：水質検査による実態の把握，観光開発との関連や改善への取り組みの調査
・講演：自然保護運動の指導者の「保護運動の考え方」，「今，自分たちに何ができるのか」を中心とした講演による学習
・南アルプス林道：林道ハイク，自然保護と地域開発という矛盾する課題についての考察
・芦安村の方の講演：村の歴史や暮らし，南アルプス林道が開通したことによる村の生活の変化，芦安村の将来のビジョンについての学習
・芦安中学校との交歓会：学校として取り組んでいる自然保護活動の紹介

　もう1つの「環境コース」は，主に駿河湾沿岸の工業地帯の環境問題に取り組むもので，製紙工場や発電所，工業廃棄物の処分場の見学や市民との対話集会などが組み込まれている。

② 環境教育への取り組みの基本

　我々を取り巻く環境は，複雑で多様である。環境の問題はどこからでも取り組めそうでありながら，深く追究しようとすると難しく，子どもにとってはなおさらである。高等学校の指導要領でも，環境については課題研究や探究学習として現場の先生の裁量に任せている部分が多いが，これも指導の難しさを示しているのではないだろうか。

　したがって環境に関する指導の基本は，まず環境を構成する温度・光・水・大気・他の生物などの基礎的な知識についてていねいに指導すること，学校周辺の自然にできるだけ触れる機会をつくること，そして少しずつ自然を見る目を養うことである。日頃の授業でも，できるだけ環境に関する話題を取り入れて，環境への関心を高めるよう心掛けたい。

しかし，環境の問題は理科だけのものではない。リサイクルの問題も含めて，社会科や道徳などの他教科，生徒会活動などとの関連を図ることも大切である。また，地域の自治体や自然保護団体，環境庁などの環境調査に参加することも，子どもの視野を広げるよい機会になる。

理科の授業と防災教育

雲仙普賢岳の火砕流や北海道の津波による災害，阪神・淡路大震災，東日本大震災，熊本地震などによって，多くの人命が失われたことは記憶に新しい。また，無理な宅地造成による崖崩れや，豪雨による河川の氾濫，高潮などの災害も少なくない。

これらの災害は，いずれも理科で扱う火山や地震，環境の破壊など，自然環境との関わりが深いものばかりである。被害をできるだけ少なくする防災教育も，理科という教科の大切な役割の1つである。環境教育とはやや離れるが，ここで防災教育についても触れておきたい。

（1） 理科における防災教育

火山や地震など，災害に関係が深い理科の教材はいろいろある。こうした学習を通して，理科の授業で行う防災教育のねらいを，次のように4つにまとめてみた。

① 災害につながる自然現象の原因・仕組みについて科学的に理解させる。
② 災害を未然に防ぐ方法について理解させる。
③ 被害を少なくする方法について理解させる。
④ 災害に対処する具体的な方法を実践させる。

①は火山や地震についての基本的な学習であるが，どんな火山が大きな災害につながるのか，なぜ地震の初期微動を察知することが大切なのかまで話を進めれば，②以降の学習に発展させることができる。

（2） 防災に関係が深い学習内容

新しい学習指導要領では，以下の単元でそれぞれ自然災害の観点が加えられ

た。
　　小学校５年「流れる水の働きと土地の変化」「天気の変化」
　　　　　　６年「土地のつくりと変化」
　　中学校１年「大地の成り立ちと変化」自然の恵みと火山災害・地震災害
　　　　　　２年「気象とその変化」自然の恵みと気象災害
　　　　　　３年「自然と人間」地域の自然災害
　自然災害に関係が深い教材は，地学と生物の分野に多い。次は中学校を中心に，授業で扱うことができる防災関係の内容を挙げたものである。

[主に地学領域]
　　火山－火山活動のタイプと火山災害，噴火の予知と火山災害
　　地震－大地震のメカニズム，予知と予想される災害　具体的な対策
　　津波－地震と津波，地形と津波による災害，津波予報，
　　台風－大きさと強さ，進路の予想と具体的な対策
　　高潮－原因，台風と高潮
　　豪雨－集中豪雨と水害，崖くずれ

[主に生物領域]
　　森林破壊－大気の変化，水害，砂漠化

[その他]
　　放射線，オゾン層の破壊，大気汚染，河川や海洋の汚染

■東日本大震災の津波被害

■東日本大震災による地割れ

（3） 防災教育の進め方

どの学校でも，学校行事として火災や地震を想定した訓練が組まれている。このような1日だけの訓練も大切だが，日頃の理科の授業での防災教育も忘れてはならない。次は，防災教育を進める上での基本的な考え方である。

- ・日頃の授業では，防災を念頭においた指導を心がける。
- ・災害の記事やテレビの番組を，こまめに授業に取り入れる。
- ・これまでの災害の実態をできるだけ紹介して関心を深めるとともに，その中から防災の知恵を学ばせる。
- ・各自の家の防災対策を紹介させ，改善の具体策を作らせる。
- ・防災訓練などの機会をとらえ，これまでの災害に関係する学習内容の復習をする。
- ・長期的には環境問題につながることも多いので，環境教育との両面から指導する。

個人の努力では防ぐことができないものは別として，少なくとも地震や台風，豪雨，地域によっては火山などの災害について，具体的な対策を考えさせ，実行させるようにしたい。台風の季節なら，気象情報などを参考に自分なりに進路を予想させ，中学生以上には自宅を守る具体策などを立てさせるといい。防災教育は話だけで終わるのではなく，防災袋の中身を点検するとか，家具の転倒防止金具を取り付けるとか，何らかの行動に具体化させることが大切である。

余談であるが，防災用の袋に入れておくものに「靴」がある。夜中の地震などを考えると，ガラスやコンクリートの破片が散乱する中を，素足ではとても逃げられない。"水や食料は二の次，まず靴を"は，東京大空襲（1945年3月）の猛火の中，寄宿舎の学生たちを無事に避難させた恩師の筑波大学名誉教授印東弘玄先生の言葉である。防災の本や手引きにも全く書かれていないが，「何よりも靴を」は至言といっても過言ではない。

第14章
理科の授業と評価

　評価という言葉は，一般的には"物の価値"を決めることとして使われる。しかし，教育の場での評価は学習の成果を様々な観点から判断する一連の手続きであり，単なる物の評価のように簡単ではない。

　教育課程審議会の答申に基づいた2001（平成13）年4月の文部科学省「小学校児童指導要録，中学校生徒指導要録，高等学校生徒指導要録，中等教育学校生徒指導要録並びに盲学校，聾（ろう）学校及び養護学校の小学部児童指導要録，中学部生徒指導要録及び高等部生徒指導要録の改善等について（通知）」により，小・中学校の評価と評定が目標に準拠した評価に改められた。なお，それに先立つ2000（平成12）年の「児童生徒の学習と教育課程の実施状況の評価の在り方について（答申）」には，「目標に準拠した評価（いわゆる絶対評価）」と明記されていた。

　そして，2010（平成22）年5月の文部科学省「小学校，中学校，高等学校及び特別支援学校等における児童生徒の学習評価及び指導要録の改善等について（通知）」でも，目標に準拠した評価を引き続き着実に実施するよう示された。

　これらの情勢を踏まえながら，ここでは理科の評価の観点，評価の手順，具体的な評価の方法，そして評定などについて考えていきたい。

1 評価とは

　ほぼ10年ごとの学習指導要領改訂に伴い，指導要録も変遷の道をたどっている。1980（昭和55）年の指導要録からは，これまでの知識・理解，観察・実験の能力，科学的な思考の3つの観点に，新たに「関心・態度」が評価の観点の最後に位置づけられた。そして，1991（平成3）年の指導要録では，「関心・意欲・態度」が4つの観点の初めに示され，その重要性が強調されたこともあって，観点別評価への関心が一層高まることになった。さらに，2001（平成13）年からの絶対評価の導入などによって，評価規準の設定などが問題とされるようになった。

（1） 評価と評定

　ところで評価を考えるとき，「評定」とは何か，「評価」とは何か，また両者はどう違うのかなどが問題にされる。

　文部科学省は，2010（平成22）年の指導要録解説において，学習状況を観点ごとに分析的にとらえるものを観点別学習状況の「評価」，これらを総括的にとらえるものを「評定」としている。

　すなわち，日々の指導の中で子どもの理解やつまずきの実態をいろいろな面からとらえ，問題点を把握して指導に生かすのが「評価」であり，指導の結果を総合して，3段階や5段階で表したものが「評定」である。

　つまり，狭義の「評価」は学習指導の過程に位置づけられ，「評定」は多面的，分析的，形成的評価を総括したものとして，学習指導の終わりに位置づけられるということではないか。多分に独りよがりな解釈だが，このように考えると，現在の学習指導要録のように観点別の評価の欄が先にあって，その後に評定の欄が設けられているのが，なんとなく納得できるように思われる。

　ところで前述のとおり，1991（平成3）年の指導要録改訂では「関心・態度・意欲」が4つの観点の最初におかれ，これを重視するような記述もある。しかし，理科の目標に軽重がないのと同様，これに対応する評価の観点に軽重などあるはずはない。自然の事象に関する確かな知識，自然の仕組みを明らかにするための技能や考え方を身につけさせるとともに，自然を愛する豊かな心を育てるという理科の役割は，どの側面が欠けても達成することはできない。それぞれの観点から子どもたちの健やかな成長を見守り，これを援助するのが理科の教師の務めであり，生きがいなのである。

（2） 相対評価と絶対評価

　2001（平成13）年の指導要録から導入された絶対評価は，あらかじめ設定した「目標の達成の程度」に応じて，子どもの学力を段階分けして評価するもので，全員が頑張れば，全員に5をつけることもできる。

　これに対して相対評価は，子どもたちの学力の差に注目し，その子どもの学力が全体の中でどのような位置にあるかを示すものである。5段階の相対評価では，5と1が7パーセント，2と4が24パーセント，残りの38パーセントを

1．評価とは　*229*

■中学校指導要録様式例

様式2（指導に関する記録）

生　徒　氏　名		学　校　名		区分	学年	1	2	3
				学　級				
				整理番号				

各 教 科 の 学 習 の 記 録

I　観 点 別 学 習 状 況

教科	観　　点　　　　学　年	1	2	3	教科	観　点　　　　学　年	1	2	3
国語	国語への関心・意欲・態度								
	話す・聞く能力								
	書く能力								
	読む能力								
	言語についての知識・理解・技能								

社会	社会的事象への関心・意欲・態度			
	社会的な思考・判断・表現			
	資料活用の技能			
	社会的事象についての知識・理解			

II　評　　　定

学年＼教科	国語	社会	数学	理科	音楽	美術
1						
2						
3						

学年＼教科	保健体育	技術・家庭	外国語
1			
2			
3			

数学	数学への関心・意欲・態度			
	数学的な見方や考え方			
	数学的な技能			
	数量や図形などについての知識・理解			

理科	自然事象への関心・意欲・態度			
	科学的な思考・表現			
	観察・実験の技能			
	自然事象についての知識・理解			

総 合 的 な 学 習 の 時 間 の 記 録

学年	学 習 活 動	観　点	評　　価
1			
2			
3			

音楽	音楽への関心・意欲・態度			
	音楽表現の創意工夫			
	音楽表現の技能			
	鑑賞の能力			

美術	美術への関心・意欲・態度			
	発想や構想の能力			
	創造的な技能			
	鑑賞の能力			

保健体育	運動や健康・安全への関心・意欲・態度			
	運動や健康・安全についての思考・判断			
	運動の技能			
	運動や健康・安全についての知識・理解			

技術・家庭	生活や技術への関心・意欲・態度			
	生活を工夫し創造する能力			
	生活の技能			
	生活や技術についての知識・理解			

外国語	コミュニケーションへの関心・意欲・態度			
	外国語表現の能力			
	外国語理解の能力			
	言語や文化についての知識・理解			

特 別 活 動 の 記 録

内　容	観　点　　　　学　年	1	2	3
学級活動				
生徒会活動				
学校行事				

3とすることが多かった。したがって，いくら全員が頑張っても，その中の何人かには1や2をつけなければならないわけである。

「生きる力」や自己学習力の育成を図ろう，個性・能力を尊重するとともに個人内評価を重視しようという流れが絶対評価導入の契機となったが，このような絶対評価においては，何がどこまで達成されたらいいかという評価規準の設定が，これまで以上の厳密さで要求されることになる。

② 評価の機能

評価は子どもの学力をいくつかの側面・観点から測定するとともに，教師にとっては指導の手掛かりを得るものとなる。つまり評価は，「子どもにとっての評価」，「教師にとっての評価」というように，2つの機能をもっていることになる。

子どもにとっての評価は，テストという場面で学習したことを確認し，正しい知識として定着させる機能，自分の学力を認識するとともに，こんな点が足りなかった，もっと努力しようという動機づけの機能をもっている。

一方，教師にとっての評価は，子どもがすでにもっている学力や指導による学力の向上の程度を知る機能，学習指導の過程で子どものつまずきとその原因を把握し，これを指導に生かすという機能を果たすことになる。前者が診断的評価，後者が形成的評価と呼ばれるものである。

また，単元の指導が終わった後や学期末・学年末など，一定期間の指導が終わったときに行われる評価は総括的評価と呼ばれる。この結果は指導計画の検討・改善に生かされるとともに，子どもの成績評定の資料となるものである。

③ 評価の観点

学習によって身につく学力は，その教材への関心や学習意欲，科学的思考，機器を扱う技能などのいくつかの側面，あるいは柱から成り立っている。したがって評価は，それぞれの側面，あるいは柱について，どのレベルまで力がついたかを判定することになるわけである。これが評価の観点と評価規準の設定

であり，観点別評価といわれるものである。

2010（平成22）年の指導要録で示された理科の評価の観点とその解説を，次の表に示す。これらは中学校指導要録の別紙に示されたものであるが，小学校に関しても大要は変わらない。

なお，「平成29年度小・中学校新教育課程説明会（中央説明会）における文部科学省説明資料」によると，平成29年版学習指導要領に伴う指導要録の改訂においては，評価の観点を「知識・技能」「思考・判断・表現」「主体的に学習に取り組む態度」の３つに整理すると示されている。

＜中学校　理科＞

観点	自然事象への関心・意欲・態度	科学的な思考・表現	観察・実験の技能	自然事象についての知識・理解
趣旨	自然の事物・現象に進んでかかわり，それらを探究するとともに，事象を人間生活とのかかわりでみようとする。	自然の事物・現象の中に問題を見いだし，目的意識をもって観察，実験などを行い，事象や結果を分析して解釈し，表現している。	観察，実験を行い，基本操作を習得するとともに，それらの過程や結果を的確に記録，整理し，自然の事物・現象を科学的に探究する技能の基礎を身に付けている。	自然の事物・現象について，基本的な概念や原理・法則を理解し，知識を身に付けている。

＜中学校　理科＞

観点／分野	自然事象への関心・意欲・態度	科学的な思考・表現	観察・実験の技能	自然事象についての知識・理解
第1分野	物質やエネルギーに関する事物・現象に進んでかかわり，それらを科学的に探究するとともに，事象を人間生活とのかかわりでみようとする。	物質やエネルギーに関する事物・現象の中に問題を見いだし，目的意識をもって観察，実験などを行い，事象や結果を分析して解釈し，表現している。	物質やエネルギーに関する事物・現象についての観察，実験の基本操作を習得するとともに，観察，実験の計画的な実施，結果の記録や整理など，事象を科学的に探究する技能の基礎を身に付けている。	観察や実験などを通して，物質やエネルギーに関する事物・現象についての基本的な概念や原理・法則を理解し，知識を身に付けている。
第2分野	生物とそれを取り巻く自然の事物・現象に進んでかかわり，それらを科学的に探究するとともに，生命を尊重し，自然環境の保全に寄与しようとする。	生物とそれを取り巻く自然の事物・現象の中に問題を見いだし，目的意識をもって観察，実験などを行い，事象や結果を分析して解釈し，表現している。	生物とそれを取り巻く自然の事物・現象に関する観察，実験の基本操作を習得するとともに，観察，実験の計画的な実施，結果の記録や整理など，事象を科学的に探究する技能の基礎を身に付けている。	観察や実験などを通して，生物とそれを取り巻く自然の事物・現象に関する基本的な概念や原理・法則を理解し，知識を身に付けている。

232　第14章　理科の授業と評価

評価につづく理科の「評定」に関して，平成22年版指導要録では，小学校が3から1までの3段階，中・高等学校が5から1までの5段階で，これは理科の特性を考慮して設定された目標に照らして，その実現状況を総括的に評価し記入することになっている。

小学校　3：「十分満足できる」状況と判断されるもの
　　　　2：「おおむね満足できる」状況と判断されるもの
　　　　1：「努力を要する」状況と判断されるもの

中学校　5：「十分満足できると判断されるもののうち，特に程度が高い」状況と判断されるもの
　　　　4：「十分満足できる」状況と判断されるもの
　　　　3：「おおむね満足できる」状況と判断されるもの
　　　　2：「努力を要する」状況と判断されるもの
　　　　1：「一層努力を要する」状況と判断されるもの

高等学校　5：「十分満足できると判断されるもののうち，特に程度が高い」状況と判断されるもの
　　　　　4：「十分満足できる」状況と判断されるもの
　　　　　3：「おおむね満足できる」状況と判断されるもの
　　　　　2：「努力を要する」状況と判断されるもの
　　　　　1：「努力を要すると判断されるもののうち，特に程度が低い」状況と判断されるもの

　なお，高等学校には，小・中学校のような観点別の評価はないが，1963（昭和38）年の改訂までは，次のような5つの観点について，個人内評価で○×をつけるようになっていた。
　・自然への関心　・論理的な思考　・実験観察の技能
　・知識・理解　・原理の応用・創意

3．評価の観点　**233**

④ 評価の手順

　私たち教師は，教えたことを子どもがどのくらい理解したか，この指導方法で顕微鏡の扱い方が十分身についたか，などと考えながら授業をしている。こうした子どもの理解の深さや習得した技能の程度を調べるのが評価であるが，この場合，前者は子どもの学力を知るための評価であり，後者は教師の指導方法に対する評価である。評価はこのように，何のために評価をするのかという目的を確認することから始まる。

　一方，評価は一種の価値判断であるから，判断の尺度がなければならない。この尺度を作成するために，指導目標を分析することが次の作業となる。

　さらに次の段階が，評価の観点に基づいて評価規準を設定することである。その際，評価の場面や方法をあわせて設定するようにする。授業中に子どもの行動を観察して評価するのか，定期試験のときにペーパーテストで評価するのか，レポートなどの作品で評価するのかなどがこれに当たる。そして，評価の実施，結果の処理・解釈，利用と続くが，こうした評価の手順を簡単にまとめてみると，次のようになる。

①　評価の目的の確認
②　指導目標の分析，評価規準の作成
③　評価の場面・方法の設定
④　評価の実施
⑤　評価の結果の処理・解釈
⑥　評価の結果の利用

⑤ 指導目標の分析と評価規準の作成

　学習指導の目標に照らして，実際の場面に適用できるような具体的な評価規準を作成する。

　例えば「○○について理解させる」「こんなことをできるようにする」というのが指導目標であるならば，「学習の結果○○が理解できる」「○○ができる

234　第14章　理科の授業と評価

ようになる」というのが評価規準である。つまり，次に示したように指導目標の分析は，そのまま評価規準の作成につながるのである。

《指導目標》		《評価規準》
電流計の使い方について理解させる	→	電流計について説明することができる
回路の電流を測定できるようにする	→	回路に電流計をつなぎ，電流を測定することができる

　通常は，単元の指導目標や1つの教材の指導目標は大まかなものであり，そのままでは具体的な評価規準になりにくい。そこで手はじめは，指導目標を具体的に評価できる程度の段階まで小さく分けていくことであり，さらにこれを観点別に，子どもの具体的な行動として表すことになる。通常，「○○について説明できる」，「○○を調べることができる」というような形で書き表すことが多い。このような手順が観点別評価の具体化と呼ばれる作業で，この結果を表の形にまとめたものが観点別評価の具体化表と呼ばれるものである。その一例を p.236〜237に示す。このように，観点別評価を具体化する手続きは，次の2つの段階に分けることができる。

　①　大きな目標を基礎となる小さな目標に分ける。
　②　観点別に，子どもの具体的な行動として書き表す。

　実際には，この具体化をどのように進めていったらよいだろうか。次は中学校2年の教材「人体の働き‐消化」について，観点別評価を具体化していく過程である。

　まず，「ヒトの体の働きの理解」という大きな目標を，「だ液の働きの理解」という小さな目標に分け，さらに，それを4つの観点ごとに生徒の具体的な行動目標で表していくわけである。ここでは，平成22年版指導要録の観点に基づいて説明したい。

5．指導目標の分析と評価規準の作成 ┃ *235*

■**観点別評価の具体化表**（平成22年版指導要録・中学校各領域の最初の部分）

平成20年版学習指導要領の内容	知識・理解
（１） 身近な物理現象　　ア　光と音 　（ア）　光の反射・屈折光の反射や屈折の実験を行い，光が水やガラスなどの物質の境界面で反射，屈折するときの規則性を見いだすこと。 　（イ）　凸レンズの働き凸レンズwの働きについての実験を行い，物体の位置と像の位置及び像の大きさの関係を見いだすこと。	・光が水やガラスなどの境界面で屈折する様子と，屈折の仕方の規則性を説明できる。 ・物体の位置と凸レンズによってできる物体の像の位置，大きさの関係を説明できる。
（２）　身の回りの物質　　ア　物質のすがた 　（ア）　身の回りの物質とその性質身の回りの物質の性質を様々な方法で調べ，物質には密度や加熱したときの変化など固有の性質と共通の性質があることを見いだすとともに，実験器具の操作，記録の仕方などの技能を身に付けること。	・物質には密度の違いや加熱した時の変化など固有の性質と共通の性質があることを，例を挙げて説明できる。 ・物質の体積と質量に着目し，密度の概念について例をあげて説明できる。
（１）　植物の生活とその種類 　ア　生物の観察 　（ア）生物の観察校庭や学校周辺の生物の観察を行い，いろいろな生物が様々な場所で生活していることを見いだすとともに，観察器具の操作，観察記録の仕方などの技能を身につけ，生物の調べ方の基礎を習得すること。	・校庭や学校周辺で見られる生物の名をあげ，その特徴や生育場所の様子を説明できる。 ・虫メガネや顕微鏡などの観察器具の使い方や注意することなどについて説明できる。
（２）　大地の成り立ちと変化 　ア　火山と地震 　（ア）　火山活動と火成岩火山の形，活動の様子及びその噴出物を調べ，それらを地下のマグマの性質と関連付けてとらえるとともに，火山岩の深成岩の観察を行い，それらの組織の違いを成因と関連付けてとらえること。	・身近な地形や地層の観察結果から，学校内外の土地の成り立ちや広がり，構成物などについて説明できる。 ・地形や地層，岩石の観察に必要な用具を挙げ，その使い方などについて説明できる。

236　　第14章　理科の授業と評価

科学的な思考・表現	科学的な思考・表現	自然事象への関心・意欲・態度
・必要な器具を用意し，光の反射や屈折，凸レンズによる像のでき方について調べることができる。 ・実験や観察の結果をレポートにまとめ発表できる。	・光に関する観察や実験の結果から，光が空気や水の境界面を通るときの決まりを見いだすことができる。 ・凸レンズを用いた実験の結果から，物体の位置と像のでき方についての規則性を見いだすことができる。	・日常生活の中で光に関する事象に関心をもち，自分から調べてみようとする。 ・鏡やプリズム，凸レンズなどを使う実験に積極的に参加し，規則性を見いだそうとする。
・物質の質量や体積の測定などの基本的な操作を行うことができる。 ・物質の体積と質量を測定し，その結果から密度を導き出すことができる。	・密度の測定結果から，それぞれの物質には固有の密度があり，物質を特定する手がかりになることを説明できる。 ・加熱した時の変化には，それぞれの物質に特有のものと，いくつかの物質に共通のものとがあることを説明できる。	・身の回りの物質に関心をもち，それぞれの性質を資料集や理科年表で調べてみようとする。
・校庭や学校周辺の動物や植物のいくつかについて，その特徴や生育場所の様子を観察し記録できる。 ・虫メガネや顕微鏡などの観察器具を使って，身近な生物を観察できる。 ・観察結果を適切な図や文章でレポートにまとめ，発表できる。	・校庭や学校周辺で見られる動物や植物を数種ずつあげ，その特徴を生育場所の様子と関連づけて説明できる。	・身近な自然に目を向け，動物や植物を観察し名前を調べてみようとする。 ・ルーペや顕微鏡による観察に興味をもち，さらにいろいろな生物について調べてみようとする。
・観察に必要な用具を使い，身近な地形や地層，構成物などを観察できる。 ・観察結果を図や文章でレポートにまとめ発表できる。	・身近な地形や地層の観察結果を学校内外の土地の成り立ちや広がりと関連付けて説明できる。	・身近ながけや切通しに見られる地層や地形に興味をもち，その成因や構成物につい調べてみようとする。 ・資料館や博物館で，地形や地層について調べてみようとする。

2年　人体「だ液のはたらき」

① 大きな目標を，小さな目標に分けていく。

・ヒトの体の働きについて理解する……………………………………………大きな目標

・消化の働きについて理解する………………………………………………中くらいの目標

・だ液の働きについて理解する…………………………………………………小さな目標

② 小さな目標を観点別に分けて，それぞれを生徒の具体的な行動で表す。

・進んで実験に参加し，協力して仕事を進めようとする………関心・意欲・態度

・実験結果をもとに，だ液の働きを説明できる……………………………思考・表現

・だ液の働きを，ヨウ素液などを使って調べ，その結果をレポートなどにまとめ
ることができる……………………………………………………………………思考・表現

・だ液には，デンプンを糖に分解する働きがあることを説明できる…知識・理解

---

　p.236～237の表は，現行の学習指導要領で示された中学校のエネルギー・粒子・生命・地球を柱とする各領域の最初の部分について作成したものであるが，これが指導目標の分析であることがよくわかる。つまり，観点別評価は，指導目標の分析と確認そのものなのである。

　実際に具体化表を作成するには，学習指導要領の内容を検討しながら観点ごとに作業を進めていくわけである。まず知識・理解から始め，次に観察・実験の目標を生徒の行動として記入するようにしていくとつくりやすい。具体化表で，あえて観点の順を逆にしているのはそのためである。

　このような具体化表の作成によって，評価規準が明確になることはいうまでもないが，それにあわせた評価の方法や評価の場面の選定も容易になる。また，指導計画の編成や授業研究，日常の授業の充実に役立つとともに，教育に関する様々な研究の基礎資料ともなるものである。機会をとらえて，自分なりの具体化表を作成しておくことをお勧めしたい。

　なお，以前は「評価規準」を「評価目標」とすることが多く，評価目標の作成とか評価の目標分析というように表現していた。

評価の場面

　評価の場面としては，学習前と学習の過程，学習後の3つが考えられ，診断的評価，形成的評価，総括的評価がそれぞれに対応する。

（1）　学習に先立って行う評価
　子どもの先行経験や教材に対する興味・関心の程度，基礎的な知識などを調べるものである。診断的評価に当たり，以後の指導の手掛かりを得ようとするものである。「○○を見たことがある人は手を挙げて」とか，「遺伝子という言葉を聞いたことがあるか」といった発問によることが多い。
　アンケート用紙を配る，簡単な復習テストをするようなこともあるが，あまり難しいものは避け，教師には診断的評価であっても，子どもにとっては新しい学習に対する興味・関心を高めるようなものでありたい。

（2）　学習指導の中での評価
　形成的評価と呼ばれるもので，授業の段階ごとに子どもの理解や学習のつまずき，その原因を把握しながら授業を進めようというものである。「ここまでわかったかな」，「わからない人は手を挙げなさい」などの問いかけによって，理解の状態やつまずきの箇所を発見し，これを補いながら授業を進めて確かな学力の形成を図るということである。実験している子どもの様子をチェックし

■生徒の反応を確かめながら授業の評価

6．評価の場面　239

ながら足りない説明を加え，操作のポイントを指示するのも，形成的評価を行い，その結果を授業に生かしていることになる。

(3) 学習指導後の評価

1つのまとまった学習を終えた後，その学習全体の成果をはかるのが総括的評価である。通常は定期テストがこれに当たり，1つの章や単元が範囲になるが，模擬テストや入学試験のように，過去の学習内容の全部が範囲になるものもある。

診断的評価や形成的評価は，子どもがどのくらい興味をもっているか，どのくらい器具の扱い方に習熟したかなど，関心や技能などの観点を限って行うことが多い。これに対して総括的評価は，できるだけ複数の観点について調べ，子どもの学力を総合的に把握しようとするものである。しかし総括的評価は，どうしてもペーパーテストに頼ることが多くなるので，関心・態度・意欲，観察・実験の技能の評価はしにくい。やはり，授業の中での形成的評価やパフォーマンステストによって，これらの観点についての評価を補うことが必要になる。

 ## 評価の方法

評価の方法には，ペーパーテストをはじめいろいろあるが，主なものとして，次のようなものが挙げられる。
- ・発問と応答による評価
- ・ペーパーテストによる評価
- ・資料の読み取りや解釈による評価
- ・行動の観察による評価
- ・レポートや作品による評価

ここに挙げた方法の1つだけで，観点のすべてについて評価できるわけではなく，実際には，いくつかの方法を組み合わせて行うことになる。

（1） 発問と応答による評価

　これは日頃の授業の中で，ごくふつうに行われているが，子どもの興味・関心，理解を評価するには，まことによい方法である。また，事前の診断的評価にも，学習過程での形成的評価にも使われる。発問のレベルを高めていけば，理解の程度から思考の深さまで十分評価することができる。

　例）光合成

- ・葉にデンプンができたことを確かめるのに使った薬品は何か。
- ・デンプンの材料となるのは何か。
- ・材料として二酸化炭素が必要なことは，どのようにして確かめられるか。
- ・そのためには，どんな器具と薬品を用意したらいいか。
- ・なぜBTB液が青色になると，カナダモが光合成をしたといえるのか。
- ・光合成とは何か（きちんと言葉で定義しなさい）。

　このような評価のための発問は，確かめたいポイントを明確にして，発問の順序についても，前もって吟味しておかなければならない。こうして準備された発問と応答のやりとりは，評価の機能だけでなく学習した内容の確認と定着，授業を進める役割までを果たすことになる。

（2） ペーパーテストによる評価

　テストというとペーパーテストを思い浮かべるほど一般的な評価の方法で，記述法，多肢選択法，真偽法などがある。以下，それぞれについて簡単に解説しておきたい。

① 記述法（論文法，再生法）

　言葉や文章で書かせる形式のもので，昔の試験は「○○について述べよ」，「○○とは何か，特徴を書け」のように，すべてが記述法であった。最近は，高校や大学の入試に記述式の問題が出されることも多く，中学校や高校の定期テストでも重視されるようになってきた。

　記述法の長所は，問題の作成が容易で，子どもの学力を知識だけでなく，思考の面からも詳しく評価できることである。知識についても，断片的か，まとまった概念として整理されているかなど，理解の程度を評価できる。レベルの高い子どもには成就感を与え，学習意欲を一層高めることになる。短所として

7．評価の方法 　*241*

は，作問者や採点者の主観が入りやすいこと，採点に時間と労力がかかることが挙げられる。

この記述法は，書かせることによって知識の確認と定着が進み，論理的な思考の習慣や思考力を育てることにもなるので，できるだけ取り入れるようにしたい。採点の時間や労力の問題を解決するには，次のように回答欄に升目を作り，字数を制限して読みやすくしたり，ポイントとなる用語の使用を指示して，まとめやすいように配慮したりするのもよいだろう。また，あらかじめ文章の最初の部分だけを回答欄に書いておき，その後の文を続けさせる方法もある。

・回路を流れる電流と電圧との関係について，20字以内で説明しなさい。
（20文字のマス目入れる）
・次の2つの語を入れて，消化とはどのような働きか説明しなさい。
［分子の大きな栄養分］　［消化酵素］
・次の言葉に続けて，裸子植物の特徴を説明する文を作りなさい。
［マツやイチョウの花には＿＿＿＿＿＿＿＿＿＿＿＿＿＿＿＿＿＿］

なお，「植物がデンプンを作る働きを何というか－光合成」と答えるような簡単な場合は，単純再生法とすることもある。

② **完成法**

いわゆる穴埋め式の問題で，答えが単純なだけに客観性は高く採点もしやすい。基礎的な知識・理解を評価するにはよい方法だが，理解の深さや思考力をみるにはあまり向いていない。電池と電球の図を示して電球が光るように配線を書かせるようなものも，この完成法に該当する。

③ **組み合わせ法**

互いに関係があるものを線で結ぶもので，国語や歴史のテストではよく使われる。結び合わせる事項の数が同じだとやさしくなり，異なると難しくなる。しかし，採点は少々やりにくい。

④ **多肢選択法**

設問の答えを，いくつかの選択肢から選ばせるもので，学校の定期試験から模擬テスト，入学試験まで，現在もっとも広く使われている形式である。客観性が高く，マークシート方式にすればコンピュータによる採点・集計・分析も

容易なことから，センター試験をはじめとする入学試験は，ほとんどがこの形式になってしまった。選択肢の数を多くすれば，でたらめに答えたときの正当率を低くすることもできるし，選択肢を組み合わせて選ばせるようにすれば，問題の程度を高めることもできる。

⑤　真偽法

　文章を読んで真偽を判断し，○か×をつけるものである。場合によっては，どちらともいえない△を加えることもある。作問は容易だが，でたらめに○をつけても正答率が50%になるなどの短所を心得た上で利用したい。

　この他，文章の間違っている部分を見つけて正しく訂正したり（訂正法），表の当てはまる箇所に○を入れさせたり（記録法）するものもある。

（3）　行動の観察による評価

　子どもが観察や実験，製作などに取り組む様子，話し合いへの参加の様子などをチェックするもので，関心・意欲のような情意面や技能の評価には，とくに効果的である。厳密にはチェックリストを作って記録するが，日常の授業の中では，座席表を利用してメモするとよい。研究的に行うようなときには授業をしながらのチェックは大変なので，別の先生にチェックをお願いすることもある。

（4）　資料の読み取りや解釈による評価

　観察や実験の結果をまとめたグラフや表から何がいえるか，どんな規則性が導かれるかなどを読み取らせて学力を評価するもので，情報の処理や解釈の技能，思考力など，高度な能力の評価に適した方法である。

（5）　レポートや作品による評価

　観察や実験，観測などのレポートや作成した天気図などによって学習の効果を判断するもので，学習に取り組む意欲，観察・実験の結果をわかりやすく表現する能力の評価には適した方法である。

7．評価の方法

（6） パフォーマンステストによる評価

　パフォーマンス（Performance）は，実行する，成し遂げる，演奏するなど
を意味する言葉で，パフォーマンステストは，ある作業や行動をさせて，その
過程と結果を評価するテストのことである。自動車の免許をとるときの実地試
験などは，まさにパフォーマンステストである。

　　例）タマネギの表皮細胞のプレパラートを作り，核がはっきり見えるように
　　　　顕微鏡を調節しなさい。できたら手を挙げなさい。

　　例）電源装置に電流計と電圧計，ニクロム線をつなぎ，ニクロム線の電気抵
　　　　抗を測定しなさい。

　子どもが取り組む過程と結果を，チェックリストに記録しながら評価する。
器具や薬品の準備が大変で時間がかかる，一度に大勢の子どもを評価しにくい
などの問題もあるが，観察や実験の技能の評価には，もっとも適した方法であ
る。

⑧　これまでの評価を踏まえて

　平成29年版の学習指導要領に基づき，新しい指導要録では，３つの観点別の
評価が始まると思われるが，そこに至るまで評価の観点はどのように扱われて
きたのであろうか。次ページの資料は，1945年代（昭和20）以降の中学校学習
指導要録における観点の変遷をまとめたものであるが，小学校でも，ほぼ同じ
経過をたどっている。これを見ると，関心・態度の扱いも，年代によって実に
様々であることがわかる。

　1953（昭和28）年ごろには「科学的な態度」として取り上げられ，1955（昭
和30）から1961（昭和36）年ごろまでは，「自然への関心」「自然事象への関
心」が観点の一番上に位置づけられている。ところが1971（昭和46）年以降は
姿を消し，1980（昭和55）年に「自然に対する関心・態度」として一番下に復
活，1991（平成3）年には「自然事象への関心・意欲・態度」として再び一番
上に位置づけられている。この間の生活単元学習から系統学習，探究学習への
変革の中で，理科の観点もその時々に翻弄されてきた感がある。

　また，評定について見てみると，1945年代（昭和20）には観点別に評定をす

昭和25年

教科	理　　科			
目標	科学的諸概念の理解	問題解決法を用いる能力批判的な思考をなしうる能力	創造的能力（二、三の生徒はもっている場合がある）	実際場面において科学期な知識を使用する習慣
一 所見				
評価	4	4	4	3

昭和28年

教科	目標	1年
理科	科学的諸概念に対する理解	4
	科学的な技能	4
	科学的な態度	4

昭和30年

教科 学年 評価	理　　科
評定	3
1　所見	自然への関心 理論的な思考 実験・観察の技能 知識・理解 原理の応用・創意

昭和36年

教科 観点	学　年	1
理科	自然事象への関心	
	科学的な思考	○
	実験・観察の技能	
	知識・理解	
	応用・創意	×
	進歩の情況	

昭和46年

教科 観点	学　年	1
理科	知識・理解	
	観察・実験の能力	×
	科学的な思考	○

昭和55年

教科 観点	学　年	1
理科	知識・理解	
	観察・実験の技能	−
	科学的な思考	
	自然に対する関心・態度	+

平成3年

観点	学　年	1
自然事象への関心・意欲・態度		A
科学的な思考		B
観察・実験の技能・表現		B
自然事象についての知識・理解		A

平成13年

自然事象への関心・意欲・態度	5
科学的な思考	4
観察・実験の技能・表現	3
自然事象についての知識・理解	3

平成22年

自然事象への関心・意欲・態度	5
科学的な思考・表現	4
観察・実験の技能	3
自然事象についての知識・理解	3

〔資料〕　指導要録における理科の観点の変遷
・昭和20年代：すべての観点について５段階で評価する。
・昭和30年代：関心・態度が削除され，○×や＋－で評価する。
・昭和55年：関心・態度が復活，平成３年から各観点の最初になる。
　　　　　　＋－からＡＢＣの評価へ変更される。
・平成13年～：５段階の評価に変更される。

る，つまり観点別評価がそのまま評定になっている。したがって先生方は，１つの教科について５段階で３つか４つの評点をつけなければならなかった。今

度の改訂では，すべての観点についてＡＢＣで評価し，さらに３段階，５段階の評定をすることになったが，以前はこれを一緒にやっていたわけである。

このような評価の観点の変遷を眺めてみると，評価の観点とは何か，観点に軽重や順序性があるのか，そして理科の４つの観点についての妥当性はどうかなど，様々な問題点が残されているようだ。このような問題の検討は専門家だけに任せるのではなく，私たち教師も評価の実践例を積み重ねるとともに，その裏づけとなる評価の理論を研究していくことも大切であると考える。

また，これまでの評価や評定は，一部が個々の子どもと保護者に伝えられるほか，指導要録に記録されるだけの，いわば学校の中での評価であった。しかし，情報公開の時代を迎え，評価がどんどん学校の外に出ていく時代になろうとしている。これからは，一見矛盾しているようにも感じられる情報公開とプライバシーの保護という社会の動きに対応して，これに耐えられる評価が要求されるようになるであろう。評価に関心をもち評価の研究を心掛け，客観的な資料に裏づけられた公正な評価ができるよう努力したいものである。

なお，前述した2010（平成22）年の指導要録では，評価資料の記録・整理・管理，指導要録の作成について，情報通信技術の活用が記述されている。

観点別評価の具体例

評価は，学習指導のあらゆる場面で，いろいろな方法・形式を組み合わせて行われるのが理想である。しかし，多忙な現場では，ペーパーテストによる定期テストが評価の中心になるのもやむをえないことである。ペーパーテストでは多肢選択法が主流だが，記述法も含めていろいろな形式を組み合わせ，努力した子どもは満足できる，また，遅れている子も努力すればできることがわかり励みになるようなテストを心掛けたい。

以下，中学校のペーパーテストを例に，平成22年の指導要録に基づく観点別評価に対する取り組み方と具体例を紹介することにしたい。一部の問題には評価規準も例示してある。

※啓林館「中学校理科の評価と学習指導のあり方」を基に加筆修正。

1．自然事象への関心・意欲・態度の評価

　平成22年版指導要録の別紙5に示されているこの観点の趣旨を，具体的な行動として分析すると，次の3つにまとめることができる。
　①　自然の事象に興味を示し，関心をもつ。
　②　自然の事象を，科学的に探究しようとする。
　③　自然の事象を，人間生活との関わりで見ようとする。

　この関心や意欲の評価は，生徒の行動の観察，質疑応答の場での発言のしかたや内容，レポート・作品などを通して行われることが多い。そして，関心や意欲が育つことを最終の目標と考えて，この評価も学習の終了後に位置づけられることが多い。しかし，学習に入る段階で，その教材にどの程度の関心があり意欲をもっているかを調べることも必要であるし，学習の段階ごとに，それがどう育ちつつあるかをとらえることも大切である。したがって，あまり大袈裟に考えることなく，ちょっとした発問や生徒の態度に目を向けた日常の評価も忘れてはならない。

　関心や意欲をペーパーテストで評価することは大変困難であるが，その生徒の理科の学習への意欲や自然に対する関心の程度のおおよそを知るには，次のような問題も考えられる。

［関心・意欲・態度の評価のための発問例］

①　学校で観察や実験をするとき，自分から進んでやりますか。
　　ア．いつも進んでやる　　　　　　　　イ．進んでやることもある
　　ウ．友だちがやるのを見ていることが多い
②　理科の勉強でわからないことがあったとき，どうしますか。
　　ア．先生や友だちに聞いて，調べようと思う
　　イ．調べようとすることもある　　　　ウ．そのままにすることが多い
③　珍しい虫や花を見かけたとき，名前を知りたいと思いますか。
　　ア．ぜひ知りたいと思う　　　　　　　イ．知りたいと思うこともある
　　ウ．あまり知りたいと思わない
④　新聞の天気図やテレビの天気予報を，よく見ますか。
　　ア．よく見る　　イ．見ることもある　　ウ．あまり見ない
⑤　自然の保護や太陽エネルギーの利用などに関心がありますか。
　　ア．とても関心がある　　　　　　　　イ．少しは考えることもある
　　ウ．あまり考えたことがない

　このような総括的評価（アンケート調査と考えてもよい）は，まず入学時に行った後，学期末や学年末の定期テストの問題に加えて実施するとよい。集計結果がどのように変化していくかを，個別にあるいは集団として検討することによって，指導計画や指導内容の改善に役立つものと思われる。

9．観点別評価の具体例

２．科学的な思考・表現の評価

この観点の趣旨を整理すると，次のような３つの段階に区分することができる。そして，これらが総合されて身についたとき，科学的な思考力・表現力が十分育ったということになるわけである。
① 自然事象の中に問題を見いだすことができる。
② 目的意識をもって観察・実験を行うことができる。
③ 事象や結果を分析して解釈し，表現することができる。

このような思考・表現の評価には，通常，複数の基本的知識や概念を組み合わせて解決するような問題が利用される。また，思考の過程や深さまでを綿密に評価するには，記述式の問題がより有効とされている。

[気温と湿度に関する思考・表現の評価問題例]

気象要素の変化を示すグラフの情報をもとに，温度差や天気の様子を推論し，水蒸気量を計算する問題である。

《評価規準》
・気温の変化のようすを理解し，グラフからその値を読み取ることができる。
・気温や湿度の変化から，天気の様子を推論することができる。
・湿度と飽和水蒸気量の知識をもとに，空気中に含まれる水蒸気の量を求めることができる。

■ 下の図は，ある１日の気温と湿度の変化を示したグラフである。
(1) この日の最高気温と最低気温の差は何度か。
(2) グラフからみて，この日は次のどのような天気であったか。
　① １日中，雨の降った日。
　② １日中，晴れた日。
　③ １日中，暴風雨であった日。
　④ 夜間は晴れ，日中は雨が降った日。

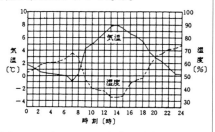

(3) 上のグラフによると午前10時の湿度は40％である。このときの空気１m³中には，約何グラムの水蒸気が含まれているか。次の表を用いて計算せよ。

空気１m³中に含まれる飽和水蒸気量

気　温（℃）	1	2	3	4	5	6	7	8
水蒸気量（g）	5.2	5.6	6.0	6.4	6.8	7.3	7.8	8.3

　① 1.7g　② 2.7g　③ 4.0g　④ 5.1g　⑤ 6.8g

問題の(1)はグラフから数値を読み取るものであるから，思考というより技能の問題に近い。しかし，グラフの中の文字を消して「どちらが気温の変化を記録したも

のか，また，そう判断した理由は何か」というようにすれば，やや程度の高い思考の問題とすることができる。

[だ液のはたらきに関する思考・表現の評価問題例]

だ液のはたらきの実験を受けて，消化や吸収の本質についての理解を問う実験問題である。知識・理解や技能の評価にあたる部分でもあるが，記述を中心にしたかなり程度の高い思考の評価問題になっている。

■ 右の図のように，セロハンを使い，その上にだ液とデンプンの入った水を入れ，その下に水を入れた。用意した直後と20分後に，ヨウ素液の反応とベネジクト液の反応を，上と下の液について調べた。これについて，次の問いに応えよ。

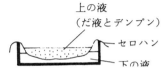

(1) ベネジクト液の反応を調べるときの操作を簡潔に述べよ。また，このときに注意しなければならない点は何か。1つ簡潔に答えよ。
(2) 20分後の下の液に入っている物質は何か。水以外を答えよ。
(3) この実験は，何を明らかにしようとしたものか。その意図を簡潔に述べよ。

〈結果〉

	ヨウ素の反応		ベネジクト液の反応	
	上の液	下の液	上の液	下の液
用意した直後	青紫色	薄い茶色	薄い青色	薄い青色
20分後	＊赤紫色	薄い茶色	オレンジ色	黄緑色

(4) ＊の反応（20分後上の液のヨウ素液の反応）は，この後30～40分後にはどのように変化するか。
(5) だ液などの消化液の中に含まれていて，消化の反応を進めている物質をまとめて何というか。

3．観察・実験の技能の評価

この観点の趣旨は，次のように3つに整理することができる。
① 観察・実験の基本的な操作ができる。
② 観察・実験の過程や結果を，的確に記録，整理することができる。
③ 自然事象を科学的に探究する技能の基礎を身につけることができる。

いずれも，生徒の活動を直接観察して評価するのが望ましいが，②については実験ノートや観察結果のレポートなどによっても，かなり的確な評価をすることができるだろう。

①に示した基本的な操作は，ガスバーナーや顕微鏡の扱い方，加熱や濾過，電流

計の接続，数値の読み取りなど多岐にわたっている。この中で，ペーパーテストである程度評価できるものもあるが，できるだけ観察法（チェックリスト法）・相互評価・パフォーマンス法などによる評価の機会も設けるように努力したい。

[技能の相互評価例]
　正しい位置に電流計をつないで，回路に流れる電流を測定する操作を，4，5人の班で互いにチェックするもので，基本的な相互評価例として紹介しておく。順番が後ろの生徒ほど有利になるが，互いのチェックによって，正しい接続のしかたを十分身につけさせることを，もう一つの目的としているのである。

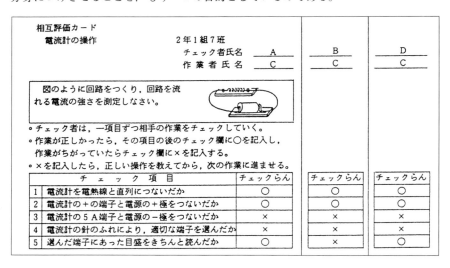

[顕微鏡の扱い方に関する技能の評価問題例]
　生物の学習には，顕微鏡が正しく扱えるようになる指導が必要である。生徒が実際に顕微鏡を操作しているようすを観察したり，ピントを合わせた状態を個々にチェックしたりする方法がもっとも望ましいが，次に示したのは，ペーパーテストによってそれらの技能を評価しようとする場合の問題例である。

《評価規準》
・顕微鏡の各部の名称とはたらきを理解し，それを正しく操作することができる。
・適当な接眼レンズと対物レンズを選び，必要な倍率に調節することができる。
・レンズやプレパラートを破損しないように注意しながら，ピントを調節することができる。
・プレパラートを動かして，観察したいものを視野の中心に置くことができる。

□　顕微鏡を使って観察を行うことにした。
(1) 次のア～エの文は，顕微鏡の使い方についてのべたものである。この中から正しい文を2つ組み合わせたものは，下の①から④までのうちのどれか。
ア．直射日光の当たる場所で観察する。
イ．直射日光が当たらない明るい場所で観察する。
ウ．対物レンズとプレパラートの距離を遠ざけながらピントを合わせる。
エ．対物レンズとプレパラートの距離を近づけながらピントを合わせる。
　① アとウ　　② アとエ　　③ イとウ　　④ イとエ
(2) 下の図は，顕微鏡のレンズを示したものである。倍率を150倍にするには，どのレンズとどのレンズを組み合わせて使えばよいか。図のア～オのうちから2つ選べ

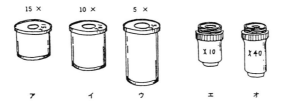

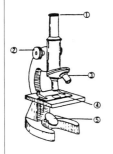

(3) 観察中に，顕微鏡の位置を少し動かしてのぞいたら，全体が暗くなってしまった。もとのように明るくするには，左の図の①～⑤のどれを動かせばよいか。
(4) 観察していたゾウリムシが，視野のはしのほうへ動いて見えなくなりそうになった。まん中に見えるようにするには，左の図の①～⑤のどれを動かせばよいか。

[電流回路に関する技能の評価問題例]
《評価規準》
・豆電球や乾電池をつなぎ，簡単な回路を作ることができる。
・電流計や電圧計を回路につなぎ，電流と各部にかかる電圧を測定することができる。

■ 豆電球と乾電池・電流計・電圧計などを使って，図1のように配線した。
(1) 電流計の＋端子は，C，Dのどれか。
(2) 電流計の針が，図2のように目盛を指していた。この回路を流れている電流はいくらか。
(3) この回路の配線のようすを正しく示した回路図は，次のア〜エのどれか。

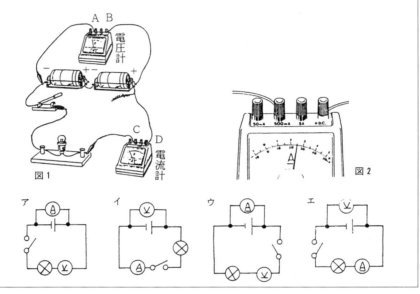

　(3)の問題は，「この回路の配線を，記号を使って正しい回路図に書きなさい」とすれば，かなり程度の高い技能の評価問題になり，逆に回路図を示して実際に配線をさせれば，パフォーマンステストに変えることができる。
　観察や実験の技能をしっかりと身につけさせるには，当然のことながら観察や実験をできるだけ多く経験させることである。問題に取り組むとき，その過程を頭の中に描いていけば，答えが自然に出てくるはずである。もちろん，評価の結果をよくするために観察や実験をやらせるわけではないが，とかく実験問題が解けるようになることだけに力を入れてしまう本末転倒の風潮もないわけではなく，心したい課題である。

4．自然事象についての知識・理解の評価

　評価の観点としては最後に位置づけられているが，もちろん重要でないということではなく，むしろすべての観点の基本となるものである。自然の事象に関する基

礎的な知識を身につけ，基本的な概念や法則をどの程度理解しているかが評価の対象であり，最もペーパーテストにのりやすい評価といわれるが，安易な作問でよいわけではない。知識・理解の評価は，評価の基本であり，これを組み合わせることによって思考や表現の問題にもなり，技能の問題にも変えることができるのである。

[植物の分類に関する知識・理解の評価問題例]
《評価規準》
・植物の分類の観点となる基本的な特徴を，例をあげて説明することができる。
・おもななかまの特徴を比較して，相違点と共通点を見いだすことができる。
・基本的な特徴をもとに，いろいろな植物を分類することができる。

□　次の図は，いろいろな植物をA～Cの3つの群に分けたものである。
(1) A群だけにあてはまる特徴を，下のa～eから1つ選べ。
(2) A群とB群に共通な特徴は何か。また，A～Cのすべての群に共通な特徴は何か。下のa～eから1つずつ選べ。

　　a．種子をつくって，なかまをふやす。
　　b．胞子をつくって，なかまをふやす。
　　c．胚珠が子房に包まれている。
　　d．体に維管束がない。
　　e．葉緑体があり，自分で栄養分をつくる。

知識・理解の問題としては程度が高く，科学的な思考の問題に近い。もう少し基礎的な理解をみようとするならば，図に植物名を入れて，次のような問題に変えればよい。

・A群のアブラナにもB群のマツにも花が咲く。A群，B群のようななかまを何というか。
・マツやイチョウの花では，雌花の胚珠がむきだしになっている。このようななかまを何というか。
・C群のワカメやシダは，花が咲かないので種子はできない。これらの植物は，種子のかわりに何をつくって子孫をふやしているか。

5．いくつかの観点を同時に把握する評価

私たちが実際に評価問題をつくるとき，1題ずつ観点を決めてつくることはあまりない。むしろ，おもに知識・理解を評価する問題，おもに観察の技能の問題というような視点で作問する。しかし，できあがった問題を小問ごとに見ていくと，そ

れぞれが知識を問う問題，技能を問う問題，思考を問う問題というようになっていて，大問全体では，ほとんどの観点を網羅して評価できるようになっていることが多い。

このような場合では，解答欄の工夫によって，観点別評価と全体評価をあわせて行うこともできる。つまり解答欄を観点別に設け，縦に見るとそれぞれの観点についての傾向が把握できるようにするのである。すでに実行されている方も多いだろうが，例を2つ紹介してみたい。

[気体の発生と性質に関する評価問題例]

炭酸水素ナトリウムを加熱して，二酸化炭素を発生させる実験の問題である。観点別に得点を集計しやすいように，解答欄が工夫されている。

■ 右図のような装置で炭酸水素ナトリウムを加熱したら，気体Aが発生し，試験管の口には液体Bができていた。また，気体が発生しなくなってから加熱をやめたところ，試験管には固体Cが残った。

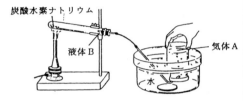

(1) この実験で，加熱する試験管の口を下げる理由は何か。
　ア．気体Aを発生しやすくするため。
　イ．全体を加熱できるようにするため。
　ウ．気体Aが空気よりも重いため。　エ．試験管が割れるのを防ぐため。
(2) 気体が発生しなくなった直後にしなければならない操作は，次のア，イのどちらか。また，その理由を簡単に書け。
　ア．ガラス管の先を水から出して，火を止める。
　イ．火を止めてから，ガラス管の先を水から出す。
(3) 気体Aは何か。
(4) 試験管に残った固体Cの水溶液に，フェノールフタレイン液を加えると何色になるか。
　ア．こい赤色　　イ．うすい赤色　　ウ．無色　　エ．黄色
(5) この実験の化学変化を表す式は次のどれか。
　ア．炭酸水素ナトリウム　＋　酸素　→　気体A　＋　液体B　＋　固体C
　イ．気体A　＋　液体B　＋　固体C　→　炭酸水素ナトリウム
　ウ．炭酸水素ナトリウム　→　気体A　＋　液体B　＋　固体C
　エ．炭酸水素ナトリウム　＋　液体B　→　気体A　＋　固体C

視点	科 学 的 思 考	観 察 ・ 実 験 の 技 能		知 識 ・ 理 解	
1		(1)			
		(2)	操作：		
			理由：	(3)	
	(5)			(4)	
	（中　略）				
	1年　　組　　氏　名			得点	思考 技能 知識

[親と子のつながり－遺伝に関する評価問題例]

これは，8つの小問によって4つの観点について評価する問題である。最後の(8)では，遺伝の学習に対する関心の程度と理解の深さを評価しようとしている。

□　エンドウの形質の遺伝について，図を参考にして次の問いに答えよ。

(1)　エンドウを使って研究し，はじめて遺伝のきまりを発見した人は，オーストリアの生物学者でもある神父であった。それは誰か。

　　　　　　　　　　知識・関心

(2)　彼は子葉が黄色のエンドウのめしべに，子葉が緑色のエンドウの花粉をつけて，どんな子（雑種第1代）ができるか調べた。このとき，彼の行ったと思われる操作は，次のどれか。

技能

ア．子葉が黄色の花のおしべを，あらかじめ切り取っておく。

〔親〕　　　　　　緑色――黄色

　　　　　　　　　　　黄色

〔雑種第1代〕

〔雑種第2代〕　黄色　①　　○　②
　　　　　　　〔自家受精〕　　〔自家受精〕

〔雑種第3代〕　全部黄色　　　全部緑色

イ．子葉が緑色の花のめしべを，あらかじめ切り取っておく。

ウ．子葉が黄色の花には袋をかけておき，花粉をつけたら，また袋をかぶせる。

エ．子葉が緑色の花には，実験の間ずっと袋をかけておく。

(3)　実験の結果，雑種第1代の子葉の色は，全部黄色だった。このような場合，黄色を緑色に対して何というか。　　　　　　　　　　知識

(4)　黄色の遺伝子をA，緑色の遺伝子をaで表すことにすると，雑種第1代のエンドウの細胞の遺伝子は，どのように記号で表したらよいか。　　　　知識

(5)　この雑種第1代の花のおしべでは，どんな遺伝子をもつ花粉ができるか。

　　　　　　　　　　知識・思考

ア．遺伝子Aをもつ花粉だけがつくられる。

9．観点別評価の具体例　255

イ．遺伝子 a をもつ花粉だけがつくられる。

ウ．遺伝子 A と遺伝子 a の両方をもつ花粉だけがつくられる。

エ．遺伝子 A と遺伝子 a をもつ花粉だけが同じ割合でつくられる。

オ．遺伝子 A と遺伝子 a をもつ花粉が 3：1 の割合でつくられる。

(6) 雑種第 1 代の花のめしべに，同じ花の花粉をつけて実らせた雑種第 2 代では，子葉が黄色の種子と緑色の種子の両方ができた。図の①，②にあたる種子の子葉の色は，それぞれどのようになるか。　思考

　　ア．①も②も黄色　　　　　　　　　　イ．①は黄色，②は緑色

　　ウ．①は緑色，②は黄色　　　　　　　エ．①も②も緑色

(7) また，①，②の細胞に含まれる遺伝子は，次にどれになるか。　思考

　　ア．①は A A，②は a a　　　　　　　イ．①は A a，②は a a

　　ウ．①は A a，②は A a　　　　　　　エ．①は A，②は a

(8) 遺伝の研究は，私たちの生活にどのように役立っているのか。また，将来どのように役立つと思うか。　関心

知識・理解	技能・表現	思　　考	関心・意欲
(1)＿＿＿＿＿	(2)＿＿＿		
(3)＿＿＿　(4)＿＿＿		(5)＿＿　(6)＿＿　(7)＿＿	↓
(8)＿＿＿＿＿＿＿＿＿＿＿＿＿＿＿＿＿＿＿＿＿＿＿＿＿＿＿＿＿＿＿＿＿＿＿＿＿＿＿			

第15章
理科の教育実習

　小学校の教員免許取得では，4週間の教育実習が必修で，大学の3年次か4年次で受けることが多く，短大の場合は2年次に参加する。中・高等学校の免許の場合は，3週間の実習を3年次か4年次に，中学校または高等学校で受けることになる。

　教育実習の時期は5月と6月がもっとも多く，9月に行う大学もある。これは受け入れ校の行事や指導計画などの事情による。教育実習先としては自分の出身学校が最も多く，大学でお願いした協力校に出かける場合もある。

　教育実習の一般的な意義は他の教科と変わらないが，ここでは理科という教科の特質を踏まえて，実習生と指導する先生の両方の立場から教育実習について考えてみたい。

1　教育実習の意義とねらい

　以前は，自分の教科に関する十分な知識さえあれば，先生は子どもを教えることができるとされてきた。しかし，子どもにとってわかりやすい，しかも充実した授業をするには，自分の教科の教材に関する知識をもっているだけでなく，子どもの身体的・精神的な発達段階，教材に対する興味や関心，生活経験など，様々な面についての十分な理解が必要である。

　また，学校という組織の仕組みと運営，学級やクラブ活動での子どもたちの動き，学校の抱えている生活指導上の問題などについての理解も必要になる。

　このような様々な側面をもつ学校で，理科という教科の授業をどう展開し，そのねらいをどう実現したらよいか，身をもって学ぶのが教育実習であ

■教育実習生の紹介

る。

　したがって，理科の学習指導だけに閉じこもることなく，学校運営からホームルーム指導，生徒会活動や他の教科の学習指導にも関心をもち，それぞれから得たものを理科の学習指導に生かすよう心掛けたい。

　最近は，教育実習生の指導は手がかかる，授業が予定通り進まなくなるなどの理由で，実習生の受け入れを敬遠する学校も少なくない。しかし，実習生を通して，大学で行われている科学の研究の最先端に触れることができること，授業研究のよい機会になること，実習生と一緒になって新しい観察や実験方法を開発できることなど，受け入れる学校側のメリットも多い。実習生の授業を見ているときは，一人ひとりの子どもの様子を観察するよい機会になるし，観察や実験の授業では，実習生を援助しながら，日頃は困難な個別指導をすることもできる。私は教育実習生と一緒に授業をするのが好きで，彼らがやってくる５月を毎年楽しみにしていたが，私と同じような先生も決して少なくないだろう。

　一方，子どもたちにとっても教育実習は若い先生からいろいろな刺激を受けて，新鮮な気分で授業に取り組める，質問にも時間をかけて答えてもらえる，いろいろな観察や実験を経験させてもらえるので理科の授業に一層親しみが増すなど，好ましい面がたくさんある。

　とはいっても，実習生の指導に手がかかることは確かである。実習に参加したら指導する先生方の苦労を無にしないよう，とにかく頑張ってほしいものである。

2　理科の教育実習

（1）　理科の授業は他教科とどう違うか

　理科という教科の目標は，自然の事象についての知識や自然にアプローチする方法，その中から規則性を見いだす能力などを身につけさせることである。そして，これらの学習の基礎になるのは観察・実験であり，「なぜそうなるのか」という問題意識とそれを探究する意欲である。

　したがって，工夫された観察・実験がベースになっていること，子どもに

258　第15章　理科の教育実習

「なぜ」という問題意識をもたせながら進めること，これらが理科授業の基本であるといえる。

（2） 具体的にどのような努力をしたらいいか
① できるだけ授業に観察・実験を取り入れよう

理科授業の基本が観察や実験であるとすれば，まず授業の中に何らかの子どもの活動－観察や実験，作業，実習などを位置づけることである。生徒実験を毎時間というのは無理かもしれないが，演示実験でもいいし，指導技術の章でも述べたように，ものの提示でもいい。要は自然界の様々な事物・現

象を観察し，その仕組みを明らかにするのが理科なのだということ，身の回りには「なかなか面白いものがたくさんあるな」ということを子どもに実感させることである。

② 教材研究をしっかりやろう

綿密な教材研究は，充実した授業のために欠かせないものである。もちろん理科に限ったことではないが，観察や実験，観測，実習などを伴う理科という教科は，授業の組み立てがなかなか難しい。教材に関する知識面の研究が終わったら，観察や実験について検討し，さらに予備実験に取りかかる。そして，充実した指導案にまとめるのである（p.260～265参照）。

予備実験も，自分ができるようになったら終わりというわけではない。子どもたちを指導する自信がもてるようになるまで，自分が納得できるまで，何度でも頑張ってほしい。予備実験を繰り返しているうちに，「細胞の細胞質流動がすばらしくきれいに見えた」，電気分解で「水素と酸素の割合がぴったり２：１になった」というように，よい結果が出ると，子どもたちにも見せてやりたい，ぜひ実験させてやりたいという気持ちがわき上がってくる。このような気持ち，教師の思いが，教育の原点なのではないだろうか。

筑波大学附属中学校研究協議会　理科学習指導案　　　指導者　新井　直志

1　日時　平成15年11月14日（金曜）

2　場所　理科講義室

3　学級　3年4組　41名（男子21名　女子20名）

4　学級所見

　　前向きに取り組む生徒が多い。授業中の発言は多い方ではないが、授業後に質問をしたり自分の考えなどを伝えたりする生徒が多くいる。理科好きの生徒が多く、こだわりを持ちながら取り組む生徒も見受けられる。

5　単元名　「地球と太陽系」（「地球と宇宙」）

6　単元設定の趣旨

　人類は遠い昔から星の観測を行い、その規則的な運動を生活の中に取り入れ利用してきた。例えば、時刻や方角を知る手がかり、農作業の時期を行う目安とした。星の運動を正確に予測しようとすることは天文学の発展を促し、数学や現在の科学技術の発展にもつながってきている。宇宙を知ることは、私たち地球自身を知ることにつながり、自然事象を深く理解するためにも重要である。

　この単元では、地球上から観測できる天体の見かけ上の運動（天動説的な現象）を視点を変えながら地動説的な現象に置き換える作業が必要であり、空間概念の育成とともに科学的思考力を育ませる場面としても重要である。

（1）本単元のねらい

　　身近な天体の観察を通して、地球の運動について考察させるとともに、太陽系の天体の特徴及び太陽系の構造についての認識を深める。

（2）本単元の位置づけ

　　「地球と宇宙」の単元は、旧指導要領では第1学年で実施されていたが、新学習指導要領では第3学年に移行された。「月の表面の様子」は削除、「惑星の見え方」については内惑星のみを扱う、「惑星の大気組成などの表面の様子は扱わない」こととなった。1年次の地理における学習、数学における平面図形や空間図形を学習済みであるので、以前に比べると指導がしやすく生徒も理解しやすいはずである。

7　指導の工夫

　　事前調査の結果（別紙資料）から、天文についての興味や関心は高いものの、実際に観測する機会に恵まれていないこと、難しく苦手意識を持っていることが分かった。東京地区という天体観測には悪い条件のためか実体験不足を感じる。

　　この単元の教材は、直接観察の機会の設定が難しく、少ない観測結果から規則性を見つけだす科学的思考が重視され、視点の移動などの空間認識が必要であり、小学校

において、教師が「生徒にとって理解しにくい」内容（「小中学校教育課程実施状況調査報告書」）としてとらえている要因と考える。

そこで、本単元において、以下のような指導の工夫を行っている。

①新聞記事など、新しく話題性の高いものを多く取り入れ、関心を高める。

②写真や映像などをなるべく多く取り入れ、その美しさを伝えながら自ら観測したい思い（興味）を喚起させる。

③星座（黄道十二宮）や神話などを取り上げ、星に対する関心・意欲を高める。

④宿泊を伴う行事（1年次富浦臨海学校、2年次菅平生活、3年次富士周辺の修学旅行）において、天体観測会を行ったり、クラブを中心した夜間観測会を行うようにしている。

⑤実習や観測を多く取り入れ、意欲的に取り組ませるとともに、観測結果に基づいた科学的な思考の場面を設ける。

⑥多くの生徒が知っている事実については、その仕組みや根拠などについて話し合いの場面を設ける。

⑦モデルや作図などを取り入れ、主体的に課題に取り組ませ、理解を深めさせる。

8　単元の構成

    Ⅰ　身近な天体

        1．太陽　　2．月　　3．わたしたちの地球

    Ⅱ　天体の動きと地球の運動

        4．太陽の1日の動き（1）：実習　　5．太陽の1日の動き（2）

        6．太陽の南中高度の測定　　※7．星の1日の動き（**本時1**）

        9．太陽と星の1年の動き　　10．地球の自転と公転：時刻・暦

        11．季節の変化(1)：太陽高度と昼夜の長さ

        12．季節の変化(2)：太陽光の当たり方と温度の上昇（実習）

    Ⅲ　太陽系

        13．太陽系の天体・惑星　　※14．惑星の動きと見え方（**本時2**）

        15．太陽系の構造　　　　　16．太陽系の外（銀河系と宇宙）

9　本時の授業について

（1）題材「天体の運動と見え方」：フラスコモデルとターテーブルモデル

（2）ねらい

    教師として　地球上で観測される天体の動きや大きさ・形などを、モデルを使いながら理解させる。その際に、観測者の位置・視点を意識させながら太陽系の構造など空間的な考え方に導けるような指導の工夫を行う。

    生徒として　天体観測の疑似体験から、実際に観測される星の動きを予想し、地球の運動、観測者の位置、太陽系の構造などを理解する。

（3）本時の概要

    本時の授業で行う実習は、本来は別々の授業内（フラスコモデルは星の1日の動き、ターンテーブルモデルは惑星の動きと見え方）で行っている。

2．理科の教育実習 *261*

観測者の位置・視点を意識させながら、見かけ上の天体の動きと実際の天体の動きとを結びつけさせるための方法として２つのモデルを紹介する。

　観測者（生徒）は机の４方向（東西南北）に座り、それぞれの方向から天球上の星の動きや円筒内（天体望遠鏡の観測を想定）に見える内惑星の大きさと形を調べる。

　地球の自転、観測地の緯度や北極星の高度、地球の公転と内惑星の運動を考え・相談しながら課題を進めていく実習である。

　既習事項や必要な基礎知識を、授業はじめの小テストにおいて確認作業を行わせる。観点別評価の一資料、学習内容の定着方法としての扱い方についても触れたい。

（4）準備

　丸底フラスコ　台　ゴム栓　青インク　記録用ボード　サインペン
　ターンテーブル（回転台）　発泡スチロール（球）　円筒（ラップの芯）
　プリント（記入用＆掲示用）　磁石等

（5）本時の指導過程

指導過程	期待される生徒の活動	備考
導入：**(5分)** 　挨拶・出欠確認 　記録ノート（2分）	授業の準備・心構えをつくる。	
＊**小テスト**（用紙の配布） 　復習と本時の学習に関する確認（3分） 　（用紙の回収）	本時の学習に必要なものを知り、必要な基礎知識を思い出す。 回収後、不十分な点はノートで振り返る。	用紙を配布後、時計で３分計測しながら、行わせる。
展開1：説明**(10分)** 　プリント配布 ①星の写真を示し、どのようにして撮影したものなのかを問う。 ②北極星の位置を確認し、東京（北緯３５°）での高度を問う。 ③フラスコモデルの説明 「天球、北極星、観測地点との関係、太陽・観測者の位置の確認。フラスコの回	 円形に星の動きが撮影されていることから、北の空であることを知り、北極星の位置を指し示す。（プリントへの記入）北極星を中心に同心円。 北極星の高度は、観測地の緯度と等しいことを思い出す。（発言） 実習の概要を知る ・東西南北の空の星の動きをフラスコモデルで確認・調べることができることを知る。傾ける角度で、地球	プリントは１枚。 記録者には２部配布 星の動きの方向と移動の角度は答えない。 「地球が球である」証拠で学習済み。 ４人が東西南北に座り、北の空は南側の位置の人が観測する。星の動きは記録用紙（ボード）を後

262　第15章　理科の教育実習

転方向を考える。」	上の全ての地点（緯度）での星の動きが分かることを知る。	ろに置きながら調べ、記入する。
④ターンテーブルモデルの説明 「太陽の位置、金星の位置と公転の仕方、観測者の位置と観測の仕方の確認。 　地球と金星との位置関係を考えさせ、円筒から見える金星の見かけの大きさと形を調べる。」	・円筒から覗くことで、地球から天体望遠鏡で観測した金星を連想する。 　4人で協力・相談しながら、プリントへの記入を行い、結果を黒板に掲示する。	円筒は、4人それぞれがもち、金星の位置を確認しながら、記録する。 各班1部ずつ掲示用プリントを配布。
展開2：実習(30分) [課題1] 「各方位での星の動きを調べ、約2時間の動きを矢印（星の動く方向）で示そう。」 ステップ1　東京（北緯35°） ステップ2　赤道上（0°） ステップ3　南緯35°	・2時間あたり30°回転させればよいことに気づく。 　東の空では、右上がり（90-35）° 　西の空では、右下がり（90-35）° 　南の空では、東から西へ移動。 ・観測地点と傾きとの関係を理解する。	机の移動（班編制）と生徒の位置の指示。 机間巡視と記録掲示の指示。進んでいる班には別な課題を準備。
[課題2] 「円筒をのぞき、金星の見かけの大きさと形を調べよう。」 ※実習終了の指示	地球と金星との距離から見かけの大きさが変わること、金星の位置により形（満ち欠けの様子）が変わることを知る。	金星と地球の公転の速度・周期の違いには触れないが、質問には答える。 モデルの片づけの指示。
授業のまとめ：(5分) ①星の一日の動き（見かけ上）は、地球の自転によって見られる。 ②観測者の位置から見られる星の動きは、観測地点の位置（緯度）とともに変化する。 ③金星の見かけの大きさや形は、地球と金星の位置関係によって決まる。 　挨拶	太陽や星の日周運動は、地球の自転と関連することを知る。 　フラスコモデルを用いることにより、地球上の各地の星の動きが再現できることを知る。 　ターンテーブルモデルを用いることにより、地球と金星の公転の様子と金星の満ち欠けとの関係が理解できる。	※時間がない場合は省略（次回まとめ） ※ビデオカメラを使った惑星の見え方 プリントの回収

2．理科の教育実習 263

星の動き：フラスコモデル

1　東京での星の見え方（北緯　　°）
(1)北の空　※写真から：北極星のまわりの星の動きを矢印で示そう。

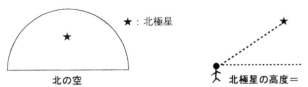

※フラスコモデル：フラスコを使って、星の動きを調べよう。

①観測者はどこにいるか？
②フラスコの傾きは？
③フラスコはどちら側に回せばよいか？
　（太陽●の動きから考えよう。）

(2)各方位の星の動き　※約2時間の星の動きを矢印で示そう。

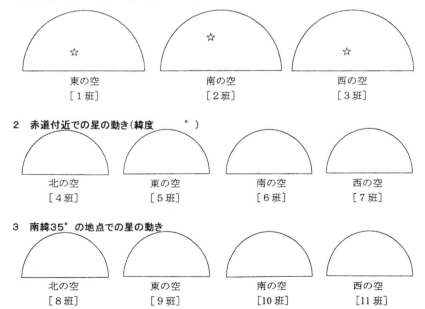

東の空　　　　　南の空　　　　　西の空
［1班］　　　　　［2班］　　　　　［3班］

2　赤道付近での星の動き（緯度　　°）

北の空　　　東の空　　　南の空　　　西の空
［4班］　　　［5班］　　　［6班］　　　［7班］

3　南緯35°の地点での星の動き

北の空　　　東の空　　　南の空　　　西の空
［8班］　　　［9班］　　　［10班］　　　［11班］

内惑星の見え方：ターンテーブルを使って

［課題］ア～カの位置に金星があるとき、地球から見てどのように見えるか？

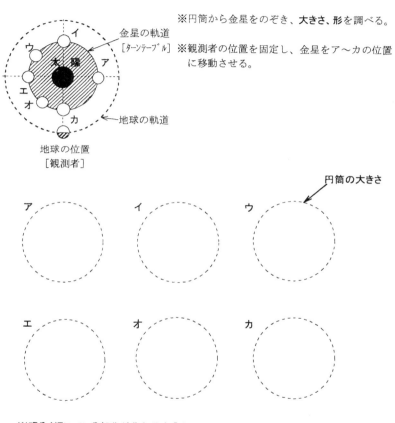

※円筒から金星をのぞき、**大きさ、形**を調べる。

※観測者の位置を固定し、金星をア～カの位置に移動させる。

※**明るく輝いている**部分が分かるように。

3年　　組　　番　氏名

③ 努力目標や研究テーマをもとう

　教育実習の目的は，よい理科の授業ができるようになることだが，もう少し具体的な自分なりの目標をもつといい。

　例えば，「子どもたちの日常生活と関連づけた理科の授業をやろう」「できるだけ環境問題に目を向けさせよう」など，理科教育の様々な目標の中から具体的な何かを選んで，それを軸に授業を組み立てるのも面白い。研究テーマとしては「理科が好きになる授業の工夫」「教科書の実験方法の改善」「科学史上のエピソードを使った導入の工夫」などもよい。研究テーマをもつことは，自分の教育実習が充実するだけではなく，授業を受ける子どもにとっても幸せなことなのである。

3 教育実習生の態度，心構え

① 快活・健康・勤勉であれ

　教育実習に参加する心構えについては，各大学で事前に指導が行われるが，簡単にいえば，実習生は快活，公正，謙虚であり，そして何よりも健康でありたい。さらに理科の実習生の心構えとしてつけ加えるとすれば，体を動かすことをいやがるようでは困る，つまり勤勉であれということである。無精者には，理科の先生は務まらない。

　また，実習がはじまると，教材研究や指導案の作成，予備実験から観察・実験の準備まで，かなりの時間と労力がかかる。指導の先生と一緒に，連日遅くまで実験室で頑張ることも珍しくない。そこで理科の実習生には勤勉であることが特に求められるわけだが，こうした努力は，必ずよい授業と活発な子どもの反応となって返ってくる。

　教育実習は体力的にもなかなかハードなので，健康には留意して，いつも元気でありたい。朝早く学校に行ったら，もう実習生が来ていて，にこにこ迎えてくれた，下校のとき

も大きく手を振って見送ってくれた，そんな実習生であれば授業の中でも子ども
もはついてきてくれるに違いない。

② 実習校の教育方針を尊重する

これも理科の教育実習に限ることではないが，学校の方針が自分に合わない，授業のもち方や観察・実験の指導の仕方に不満があるというようなこともありうる。それぞれの学校には，その学校なりの教育方針と長い教育活動の経過，子どもたちの実態など様々な事情があって，実習生が軽々しく口を挟めるものではない。できるだけ学校の方針を尊重しながら，少しずつ自分の意図が認められるよう，まず毎時間の授業にまじめに取り組むことである。

③ 教育実習を最優先する

「大学の卒論が忙しい」「研究のまとめに1日休みが欲しい」などという実習生がときにはいる。だらだらと卒論にかかわっているから間に合わないのであって，"甘ったれるな"といいたいところである。厳しいことを言うようだが，卒論が大変なら教育実習はあきらめたほうがよい，とても理科の先生には向かない。

④ 教育実習生の授業参観

教育実習生として授業を参観する場合は，きちんと視点を決めて参観するといい。次は参観のポイントをまとめたものであるが，授業を見ている間に気づいたことや疑問に思ったことは，必ずメモをとるようにする。

- **授業の進行**：導入の効果，指導の流れ，観察・実験の内容と進め方，資料の活用，授業のまとめ方，授業の中での評価，時間配分など
- **指導者**：指導の態度，話し方，観察・実験の指導の仕方，児童生徒への発問と応答，板書など
- **児童生徒**：学習への意欲，ノートの取り方，発言，観察・実験への取り組み，作業への協力など

何時間かの授業を経験した後ならば，自分が導入に手こずっていたら導入が，実験がうまくいかなかったら実験のコツが，参観の視点となる。授業が終わったら，不明な点は質問して，参観で学んだことを自分の授業にどう生かすか考えたい。

3．教育実習生の態度，心構え　*267*

⑤ **教育実習生の研究授業**

　教育実習の仕上げとして，最後の週に研究授業を位置づける学校も多い。一人の実習生の授業を全員で参観し，いろいろな視点から意見を出し合って，お互いの資質の向上を図るのがねらいである。

　指導案が用意されるので，これによって指導の流れや観察・実験の位置づけなどを理解しながら，授業の進み方を参観することになる。授業の後では指導した先生の説明，参観者の意見の交換と質疑などがあって，指導した実習生だけでなく参観したなかまにもいい勉強の機会になる。

　研究授業の指導案は，かなり綿密なものがつくられる。形式は決まっていない。p.272〜277のものは指導案の一例であるが，事前に参観者の手元に届くようにする。

■「天体の運動と見え方」の研究授業

教科としての教育実習指導計画

(1) 実習期間を有意義に過ごすために

　実習期間は，何をどこまで指導するか計画を立てておかないと，あっという間に終わってしまう。

　次に示すのは，実習生への指導方針と具体的な指導計画の一例である（筑波大学附属中学校「教育実習のしおり」より抜粋）。

■指導方針■

1．様々な実習の体験を通して，理科の学習指導の基礎技術を身につけさせる。
　① 明確な指導目標をもって，的確な学習指導ができるようにする。
　② 生徒の実態と発達段階に配慮しつつ，教材の内容に応じた適切な指導ができるようにする。特に，生徒の科学的な思考力育成のための基礎的な指導技術を身につけさせる。
　③ 観察・実験の指導を的確・効果的に行うことができるように，また，観察・実験を通して，十分に学習内容を定着させることができるようにする。
　④ 一般的な教材や教具，ICT機器やシステムを活用し，効果的な学習指導ができるようにする。
2．理科教育の歴史と現状についての理解を深めるとともに，教師としての広い視野と教養を身につけさせる。理科指導の環境としての実験室，準備室等の施設や設備に関心をもち，効果的な指導のために，さらに改善しようとする意欲を育てる。
　① 実験器具や教具の扱い方，保管の仕方などについての基礎を身につけさせるとともに，ICTなどの最新の教育機器とその利用についての理解を深める。
　② 現在の生徒の生活，学習能力，興味・関心，要求などの実態を理解し，それを実際の指導場面に生かすことができるような指導技術を身につけさ

せる。

③　教材研究や観察・実験などの指導準備に万全を期し，自信をもって学習指導に当たる心構えを養う。

④　理科教育の歴史と現在の理科教育が直面している理科離れなどの諸問題に関心をもち，それを解決する具体策を探るとともに，自ら改善しようとする意欲を育てる。

■指導計画・目標■

［第1週の目標］

・理科の授業を参観し，基本的な授業の進め方がわかるようになる。

・教材研究の方法を理解し，基本的な指導案が作成できるようになる。

・指導案に沿った授業ができるようになる。

［第2週の目標］

・簡単な観察や実験を含む授業ができるようになる。

・理科の授業の多様な進め方がわかるようになる。

・意欲的な指導案が作成できるようになる。

・観点を決めて授業を参観し，長所や問題点を指摘できるようになる。

［第3週の目標］

・観察や実験を中心にした授業ができるようになる。

・生徒の反応を見て，指導案を修正しながら授業ができるようになる。

・学習結果の簡単な評価ができるようになる。

・進んで研究授業に取り組むことができるようになる。

　ぜひ先生になりたいと本気で参加する実習生にとって，実習期間は短いかもしれない。このような点を補うには，教育実習の前に1，2日の事前指導の機会を設けるといい。ここで教科書や参考資料を渡し，担当する学年とクラス，指導範囲を決めるなどの指導をしておくわけである。学生も学校の雰囲気に慣れて，精神的にも落ち着いて実習期間を迎えることができるので，実習生にとってもプラスになるだろう。

　なお，実習生は大学でICTによる教育を受けてきたものも多いので，できればシステムを利用する実習も経験させたい。研究的に実施している学校も少

なくないので，参観の機会を作るとよいだろう。

（2） 中学校と高等学校での教育実習

　小学校の教員免許を希望する学生は，小学校で4週間の教育実習をするが，中学校と高等学校の教員免許を取る場合は，中学または高等学校で3週間の実習をすればよい。この際，中・高のどちらが教育実習の場として効果的なのだろうか。結論は，どちらでも変わりはない，要は本人の努力次第ということだが，それぞれに特長がある。

　例えば，教える内容に関しては高等学校の方が難しいが，選抜されているだけに学力はある程度揃っている。これに対して中学生の学力の差は大きく，彼らの関心・意欲を高めながら指導を進めるには，それなりの工夫と努力が求められる。したがって中学校での実習では，学習指導の技術とともに生徒指導のコツがより身につくのではないかと思われる。

　しかし，中学校で実習する場合にも，学校長に紹介していただいて高等学校の理科の授業を参観し，高校の理科についての理解を深めたい。また，高校で実習する場合も，中学校の授業参観を心がけるとよい。できれば小学校の授業を参観すると，理科の授業の原点のようなものに触れることができ，得るものが大きい。

　実習生と生徒の年齢差に関しては，中学生ではかなり離れているが，高校生ではわずかである。年が近いから教えやすいのか，かえって教えにくいのか，この点は意見が分かれるところであろう。しかし，いずれにしても専任の先生よりはずっと若く，生徒の年齢と近いことには変わりないので，あとはその若さを理科の指導にどう生かすか，自分なりに考えてみるとよい。

　また，自分がお世話になった出身校で実習をすることも多いが，母校という気安さや甘えを捨てて真摯な態度で参加してほしい。

　教育実習生の指導には手がかかり，授業が遅れがちになることも事実である。しかし「それでも来てほしい，楽しみにしている」というのが，実習校の先生の本音であろう。私自身も，全くその通りであった。これから教育実習に参加する大学生の皆さんは，どうか明るい笑顔と快活な態度で，元気に実習に取り組んでいただきたい。

4．教科としての教育実習指導計画

教育実習生の学習指導案例

理科学習指導案

実 習 生：中井　友理香
指導教諭：和田　亜矢子先生

1.日時・場所
平成 29 年 6 月 2 日（水）　2 時間目　理科実験室

2.学級
2 年 4 組 41 名（男子 20 名、女子 21 名）

3.単元名
「動物のからだのつくりとはたらき」
第 2 章　生命を維持するはたらき

4.単元設定の理由
(1)教材観

　小学校では、第 6 学年で、ヒトの呼吸、消化、排出及び血液の循環について、また、生命活動を維持するための様々な器官があることについての初歩的な学習を行っている。中学校では、動物の消化・吸収、呼吸、血液循環などの働きを物質交換の視点でとらえさせることがねらいである。必要な物質を取り入れ運搬する仕組みや、不要な物質を排出する仕組みを、実験観察を行いながら、理解できるようにする。

　ヒトの体の学習は、自分自身を教材にできるため、興味関心を持って取り組むことで、自分自身や他人の体を大事にできるようになることを期待している。

(2)生徒観

　本クラスの生徒は、好奇心は旺盛で積極的だが、集中力がきれると全体的に騒がしくなる傾向がある。話し合う場面では、積極的に話し合う生徒が半数いる一方、自分だけの意見で発言する生徒も半数いる。全体的に仲のいいクラスであり、授業中指導者の目をみて、話を聞き取る生徒が多くみられる。

(3)指導観

　本単元では、動物の消化・吸収、呼吸、血液循環、排出が生命活動に不可欠であることを理解させたい。さらには、生命活動の神秘さ素晴らしさを実感させることで、生命尊重の態度を養っていきたい。

5.単元目標

　本単元では、消化や呼吸、血液循環についての観察・実験を行い、各器官のつくりを学習しながら、動物の体には、必要な物質を取り入れ運搬し、不要な物質を排出する仕組みがあることを理解させる。また、これらの器官がはたらくことで、動物の生命活動が維持されていることに目を向けさせる。

6.単元の指導計画

動物のからだのつくりとはたらき

第2章　生命を維持するはたらき

第1節　消化と吸収

小学六年で学習済みの消化管を復習させ、「消化」の概要を理解させる。その後、だ液のはたらきの実験、セロハン膜の実験を通して、消化が物質を細かくすることであると理解する。その後、小さくなった物質を吸収する小腸のはたらきを理解させる。

第2節　呼吸のはたらき

細胞呼吸を通して、植物は光合成、動物は酸素と食物の摂取によりエネルギーを取り出しており、呼吸が生命維持に必要不可欠であることを理解させたうえで、肺という器官の構造やはたらきと肺呼吸の流れを理解させる。動脈血と静脈血に触れ、細胞による呼吸を理解させる。

第3節　血液のはたらき

拍動の計測や、心臓（のモデル）の観察を通して心臓のつくりとはたらきを理解させ、心臓を中心とした血液循環の仕組みと血液の成分を理解させる。

第4節　排出のしくみ

肝臓や腎臓のつくりとはたらきを理解させ、物質を吸収してから排出するまでの仕組みを総合的にまとめさせる。

本時の評価規準

評価の観点	評価規準
関心・意欲・態度 【関意態】	実験に積極的に参加し、班員と協力しようとする態度が見られる。
思考・判断・表現 【思判表】	セロハン膜を通る物質と、通らない物質を理解し、糖のみが移動していることを見出し、説明することができる。
知識・理解 【知理】	デンプンという大きな物質が小さな糖という物質に分解されることを通し、栄養分がとても小さい物質にまで分解されることを理解する。
技能 【技】	ピペットをうまく使いこなし、試験管に溶液を移すことができる。

〈結果〉 反応あり…＋、 なし…－

	上の液	下の液
ヨウ素反応	A	B
ベネジクト反応	A'	B'

〈考察〉　　　　※配付プリント（一部）

4．教科としての教育実習指導計画 | *273*

7.本時の展開

⑴題　　8.消化と吸収

⑵目標　デンプンと糖の大きさから、吸収されるまでに栄養素は小さくなると理解する。[知理]
　　　　実験手順の説明をよく聞き、班員で協力しながら進めることができる。[関意態]
　　　　ピペットを正しく操作できる。[技]

⑶準備物
　　　　シャーレ 11、ガスバーナー 11、セロハン膜 11、試験管セット 11、
　　　　検出液セット(ヨウ素液、ベネジクト液、ピペット 2、マッチ、マッチ廃棄瓶、試験管ばさみ)11、
　　　　沸騰石 11、30ml ビーカーに入ったデンプン糖液 11、ネットをつけた廃液入れ 1

⑷本時の学習指導過程

指導形態	指導過程・内容　○発問	期待される生徒の活動	備考
導入 5 分	1.前回の復習 ・唾液がデンプンを糖に変える。 ○唾液のはたらきは何でしたか？ 生徒に答えさせる。	→唾液はデンプンを糖に変える。	
展開①	1.本時の題「8.消化と吸収」 唾液はデンプンを糖に変えることと、消化液の中に消化酵素というハサミのような働きをする物質が入っていることを学んだ。 1 度、消化について復習しよう。 ○消化とはどういうことでしたか？ 消化＝食べ物を分解し、**吸収しやすい形に変える**こと。 デンプンが糖に変わったということは、**デンプンより糖の方が体内により吸収しやすい**という事。 ○なぜ、糖の方が吸収しやすいのだろうか？ 2.セロハンの紹介 デンプンと糖を比較したい。そのために、これ（セロハン）を使う。 セロハンの提示。 ○小学校などで使ったことがあると思いますが、これが何かわかりますか？	→分解すること。 →水に溶けるから。 　小さいから。 →セロハン	「8.消化と吸収」を板書する。 デンプンが唾液のはたらきで、糖に変わることを簡単に板書する。 生徒の近くで問いかける。

274　　第15章　理科の教育実習

	ペットボトルを底と平行に半分に切り、二の方にセロハン or ラップを付け、逆さにし、水を入れた状態で、下からセロハン or ラップを生徒に触らせる。		生徒男女合わせて2名にあてる。
	○セロハンは触った感じはどうですか？	→手に水がつく	
	○ラップは触った感じはどうですか？	→手に水がつかない。	
	手が濡れるということはどういうことだろう。 今回はこの不思議なセロハンを使って、なぜデンプンより糖の方が吸収されやすいのか調べたいと思う。		
	3.実験プリント配布 実験の目的 「デンプンより糖の方が吸収されやすい理由を調べる。」 を書かせる。		プリントを回収することを言っておく。 目的を板書する。
	実験の概要の説明 シャーレに水を入れ、セロハンを引いて、上にデンプンと糖を混ぜた液を乗せるという実験である。		実験図を板書。
15分	ステップ1終わりまで生徒に読ませ、ここまでみんなで進度を合わせたいと伝える。 机に実験器具（シャーレ、セロハン、デンプン糖液、雑巾）を持って行かせる。 ※この時、セロハンを持っていくときに床をぬらさないように雑巾と一緒にもっていくように伝える。	机にステップ1で使うものを持っていく。	ステップ1だけ机に持っていくと注意する。
実験	<準備するもの> シャーレ1、セロハン膜1枚、試験管4本、ヨウ素液、ベネジクト液、デンプン糖液、水、ピペット2本、ガスバーナー、マッチ、マッチ廃棄瓶、試験管ばさみ、沸騰石、濡れ雑巾 <実験手順> ステップ1 ① シャーレに水を入れる。※水はシャーレの半分くらい。 ② セロハン膜を乗せ、上にデンプン糖液ビーカー分全部を乗せる。 ③ しばらく（約10分）待つ		

4．教科としての教育実習指導計画 | 275

	ステップ2 ④ セロハン膜の上の液を2本の試験管（A・A'）にとり、下の液を別の2本の試験管（B・B'）にとる。※この時ピペットは上と下で別のものを使う。 ⑤ 上の液も下の液も、1本はヨウ素反応、もう1本はベネジクト反応。 ＜結果＞（反応有…＋、無…－） 		上の液	下の液
ヨウ素反応	A	B
ベネジクト反応	A'	B' | 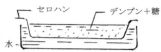		
---	---	---	---
展開② 25分	ステップ1③の待機中。 4.実験の予想を立てさせる。 今、下の液は水だけ、上の液はデンプンと糖があるが、 ○10分後にはどんなことが起こるでしょうか？ ワークシートに予想を書かせる。 上の液と下の液に含まれる物質に変化があるかないか。あるのであれば、どのような変化があるか。 生徒に答えさせ、予想を共有する。 5.実験手順ステップ2の④⑤について説明 試験管ABはヨウ素反応 試験管A'B'はベネジクト反応 に注意させる。 片付けは実験が終わったらすぐにやって良い。ベネジクト液の廃棄場所、セロハンはゴミではなく、前のトレーに戻すこと等指示する。 実験器具 検出液セット（マッチ、マッチ廃棄瓶、ヨウ素液、ベネジクト液、試験管ばさみ、ピペット2本）、ガスバーナー、沸騰石6粒くらい 各班机に持って行かせる。	→糖だけがセロハン膜を移動する。 ワークシートに書く。 実験器具を分担し持っていく。	ワークシートの実験予想欄に書かせる。 この間、実験手順ステップ2の④と⑤の説明図を板書する。 実験結果表を板書する。

276　第15章　理科の教育実習

実験	ステップ2から実験再開させる。		
	実験結果を黒板に書かせる。		

		1	2	3	4	5	6	7	8	9	10	11
上の液	ヨウ素A											
	ベネA'											
下の液	ヨウ素B											
	ベネB'											

40分

展開③	6.実験結果が出そろったら、個人で考察を書かせクラスでの考察をまとめる。		ワークシートに記入促す
	○結果から何が言えるでしょうか?セロハン膜ってどんな膜だったのでしょうか?生徒に考察で何を書いたか聞く。	→下の液に糖がある。糖だけが、セロハン膜を通過した。	
	7.本時のまとめ ○セロハン膜を糖は通過したが、デンプンは通過できなかった。という事から、何が言えますか?	→**デンプン>糖**である。	
	○では、デンプンより糖の方が吸収されやすいのはなぜ?	→小さいから。	ワークシートに書く欄有。
	8.デンプンと糖の構造を紹介し、消化酵素の存在を再認識させる。		
	デンプンは多くの物質が連なっており、糖は、粒が2つや1つ。		デンプンと糖の構造を板書し、消化酵素も追加して、板書。
	○消化液に含まれている、ハサミのような役割を持つ物質を何といいましたか?(前回学習済み)	→消化酵素	
	消化酵素が、デンプンを切ってくれて、すごく小さな糖に変えられるという事。を伝える。小さくなった物質が吸収される。		
50分	9. プリントを回収する。		

4．教科としての教育実習指導計画 | *277*

若い理科の先生へのメッセージ
－理科を教えて半世紀－

著者の私が理科の先生になったのは1954年ですから，もう，50年以上の昔になります。戦後の混乱期からICT教育の時代まで，理科教育に携わった一人の教員の半生が，理科教育の未来を担う若い先生に何か参考になることもあるかと思い，ここに紹介させていただくことにしました。

1. 駆け出しの頃（東京都新宿区立牛込第二中学校時代）

大学の理学部（生物学科）を出た1954年（昭和29），22歳で東京・新宿区の公立中学校の教員になりました。父親が戦死した子どもや弁当を持ってこられない子どもが何人もいる時代，理科の授業も半分は道を隔てた小学校の教室でしたが，ブリキのバケツに実験道具を入れて通ったものです。

ちょうど生活単元学習の時代で，顕微鏡も学校に数台という状況でしたが，何とか花や昆虫の観察，カエルの解剖，水の電気分解や燃焼の実験をやりました。物のない時代なのに，このような授業ができたのは，先輩の理科の先生た

ちが観察や実験に熱心だったこと，校長・教頭先生が文部省の伝達講習や実験講習に出かけるのに理解があったこと，つまり私は若い先生を育てる環境に恵まれていたというわけです。それをありがたく感じて，積極的に参加した自分のささやかな努力もあったかと思います。

その後，次第に設備も整って顕微鏡も10人に1台から4人に1台というように増えましたが，警察官が卒業式を見守るという混乱の時代でしたから，どの教科の先生も1クラス50人という授業に苦労していました。

そのような中で，大学の先輩でもある理科のY先生（後に県立高校教諭・県教育長）からは，生徒とのコミュニケーションの確立こそが，理科のよい授業につながるということを教えられました。

また，数年後から小さな出版社で理科の教科書を書く機会を得ましたが，学習指導要領を具体的な指導計画に編成したり単元の構成を考えたり，内容を筋道の立ったわかりやすい文章にまとめたりする基礎を学ぶことができました。

　この公立中学校には7年間お世話になり，30歳で国立大の附属中学校に移りました。この学校での経験は大変ありがたく，何とか理科の先生に育てていただいた，恩師のような存在だといえます。

2．中堅からベテランへ（筑波大学［前東京教育大学］附属中学校）

　転任した附属中学校では，ほぼ毎時間，観察や実験，実習を入れるのが原則でした。今まで自分なりに努力してきたと思っていたのですが，その程度の甘いものではありませんでした。理科の先生，特に隣席のK先生（後に横浜国立大教授・元日本理科教育学会会長）には，理科教育とは何かを一から教えていただきました。

　理科の準備室の両側が実験室と講義室なので，準備室からは授業の様子が手にとるようにわかります。他の先生の授業中でも生徒と一緒に話を聞いたり実験を手伝ったり，ちょうど職人が弟子入りしたような雰囲気もありました。

　この附属中学には定年まで30年もお世話になりましたが，系統学習から探究学習，ゆとりの学習へと大きく変動する中で，内容の統合や大幅な削減も経験しました。しかし，必要な内容はここでしっかり教えなければと，レベルはほとんど落とさずに授業をしてきました。そして，2008（平成20）年の改訂で，その多くが復活することになりました。

　附属中学校の初めの10年ほどは，自分は一介の理科の先生でよい，一生子どもたちと理科の授業に関われればよい，理科の研究やレポートの発表などは自分には縁がないものと思っていました。

　しかし，少しずつ"生命現象に対する生徒の意識"とか"植物の呼吸実験の工夫"などの実態調査的な報告や実験方法の提案などに取り組んでみると，こうしたささやかな研究が，自分の授業の充実やカリキュラムの見直しに大変役立つということがわかってきました。

　そして，あまり出たことがなかった学会にも参加して，今考えると恥ずかしいようなレポートを書いたり発表したりすることも多くなりました。日本理科

教育学会の全国大会や支部大会への参加は，先生方の報告から多くを学び，配られたプリント類は授業に使わせていただくなど，マンネリ化しそうな自分の授業を見直す絶好の機会にもなりました。

　こうした生活の中で，再び教科書の著者になったり，文部科学省で学力調査問題の作成や1989年（平成元年）の学習指導要領改訂のお手伝いをしたり，何とか1人前の理科の先生になっていったわけです。後半は副校長として，研究協議会の定期化，学校として『学習指導の基礎技術』の刊行，アメリカ・イタリア・ドイツ・デンマークなどの海外研修にも取り組みました。

3．伝える立場になって

　附属中学校にお世話になっている間に，併任で大学の理科教育法を担当し，理科の先生を目指す学生たちを教えるようになりました。そして，これからの自分の役目は理科の観察・実験の方法や技術，また理科教育とは何か，理科の先生とは何かを学生たちや若い先生方に伝えることかなと思うようになったのです。定年後も数校の大学にお世話になり，理科教育法や理科教材研究，理科教材教具論，さらに生徒指導論なども担当させていただきました。

4．若い理科の先生方へ

　こうして私の理科教員生活は半世紀を越えましたが，以下，その経験から若い先生方へのアドバイスというかヒントになりそうなことを，いくつか挙げることにいたします。いずれも先生方には自明なことかと思いますが，項目は順不同，軽重はありません。

①　毎時間の授業ノートをつくろう

　先生方は教えるためのノートなどを作っているかと思いますが，私はルーズリーフ式にまとめていました。B5判の表面にその時間のタイトル，準備，指導の流れや板書事項をまとめ，裏面は教材に関する資料や指導の結果，生徒の反応などに充てました。綴じたノートより加除が自由で，用紙を差し替えれば多様な指導計画に対応できるので便利かと思います。

②　授業の記録を残そう

　前述のノートは，そのまま授業の記録となりますが，生徒の目線での記録も

役立つのではないかと思います。私が在籍した学校では「理科記録ノート」というのを学級別に作り（B5大学ノート），生徒に順番に記録させました。内容は板書と先生の説明の要点，観察・実験の結果（他の班のも），疑問に思ったことなどで，翌日には提出させます。クラスによる反応の違いや進度の確認，休んだ子への貸し出し，参観者用の資料になるなど，活用の仕方は多岐にわたります。

③　**できるだけ観察・実験を取り入れよう**

　観察や実験を行うことは理科の授業としては当たり前のことですが，生徒指導や雑用に追われる先生方には大変な努力がいることです。しかし，観察や実験を通して，その単元・教材の意義やねらいなどが再認識されるなど得るものは大きく，理科の好きな子どもたちを育てる第一歩にもなるわけです。

　とはいっても多忙な日々の中で，大がかりな観察や実験をやることは大変です。そこで，ちょっとポケットに入れておいて教室で披露できるような簡単な実験や観察を，できるだけ身につけられることもお勧めします。

④　**導入には物の提示や多様な話題を**

　1枚の葉っぱでも一本の花でも，また新聞の切り抜きやその日に生まれた科学者の写真でも，何か具体的なものを示しての導入は，子どもたちの授業に対する意欲を高めます。科学だけでなく社会の動きにも関心をもち，これらを導入に生かすことも考えたいものです。こうして得た豊富な知識と識見こそ，子どもたちが惹かれる理科の先生の大きな魅力になるはずです。

⑤　**同僚・ベテランに学ぼう**

　複数の理科の先生がいる学校では，お互いに授業を見合う，実験プリントや自作の器具などを共用するなど，お互いのコミュニケーションを築きたいです。授業の質を高めるとともに，教材作成の手間を省くことにもつながります。

⑥　**他校の授業も参観しよう**

　他校で理科の授業を見せていただくのも，自分の視野を広げ授業の質を高めるのに効果的です。さらに，小学校の先生は中学や高校を，中学の先生は小学校や高校の授業というように，校種の枠を超えた参観にも努めたいところです。特に小学校の授業参観は理科教育の原点として，私には得るものが大きかったといえます。

若い理科の先生へのメッセージ　│　*281*

⑦　ささやかな研究に取り組もう

　多忙な中での研究というのは大変ですが，"理科が好き？"などを問う初歩的な調査も，単元や学年，男女などを比較してまとめれば，その結果を授業に生せるだけでなく，立派な研究・報告になります。

⑧　学会に入ろう

　日本理科教育学会など多くの学会がありますが，ぜひどれかに加入されることをお勧めします。全国から参加される先生方の大会での報告は本当に参考になりますし，シンポジウムや記念講演などもいい勉強になります。配られる資料やプリント類も，立派なお土産です。

　また，毎年変わる開催地の風土に触れ，それぞれの地域の風景や動植物，授業で使えそうな地学関係の名勝などを訪れるよい機会にもなるでしょう。

⑨　自分のカリキュラムを作ろう

　学習指導要領は約10年の周期で改訂されますが，国家の教育方針がこのように目まぐるしく変わっていいものか疑問を禁じ得ません。

　そこで私は，先生方にご自分のカリキュラムをつくられることをお勧めしたいのです。学習指導要領にはなくても教えておきたい教材がありますし，指導要領に付加された教材でも，自分としては簡単に扱って別の実験をやらせたいということもあるでしょう。学習指導要領を基本にしつつも，このような思いを込めたカリキュラムを作ってはどうかと思うのです。

　以上，ヒントになればと思い，いくつかの提言を述べました。しかし，若い理科の先生へのアドバイスというより，これまで自分にはできなかったことを若い先生方に託すようなものになりました。ご寛恕いただければ幸いです。

※畑中忠雄「若い理科教師へのメッセージ」日本理科教育学会編集『理科の教育』
　Vol.60 No.704，東洋館出版社をもとに加筆修正した。

おわりに

　2002（平成14）年４月からの週５日制完全実施に伴って，学習指導要領の大幅な改訂と授業時数の削減が行われました。小学校に総合の時間が新設されたことなどから理科の授業時数と内容が大幅に削減されて，高等学校でも卒業に必要な理科の単位数削減が避けられませんでした。

　しかし，この間に行われた国際学力調査の結果，日本の子どもたちの学力低下が明らかになりました。この事態を深刻に受け止めた文部科学省は，2008（平成20）年から翌年にかけて，大幅な授業時数の増加と指導内容の充実を盛り込んだ学習指導要領を告示し，これが2017年から翌年にかけて告示された新学習指導要領へと受け継がれることになりました。

　しかし，授業時数が増えたところで，付加された内容を羅列して教えるだけでは，理科の学力が確かなものになるわけではありません。小学校の理科が中学校で生かされ，さらに高等学校へと効果的につながるよう，より一層小・中・高の関連を図ることも必要になります。

　小学校の先生は中学校や高等学校の理科を，高等学校の先生は小学校と中学校の理科の内容を十分に把握していなければなりません。それぞれの学校の先生が，ご自分の担うべき理科の内容は何なのか，それが小学校から高等学校までの理科教育の中にどう位置づけられるのかを，これまで以上に認識して指導することが求められるわけです。

　新学習指導要領については，本年（2018年）から小学校の移行措置が始まりました。全面実施は小学校が2020（平成32）年，中学校が2021年，そして高校が2022年と続きます。

　しかし，この新学習指導要領になじんだ数年後には，再び見直しが始まるのが通例です。つまり，新しい学習指導要領でひと通りの授業を経験する頃には，次の学習指導要領の告示があり，移行措置が始まるということです。そして，「改訂－移行措置－落ち着いた学習指導」というほぼ10年のサイクルを３回繰り返すと，初任の先生でも50歳代になり，多くは管理職として日常の理科の授業からは離れることになるのです。これでは寂しい気がします。

学習指導要領は約10年の周期で改訂されますが，教育はもっともっと息の長いものだと思います。国家の教育方針が，このように目まぐるしく変わっていいものか，また変える必要があるのかなど疑問を禁じ得ません。

　そこで私は，先生方にご自分のカリキュラムをつくることをお勧めしたいのです。学習指導要領にはなくても，これだけは教えておきたいという教材もありますし，指導要領に付加された教材でも，自分としては簡単に扱って，別の実験をやらせたいというようなこともあるでしょう。学習指導要領を基本としつつ，このような思いを込めてご自分の学習指導要領・カリキュラムを作ってみてはどうかと思うのです。そして指導要領の改訂があれば，それを研究して，ご自分のカリキュラムをよりよいものに手直ししていけばいいわけです。

　このようなカリキュラム作成は，決して学習指導要領を無視するものではありません。学校や生徒の実態に即し，先生方の創意・工夫を加えた実践的な指導計画の作成は，むしろ文部科学省が望むところであり，こうした多様な指導計画こそ，しっかりとした学力の定着につながるものと思います。

　ところで，ネイチャーなどの権威ある冊子に掲載された科学論文数（2017年）の１位が中国，２位がアメリカで，日本はインド，ドイツ，イギリスに続く６位にとどまり，引用論文数にいたっては９位と低迷しています。

　このような現状の克服は行政による経済的な措置もさることながら，科学研究の基礎を培う理科教育の肩にかかっているともいえるでしょう。

　理科に限らず現在の学校教育は様々な問題を抱えていますが，悲観的な材料ばかり挙げてみても何の解決にもなりません。理科においても小・中・高との連携を図りながら，徹底的な教材研究と自主的な再編成，観察・実験の方法や教材の工夫，指導法の改善などに取り組んで，子どもたちに理科を学ぶ喜びを与えるとともに，しっかりとした科学的自然観を育てるよう，今後とも，お互いに努力をしていきたいと思います。

　　2018年7月20日　古代ハスが初めて開花した日（1952年）

　　　　　　　　　　　　　　　　　　　　　　　畑 中 忠 雄

著者紹介

畑中　忠雄（はたなか　ただお）

1931年	東京都生まれ
1954年	東京教育大学理学部生物学科卒業
	新宿区立牛込第二中学校教諭
1962年	東京教育大学附属中学校教諭
	筑波大学附属中学校副校長
	筑波大学非常勤講師
	中学校理科学習指導要領（平成元年改訂）
	協力者会議副主査
1993年	筑波大学・都留文科大学・杏林大学等非常勤講師
2014年	山梨大学教育人間科学部非常勤講師退職
著　書	『三訂　科学・今日は何の日』東洋館出版社，2016

四訂　若い先生のための理科教育概論

2018(平成30)年8月5日　四訂初版発行

著　者　　畑中　忠雄
発行者　　錦織圭之介
発行所　　株式会社　東洋館出版社
　　　　　〒113-0021　東京都文京区本駒込5丁目16番7号
　　　　　営業部　電話 03-3823-9206　FAX 03-3823-9208
　　　　　編集部　電話 03-3823-9207　FAX 03-3823-9209
　　　　　振替 00180-7-96823
　　　　　URL http://www.toyokan.co.jp

装丁：竹内宏和（藤原印刷株式会社）
印刷・製本：藤原印刷株式会社

ISBN978-4-491-03566-6／Printed in Japan